名师工程
思想者系列

新课程·新理念·新教学
丛书编委会主任：马立 宋乃庆

陈道龙◎著

# 守护教育的本真

西南师范大学出版社
全国百佳图书出版单位 国家一级出版社

**图书在版编目（CIP）数据**

守护教育的本真/陈道龙著. —重庆：西南师范大学
出版社，2013.8

（名师工程系列丛书）

ISBN 978-7-5621-6324-4

Ⅰ.①守⋯　Ⅱ.①陈⋯　Ⅲ.①小学语文课－教学研究
②小学－班主任工作　Ⅳ.①G624.202②625.1

中国版本图书馆 CIP 数据核字（2013）第 161289 号

**名师工程系列丛书**

**编委会主任：**马　立　宋乃庆
**总策划：**周安平
**策　划：**李远毅　卢　旭　郑持军　郭德军

守护教育的本真

陈道龙　著

**责任编辑：**郑持军　鲁　艺　马春霞
**封面设计：**天之赋设计室
**出版发行：**西南师范大学出版社
　　　　　　地址：重庆市北碚区天生路 1 号
　　　　　　邮编：400715　市场营销部电话：023-68868624
　　　　　　http://www.xscbs.com
**经　　销：**新华书店
**印　　刷：**重庆紫石东南印务有限公司
**开　　本：**787mm×1092mm　1/16
**印　　张：**15.75
**字　　数：**242 千字
**版　　次：**2013 年 8 月　第 1 版
**印　　次：**2013 年 8 月　第 1 次印刷
**书　　号：**ISBN 978-7-5621-6324-4

**定　　价：**30.00 元

# 《名师工程》
## 系列丛书

《名师工程》系列丛书

# 征 稿 启 事

　　《名师工程》系列丛书是西南师范大学出版社策划、组织出版的大型系列教育丛书。丛书以新课程下的新教学为背景，以促进施教者的教育能力为落脚点，以提高教育质量、提升教师水平为宗旨。

　　丛书首批推出的"名师讲述""教学提升""教学新突破""高中新课程""教师成长""大师讲坛""教育细节""创新语文教学""教育管理力""教师修炼""创新数学教学""教育通识""教育心理""创新课堂""思想者""名师名课""幼师提升""优化教学""教研提升""名校长核心思想系列""名校工程""高效课堂""创新班主任"等系列，共140多个品种，其余系列也将陆续出版。为了让广大教师有一个交流、借鉴的机会，同时也为了给广大教师提供更多、更好的图书，《名师工程》系列丛书编辑出版委员会特向全国教育工作者征集稿件。

**稿件要求：**

1.主题鲜明、新颖，有独创性。

2.主题以提升教育能力为主，也可适当外延。

3.主题要有一定规模、有典型案例支撑。

4.案例要贴近教育实际，操作性强。

5.文章、书稿结构清晰，语言精彩。

　　书稿作者在选题确定之后，请及时与我们做好沟通，具体事宜确定好之后再进行创作；也欢迎用已经完稿的稿件投稿。一线教师如希望参与图书案例的创作，可联系我社策划机构，由策划机构备案，在适合的图书中参与创作。

　　真诚欢迎各位教师踊跃投稿。

**联系方式：**

西南师范大学出版社高教分社

电话：023-68254356　　　E-mail：zcj@swu.cn

西南师范大学出版社高教分社北京策划部

电话：010-68403096

E-mail：guodejun1973@163.com

# 编者的话

当前，以人为本的教育理念正在逐步深化，素质教育以及基础教育课程改革不断推进。在这场深刻又艰苦的教育改革中，涌现了无数甘为人梯、乐于奉献的优秀教师。他们积极探索、更新观念、敢于创新、善于改革，在实践中创造性地发展、总结了很多先进的教育思想、教育理念；创造性地开发了很多新的教学模式、教学内容和教学方法。这些新思想、新模式、新方法在实践中极大地提高了教学质量，是教育改革实践中的新内涵和宝贵财富。这些优秀教师就是我们的名师，这些新内涵就是名师的核心教育力。整理、总结、发展、推广这些教育新内涵，是深化教育改革、完善教育体制、提高教育质量、提升教师水平的一件大事。

教育，是民族振兴的基石；教师，是教育发展的根基。

胡锦涛总书记在全国优秀教师代表座谈会上指出："教师是人类文明的传承者。推动教育事业又好又快发展，培养高素质人才，教师是关键。没有高水平的教师队伍，就没有高质量的教育。"十七大报告又进一步强调了必须加强教师队伍建设，不断提高教师的素质。当今世界，社会进步一日千里，科技发展日新月异，知识更新的周期越来越短。教师作为"文明的传承者"更要与时俱进，刻苦钻研、奋发进取，尽快提升自身素质和能力，为推动教育事业的健康发展贡献自己的力量。

基于以上，西南师范大学出版社策划、组织出版了大型系列教育丛书——《名师工程》。希望通过总结名师的创新经验、先进理念，宣传名师的核心教育力，为广大教师职业生涯提供精神源泉和实践动力，在教育实践层面切实推动从教者职业素养的提升。通过《名师工程》实现"打造名师的工程"。

丛书在策划、创作过程中力求实现以下特色：

**一、理念创新，体现教育的人本精神**

教师角色在以人为本的教育理念下发生了重大的变化，教师的素质和能力也面临更高的要求。如何弘扬、培植学生的主体性、增强学生的主体意识、发展学生的主体能力、塑造学生的主体人格等问题成为教师在目前教育中亟待解决的难题。丛书以教育管理者和教师为主要读者对象，通过教师综合素质的提高而将人本教育的思想落实到教育实践中，真正实现教育培养人、塑造人、发展人的本质要求。

**二、全面构建，系统提升教师的教育能力**

丛书选题的最大特点就是系统、全面地针对教师教育能力的提升而展开。施教者的能力决定教育的效果，教育改革的落实、教育效果的提高无不体现在教师身上。丛书针对不同教育能力、不同教学要求、不同教育对象，有针对性地设置选题。棘手学生、课堂切入、引导艺术、班主任的教导力、互动艺术、课堂效率、心灵教育等等，这些鲜明的主题从教育的细节出发，从教育实际情况出发，有针对性地解决问题，让教师在阅读中学有所指、读有所获。

**三、科学权威，体现教育的时代前沿性**

丛书邀请全国各地著名的教育工作者执笔，汇集在教育改革与实践中涌现的先进理念、成果和方法，经过专家认真遴选、评点总结而成，代表了目前教育实践中先进的教育生产力，具有时代前沿性，是广大一线教师学习、借鉴的好素材。

**四、注重实践，突出施教的实用价值**

丛书采用了通俗的创作方法，把死板的道理鲜活化，把教条的写法改变为以案例为主，分析、评点为辅，把最先进的教育理念和方法融入有趣的情境中。经典的案例，情境式的叙述，流畅的语言，充满感情的评述，发人深省的剖析，娓娓道来、深入浅出，让教师更充分地领会先进、有效的教育方法。

在诸多教育、出版界同仁的支持与努力下，《名师工程》陆续推出了《名师讲述系列》《教学提升系列》《教学新突破系列》《高中新课程系列》《教师成长系列》《大师讲坛系列》《教育细节系列》《创新语文教学系列》《教育管理力系列》《教师修炼系列》《创新数学教学系列》《教育通识系列》《教育心理系列》《创新课堂系列》《思想者系列》《名师名课系列》《幼师提升系列》《优化教学系列》《教研提升系列》《名校长核心思想系列》《名校工程系列》《高效课堂系列》《创新班主任系列》等系列，共 140 多个品种，后续图书也将陆续出版。

丛书在出版创作过程中得到各地、各级教育部门与教育工作者的大力支持与帮助，在此一并表示感谢！

教育事业是全社会共同的事业，本丛书的出版一方面希望能对广大教育工作者有所帮助，共飨先进成果；另一方面也是抛砖引玉，希望更多的教育工作者参与到出版创作中来，百家争鸣、百花齐放，为促进教育事业的发展共同努力！

# 青山流水迢迢去

　　"青流"是道龙的网名。我习惯叫他"青流"，主要是因为我们的交流更多是通过网络，分享彼此发表在博客与网站上的文字。应该说，青流这本新书中的不少文字我是熟悉的，但当我真正将心神沉静下来细读这些文字的时候，我还是充满了惊喜。书稿共有四个部分，教育寻根、做有风格的教师、向课堂细节处漫溯、做反思型教师。单看这些章节的命名，我们便可以大体了解青流的行动、视角与追求。透过这些文字，我们与青流一起品味教育，感受教育，反思教育；回到教育现场，在原生态的教育叙事中反思自我，感受阅读的乐趣，思考阅读是如何作为一种生活方式充盈了青流的生命……

　　青流是清醒的。面对当下教育界的热点与焦点问题，青流都做了细致、全面的反思与梳理，他既不人云亦云，也不剑走偏锋，而是表现出难得的清醒与理智。比如，针对当前教育界过于夸大学校教育、教师作用的问题，他便勇敢地指出学校教育不是万能的，教师的作用也不能被无限夸大，对一个孩子的成长来说，除了学校教育，家庭教育、社会教育的影响是绝对不能被忽略的。青流的思考令我想起了当前教育界流传很久的一句口号，"没有不好的学生，只有不好的老师"。这种说法正是认为教育是万能的，教师也是万能的，这实际上就否认了教育工作的无比复杂性。我们不能不承认，世界上没有任何一项工作比得上教师工作的复杂，而且正因为这种复杂，教师工作成为最具创造性和个性特点的工作之一。正如苏霍姆林斯基所说，每一个难教的儿童都各有自己特殊的个性、禀赋、生活背景和成长经历，可以说每一个孩子的背后都是一个独特的世界。这就注定了对他们的教育工作也必须是充满个性与创造性的，而且，在看到各种因素作用于孩子一身的前提下，必须考虑到学校、家庭、社会等各种因素对于孩子的影响，并使之能够互相配合，互相补充，让有益的教育因素起到更为强大的作用，以产生足够的力量来抵制各种不利因素，使这些难教的儿童逐渐向好的方面转化。正是由于清醒地认识到这一点，青流认为："一谈到教育，就不能不谈到家庭教育，就不能回避社会的文化，就不能绕开社会的制度。学校的教育最终是在一个制度的框架下维持秩序。学生毕竟是生活在一个现实的语境中，同环境那张大网相比，教育只是大网中的一个结，不可以过分地夸大学校教育的作用。"青流的"网结"一说十分形象，我认为它准确地道出了教育应有的地位与作用，启发我们在面对当前学校教育中的一些比较棘手的问题时如何更全面、更有针对性地去分析问题出现的原因，寻找解决问题的策略。事实上，我们到青流的"教育现场"阅读那些原生态的教育叙事时就会发现，这些叙事展现的正是他将自己的思考融入实践的整个过程。

青流是悲悯的。无论是对某些教育理念的反思，还是对一些教育现象的审视，更不用说他在班级管理、师生沟通、家校联系等方面所做的一切，我们都能够感受到他的悲悯情怀与善意。我认为这是青流之所以成长为一个优秀教师的根本所在。比如，针对目前教育界过度开发孩子的潜能而无形中增加了孩子的负担这一事实，他大声呼吁："不要总想着开发学生的潜能，善待那些'迟开'的儿童吧！"他认为，一个学生的成长有其自身的规律，有其自身的轨迹，过度地开掘"潜能"带来的只是短暂的成功，付出的是惨痛的代价。的确，在现实中，多少孩子被打着"开发潜能"旗号的教育给毁了，承受着失败的痛苦与沉重的课业压力，丧失了尊严，失去了对学习的兴趣。青流的呼吁既有为人师者的慈悲，也有对教育现实的理性的审视和反思。再如，针对教育实践中泯灭儿童天性与个性的种种现象，他不无激愤地写道："……我们的教育的确有时候在泯灭学生的天性，有时候老师如驯兽师一般来对待学生，让他们变得温顺、服从！"这让我想起了鲁迅先生说过的话："驯良之类并不是恶德，但发展开去，对一切事无不驯良，却绝不是美德，也许简直倒是没出息。"这样幽默的文字背后有一种鲜明的教育观，孩子不应逆来顺受，不应毫无原则地"驯良"下去，他必须有自己的判断和态度。那么，在教育现实中，青流笔下的驯兽师般的教师又有多少呢？我认为青流的激愤中更多的是一种担忧，因为他知道，"给予什么教育，便成什么样的人"。

　　青流是坦诚的。"坦诚"是青流书稿中最打动我的地方。2012 年 9 月，在"大夏书系"举办的"教育与出版"座谈会上，谈到教育写作的问题时，我表达了这样的观点："教育写作一定要怀有一颗坦诚的心，作者要在现场，而不是隐藏在文字的后面。"我在青流的书稿中看到了这颗坦诚的心，让我觉得这样的文字具备了打动人的潜质。比如，他剖析了目前教育现实中种种急功近利乃至于弄虚作假的行为，看到了那些"光彩"的神话背后被遮蔽的真相，强调"教育不需要神话"，也不可能有神话，这应当成为一种常识；他更对人们一直以来灌输给孩子的某些观念以及教材中所暴露出来的明显的问题进行了批评。他的视角是独特的，但绝不偏激；他的批评是尖锐的，但又充满了理性与坦诚。也许，你可以不同意他的观点，但你绝不会怀疑他的坦诚。我想，正是这种坦诚使青流的教育写作在很大程度上脱离了平庸，使他的教育反思具备了打动人心的前提。

　　青流是踏实的。青流所展现的那些生动鲜活的"教育现场"，一方面让我们看到了教育的复杂性，另一方面也让我们看到青流是如何在教育现场中行走，踏踏实实地走出了属于自己的一条路。他坚守在自己的教室里，守护着小罗、小江、小赵这样一群个性迥异的孩子，在他们出现问题、需要帮助的时候，他用自己的耐心、智慧、慈悲与理解为童心筑上护栏，并为他们开启了一扇明亮的窗。在坚守教育现场的同时，他把阅读当成了一种生活方式，阅读成为他生命的重要组成部分。这些年正是大量的阅读使他的教育反思不断走向深入，使他的课堂实践不断循环上升，也使他的教育写作不断走向开阔与丰富。我想，什么是好老师呢？好老师就应该像青流这样，始终在"教育现场"，始终与孩子们站在一起；好老师就应该像青流这样，通过不间断的阅读提升自己，让阅读为自己提供反思与行走的能量。

　　"青山流水迢迢去"，善思又躬行的青流，他一定能够到达更远的地方。

闫学

2012 年 8 月中秋于杭州

# 目　　录

## 教育寻根

## 做有风格的教师

## 向课堂细节处漫溯

## 做反思型教师

# 教育寻根

# 谁是学生的榜样

　　我们这个社会喜欢树立榜样，也喜欢要学生学习榜样，因为榜样的力量是无穷的。这话没错，但问题是，许多时候榜样是没有办法学的。我小时候看电影，那时的电影演的都是战斗英雄。学的课本中，也有好几个让我们难以忘怀的军神：黄继光、董存瑞、邱少云、"五壮士"……今天回过头来看，他们身上的这种精神对于和平年代的孩子有多大影响呢？或者说，有信心让他们成为学生学习的榜样吗？不牺牲生命，就不能取得成功，这样的胜利算是胜利吗？如同我们小时候看的电影，往往都是主人翁牺牲了，然后就胜利了。这是不是对成功的一种误解呢？难道榜样就必须是悲剧人物？

　　现在的教材中，反映战争年代的文章少了，但古代的英雄又出现了。学生们对"卧薪尝胆"的故事耳熟能详，都对勾践印象深刻，忍辱负重的勾践成了他们学习的榜样。"卧薪尝胆"成为教育孩子的一个典型故事——要成就一番事业，就需劳其筋骨、苦其心志，就要做勾践那样的人。可是历史上的勾践和夫差的故事并不是那样简单。夫差是讲信用的，而勾践却是阳奉阴违、鬼鬼祟祟在"卧薪尝胆"。他逼死夫差时毫不犹豫，阴险狠毒、毫不留情。如果这可以理解为他是为了国家的利益，应该被宽容，那他对功臣的态度就着实让人无法容忍。文种协助他东山再起，可他杀文种时却说："先生教我七种计谋，我只用了三种就把吴国灭了，还剩下四种没有用，就麻烦先生去地下为寡人的先王试用吧！"最后，逼得文种自杀。一副这种嘴脸的人能成为学生学习的榜样吗？如果能，那是不是告诉学生只要能达到目的，你就可以采用一切手段，可以不讲信用、不讲情义？

　　我们在给学生讲项羽和刘邦的故事时对项羽充满同情，好像刘邦就是个大恶人，项羽就是个大英雄。其实历史上刘邦和项羽各有千秋。刘邦没有那样坏，项羽也没有那样好。刘邦衣锦还乡时，和沛县的弟子们同唱《大风歌》，他也是泪流满面，也是有情有义的人。他对萧何也很讲同乡之情。项羽呢？他虽然很有人格魅力，力能扛鼎，每战身先士卒，却奢勇少谋。尤其不能原谅的是，他每得到一个城池就会屠城，妇孺都不能幸免。难道他提个饭篮子去军营里看望受伤的将领就能说明他是个仁慈的人了吗？就能免掉他的罪过了吗？所以，很难说他俩到底谁是我们的榜样。

儿子预习课文，他读，我听。题目是《微笑着承受一切》，里面的主人公是桑兰。听着听着，我觉得很不是滋味。文章的作者真的写出了真实的桑兰了吗？这位正值花样年华的少女意外受伤导致瘫痪，而且有可能永远站不起来，可是她微笑着面对这一切。她在美国住院时，队友来看她，一看到她的伤势，都忍不住掉眼泪，可是桑兰却更关心比赛的情况。当医生给她按摩时，她忍住剧痛，竟然顽强地哼着比赛时的乐曲，就连主治医生也被感动了，深叹从未见过这样坚强的孩子。对于一个18岁的少女，真的是这样吗？我心里一直有疑问。即便如此，难道这就应该是我们学生心目中的榜样吗？体操只是个职业，很短暂，与漫长的人生相比只不过是人生的一个阶段。她本应该有美好的未来、幸福的生活，然而现在，一切戛然而止。这时，还是孩子的桑兰可能是一直微笑着的。可是她的微笑能维持多久呢？当她真正懂得人生的时候，她又会怎样？想起速滑运动员叶乔波，她带着伤痛参加了多场比赛，取得了很多荣誉。最后一次比赛，医生甚至告诉她，如果再这样，可能下半辈子要在轮椅上度过了。叶乔波还是坚持最后一搏！可想而知，当时的叶乔波是知道其中的利害关系的，也坦然微笑着接受这一切。可是今天的她难道也会心甘情愿地去面对那样的风险吗？我们在学生面前大肆渲染她们的坚强不屈和无悔抉择，是不是很是无情和自私呢？

我们到底要给孩子们塑造怎样的价值观呢？荣誉重于生命？我儿时看过一部电影，女主人公嘴里念叨着："荣誉比生命更重要！"今天回过头来看，这多么可怕！一位在伊拉克战争中失去儿子的美国母亲扔掉政府发给儿子的勋章，她哭道："我不要儿子做什么英雄，我宁愿他是偎在我怀里的一个懦夫！"前两天看到《生命的壮歌》中悲壮的生命桥——老羚羊为了救小羚羊，宁愿为小羚羊搭起一座生命桥，年轻的羚羊获得了生命，老羚羊却落入万丈深渊。看完后，感动得几乎流泪。可是这样的文字想给我们的学生传达什么呢？老的就应该为小的献出自己的一切？孩子长大后，会知道原来这是位动物小说家写的，而故事的情节纯属子虚乌有。他们会不会很愤慨呢？

有位教师问学生："《军神》中的刘伯承的伤势重吗?"老师是想让学生说出刘伯承做手术时被割了21刀，不怕疼，很坚强，表现了军神的无畏精神，结果学生语出惊人："太重了，他被土匪捅了21刀……"学生是无法体会到军神的伟大的。再回到桑兰，她其实就是我们这个时代的学生学习的"军神"，但桑兰目前的人生状况已经说明了一切，她在痛苦的成长过程中有新的人生诉求。可以肯定，她并不稀罕成为榜样，而更愿意成为一个平凡而又幸福的人。

人不能简单地分为白的、黑的，不能简单地分为朋友、敌人，更不应该被神化和圣化！与其学习榜样，不如看看身边人的优点，学习身边人的优点。因为"榜样"是墙上美丽的画，遥远而缥缈，是不属于真实生活的风景！

# 教师不能成为吃青春饭的体力劳动者

　　提到体力劳动，我们感觉那是"面朝黄土背朝天"的农民的事。教师风吹不到、雨淋不到，整天与书本为伴，怎能是体力劳动者呢？我的感受是，如果老师总是重复做同样一件事，做到卖油翁倒油那份儿上，就跟体力劳动者是一个层次了。

　　有位小学老师要调动工作，教育主管部门就问："为什么要调动工作呢？教师不是挺好的吗？"他说："不好！我发现自己越来越像个体力劳动者了。太没劲！"领导接着问："谈谈你怎么成了干苦力的了。"他说："先是抄教案，接着是讲课，然后是批作业。抄——讲——批，批——讲——抄，就是这样简单、单调。一干就是一年，一干就是一辈子，有什么意思？"我想这位教师说的是心里话，抄的是别人的，讲的是别人的，又有标准答案，根本不需要自己动一点脑筋，自己只要动动手、动动嘴不就完了吗？

　　有这样一则笑话，某个人被问："你老婆长什么样？"他挠挠头，苦着脸说："我还真想不起来她现在长什么样？"别人觉得奇怪了：老婆长啥样怎么可能不知道呢？他说："她是位中学老师，早晨天不亮就走了，晚上天黑才回来，我根本就看不清楚……"虽然是个黑色幽默，但是从中可见中学老师的生活之一斑。我们的中学生也是跟着过见不着太阳、见不到爹娘的日子。离我家不远的地方有一个封闭式中学。老师成了全天候的保姆，天不亮要去催学生起床，然后跟着晨练，去食堂吃早饭，接着是一天的课程，晚上还有晚自习，直到学生在宿舍一切安顿好，老师才算结束了一天的工作。虽然有生活老师的配合，但主要的责任还是在老师这里。试想，这样的工作强度和工作流程不是和体力劳动者一样了吗？我想，有过之而无不及。

在教师群体当中，备受尊敬的是大学老师，他们的工作该是脑力劳动了吧？他们有那样多的研究成果就是见证。但是我要说的是，他们也逃不过有体力劳动的时候。有一次，我们在进修学校上《教育学原理》这门培训课，那位大学老师已经坐在那里打不起一点精神了。开始我们很不理解，难道是因为我们这里的教学条件不好？后来我们终于明白了，原来这位可敬的老师自暑假以来，一天也没有休息，一直在全国各地上课。一天一上就是 8 小时，最要命的是她要重复同样的内容、同样的板书。李阳说学外语是个苦力活，因为总是在重复发音。一个人重复听一首歌会觉得厌烦，难道重复唱一首歌就很喜欢吗？所以这位老师的心情和状态真可以理解。她已经是在高温下干苦力活很久了。那课上得也真让人如坐针毡，我们感受不到课堂的魅力，也和授课老师一样焦躁不安。

教师，尤其是中小学教师是耐人寻味的职业。现在很多人已有同感，那就是这是吃青春饭的职业。教师随着年龄的增长，业务水平每况愈下，身体状况也每况愈下，也管不住学生了，不会教书了，一过 50 岁就意味着职业生涯的结束，因为学校已经是年轻人的天下了。老教师在压抑的状态下过一天是一天，在路上与年轻人碰见还得硬着头皮赔上笑脸，主动向年轻教师问好，显得无奈而又沉重。

我们总有老的一天，那处境想必是迟早的事。医生干一天积累一天经验，干了 30 年的经验绝对是一笔财富。我们当地有位老医生想换个地方工作，结果成群结队的老百姓拦着他，央求着不让他走，因为他的医术实在高超。这事一度成为美谈。这种荣耀老教师鲜有遇到，他们成了末路英雄，已经没有一丝一毫的锐气，心甘情愿地等着被"淘汰"。央求着学校能不能不带主科，能不能减少一些课务，能不能到后勤去打杂。

什么原因呢？那就是我们停止了前进的脚步，我们只是在重复劳动，拼的是体力，在课堂上把自己不多的知识、方法、经验消耗殆尽。一位老师开班会用的材料几年下来，估计要用一辈子了。当老师的没有意识到，时代在变，知识在变，学生的思维在变，教育观念在变，以为自己能以不变应万变，那就大错特错了。如果一个老师没有新的思想，不能用自己的学识让学生惊叹，只是在重复昨天，那么就会很快失去学生的信任。所以，要想避免这种尴尬，就得不断学习，不能停下脚步。苏霍姆林斯基说："教师进行劳动和创造的时间好比一条大河，要靠许多小的溪流来滋养它。怎样使这些小溪永远保持活力，有潺潺不断的流水？那就是不停地读书。"

教师不应该吃青春饭。在《给教师的建议》这本书中有这样一个故事：一位教研员听一位教历史的老教师的课，他准备了记录本，可他从头到尾一个字也未写，而是像学生一样听得入了迷，当老师提出问题时，他竟然也要举手发言。下课了，他迫不及待地问："您准备这节课用了多长时间？"那位教了30多年的老师说："我用一生在准备一节课，但这一节我准备了15分钟。"还有位历史老师读了几千本历史书籍、杂志，精通9国语言，能读国外原版书籍，每一位学生、家长见到他都会脱帽向他致敬。

教师的工作富有创造性。在我们身边不乏教师的精英，这些精英付出了精力和心血，得到了社会的认同，但是更多的教师在体力劳动中慢慢失去了当老师的自我认同感。我想，教师的工作应该体力劳动少一些，脑力劳动多一些。这需要自身的努力，也需要一个良好的环境和制度。不是每一个人都能成为李吉林、李镇西那样的老师，但是这样的老师越多，对学生才会越有益。教师的教育艺术是磨砺出来的。教师越老，境界越高，正如陈年老酒，时间越长，醇香越浓。

否则，当老师，谁不能？

# 在田野作业中成为理想者

看鲁迅的《过客》，似乎看到了浓缩的人生。过客不知道从哪里来，最终要到哪里去，他只知道他的方向就是前方。他在奔走中流血太多，就只好用水来补。他不能停止脚步，因为心中总有个声音在召唤着他。过客说话语无伦次，模棱两可，莫名其妙，他无疑是个理想主义者。老翁是个"近视的公民"，他只看到了眼前的利益，他劝告过客，歇歇吧，还是歇歇吧，理想谁都有过，但只要不理它，就没事了。孩子呢？对过客很佩服，她隐隐约约地感到理想处开满了野百合、野蔷薇，惧怕又向往。夕阳西下，老翁、孩子躲进了土屋，过客继续跋涉在他的理想的征途中……

我想人本来都是理想主义者，都渴望寻找到自己的价值和尊严。但是理想不是在大起大落的变故中失去的，而是被现实中的日常琐事慢慢吞噬殆尽的。

年轻人是可爱的，热情、冲动、善良，更可敬的是他们身上还有着理想主义的情怀。想想过去，每一个来学校实习的老师看到"捶不扁、煮不烂"的学生时都坚信自己能改变这些学生，甚至有的说："我要把这些孩子招到一个班，彻底改变他们的命运。"但是这种美好的理想在现实中轻得如羽毛，又如雨后的浮尘很快散尽。

教育对于老师而言是职业还是事业呢？我想很多人是先将其当成事业，渐渐地又把它当成了职业。"千机变"这个词用在老师的职业生涯中也许是比较贴切的。在无数的想法、无数的做法、无数的压力、无数的成功、无数的失败、无数的变数之后，最终发现职业的尊严和成功是件山高水远的事。除了教材、教参、作业、试卷，还要看其他东西吗？个人的小宇宙能有多大的能量呢？如果教师的职业的认同只是气味相投罢了，那么教师就不需要理想，只需要做好分内的事，只需要所带的班级不出事，只要学生的成绩不太落后，就可以高枕无忧了。如果教师渐渐成为"冷漠"的公民，沉醉在自己的兴趣、技能里，失去理想，慢慢地将事业变成职业，那是一种悲哀。有理想、有情怀的老师才能带出有理想的学生，让一个暮气沉沉的老者去带一群一年级朝气蓬勃的孩子，会怎样呢？

袁隆平曾经是个乡村老师，然而那时的他已经有了国际视野和颠覆权威的气魄。今天的袁隆平已经是蜚声世界的大师，然而他仍然默默地行走在田野上，像田野的守望者。

农夫耕耘在田野，大都默默无闻，有的甚至入不敷出。袁隆平平时的生活状态跟农民也相差无几，但是价值却判若云泥。这里就看出了一个问题，农夫是靠天收的，把希望寄托在风调雨顺上；而袁隆平相信科学，他能够让收成翻许多倍，因为他爱这样的事业。他是在城市中长大的孩子。有一次郊游，他在武汉郊区参观了一个园艺场。满园里郁郁葱葱，到处是芬芳的花草和一串串鲜艳的果实，他觉得那一切实在是太美丽了。他当时就想将来一定要去学农。从西南农学院农学系毕业的袁隆平，为了追求心中的梦，不顾家人的反对，毅然从重庆来到偏僻的安江农校任教。在那个风雨飘摇、国事艰难的时代，他目睹了太多的饥饿，萌生了用农业改变饥饿的信念。在中国的历史上，曾经出现过亩产十万斤的豪言壮语，但那只是贻笑天下的笑话。而袁隆平用自己的知识、灵感、汗水、心血浇灌出丰硕的果实。

"三百六十行，行行出状元。"这是句古话。状元如何来的？我想离不开思考，离不开实践，离不开行动，更重要的是离不开理想和希望。袁隆平也可以算是个"状元"了，可以说他是科学家，可以说他是农人。其实，教师的生活和农人是很相似的，每天都是在"田野"里耕耘，大都会默默耕耘一辈子，毫无建树，而只有少数人在平凡的岗位上做出了很大的成就，实现了自己的人生价值。田野作业的理想者需要技术，更需要思想。重复技术，永远是在重复自己、重复别人；而有自己的理想才能改变自己的工作状态。老师每天都在备课、上课、批改、辅导和考核，在这个过程中，我们也会有自己的师傅，有学校组织的隐性经验，还有专家的指导等。如果我们愿意做一个满足的人，应付这份职业也是绰绰有余的，但是如果长期地重复，就很容易成为一个匠人，而不是创造者，不但很难体会到这份职业的尊严，而且会慢慢失去田野劳作的资格。年轻的语文老师黄玉峰做了语文课堂教学的"叛徒"，他对语文教材及语文课堂教学模式都进行了彻头彻尾的变革，他体验到了职业的幸福感和成功感。韩军老师也对以往的语文教育权威进行了清算，构建了自己的语文教育理论。有意思的是，这两位老师在理论和实践上形成了某种默契。他们从来都是辛勤耕耘在自己的田野上，他们比别人多的只是理想、思考和行动。

不得不承认教育本身是最需要理想的。若没有有理想的教师，哪来有理想的学生？我们能从阿莫纳什维利、马卡连柯、苏霍姆林斯基身上感受到他们对教育的执着探索和热忱。如果他们身上没有一点教育理想和情怀，哪能写就瑰丽的教育诗篇呢？而真正伟大的诗篇都是用血和汗写成的，他们的理想从未离开过教育的田野，如果离开了田野作业的行动，那么他们的成果的生命力也不会这样长久。

看来，田野作业是重要的，而更重要的是田野作业的姿态。

# 漫谈赏识教育

　　赏识这个词并不陌生，但赏识教育这个说法却算个新生事物。周弘老师曾经为自己的女儿操碎了心，但正是双耳失聪的女儿让他创造了一种新的教育模式——赏识教育。正是这种对女儿的真挚的爱让他领悟到教育的真谛，那就是孩子是为被赏识而来到这个世间，哪怕全世界的人都看不起你的孩子，你也要欣赏他。赏识教育是一种热爱生命的教育，周弘也因为他的出色表现赢得了"赏识老爸"的美誉。

　　希望得到赏识，这是人的一种天性。卡耐基说，人的本性是渴望自己受到关注、成为重要的人。孩子是喜欢别人的赞美的。我儿时的一个伙伴冬天里在屋前堆雪人，只穿了小棉袄，没有戴棉帽。他的邻居看见了就说："真了不起，这样冷的天，小虎竟然连帽子也不戴。"没过一会儿，小虎出现了，这次连小棉袄也脱掉了，一副斗志昂扬的样子。邻居又说："真是不得了，连棉袄也不穿了。"小虎一听，又回家了，过了一会儿，小虎又出现了，这次他只穿了小背心。邻居这次没有鼓励他，连忙叫他的家人出来给他添衣服。因为这样"赞叹"下去，估计他要赤膊上阵了。大人显然是在逗孩子，但孩子当真了。一句"看呀，这个孩子不怕冷"似乎就能抵御冬天的严寒。冷算什么？它跟被夸奖比起来简直是不名一文。同样，在成人世界里谁又不渴望得到别人的赏识呢？我有时怀疑那些冬泳的成年人是不是真的不怕冷。古人有句话叫"士为知己者死"。持鱼肠剑杀死吴王僚的专诸，不就是因为他感谢公子光的知遇之恩吗？何为知遇之恩？无外乎是因为别人的赏识，自己发挥了才能，得到了尊严。因此，我不一定喜欢我赏识的人，但我一定喜欢赏识我的人。为了知己，专诸连命都豁出去了，因为他觉得这样做是值得的。哪里有赏识，哪里就有温暖，哪里就有归宿。

虽然谈赏识教育，但其实赏识离我们的教育还很遥远。鲁迅曾说过："我们中国不把孩子当成人，所以他们长大以后也成不了人。"我想这话是有些偏激了，但也在一定程度上反映了现实。我们的确不会欣赏孩子的优点，更倾向于让孩子看到自己的不足。我们很吝啬赞美的语言，信奉的是忠言逆耳，"优点不说跑不了，缺点不说不得了"。周弘说，中国的孩子是物质上的皇帝，精神上的奴隶，表面上过得很幸福，似乎能呼风唤雨，其实童年的快乐离他们很远。在精神上，成人对待孩子有时真的像秋风扫落叶一样残酷。

赏识教育给孩子们带来了希望！但对于赏识教育的理解，我们更喜欢用自己的方式来诠释：对孩子竖大拇指，语言鼓励，写几张优点卡，发小奖品……这些做法，的确是有赏识的元素，但学生还没有因为这样的赏识在精神上有根本的改变。这种蜻蜓点水似的"哄"还不能完全算作赏识，教师会发现头上贴着好几颗星星的学生在不同的课堂上的表现是不一样的，因为这种所谓的"赏识"没有真正触动学生的心灵。这甚至会让学生学会虚伪，学会迎合老师的意图，尤其是面对物质奖励时。等他们长大后，他们会接着"哄"下一代。赏识教育不是一种具体的教育方法，它是一种教育思想，它的灵魂是尊重、理解、鼓励、信任、等待、分享、陪伴。它是把人当人看的教育，是人道的教育，它需要我们用赏识的心态来对待孩子。他成功时，分享他的快乐；他失败时，理解他，陪伴他，分担他的失落；对他的暂时落后用信任的心态等待，鼓励他、相信他会后来居上。心中有人，眼中才有人。这种人性的教育思想的现实价值毋庸置疑，这也正是我们教育中所欠缺的。

教育实践中我们需要赏识心态。对于学业落后的学生，老师们通常给他们补课，进展不大时就会骂人，自己也弄得一肚子气。一个人的 10 个手指头还有长短，何况世界上根本找不到两个完全相同的人。与其让自己、让学生都憋气，不如换一种心态——赏识他们。把要求放低，让他们成功。正如有位教师总结的："目标定小，分钟嘀嗒。"成功能连缀成功，失败不一定是成功之母。用赏识的心态暖了孩子的心，再来点成功的催化剂，总比补课的效果好。给后进学生的情感加油，让他们跑得更快，这比推着他们走要省力得多。赏识教育同样对那些优秀的学生非常有用。李镇西老师曾经说过，优生的问题和后进生的问题同样多，尤其是在心理素质上，一蹶不振的、自暴自弃的往往是优生。在这时，优生更需要赏识雨露的滋润。

教育不是万能的，赏识教育亦然。尽管周弘的《赏识你的孩子》让老师、家长流下了眼泪，但实践起来并不容易。有的老师说，教育是简单的事，是我们把它搞复杂了，而实践中，教师觉得教育是件复杂的事，不能简单化。人需要赏识，同时也需要挫折。赏识让孩子心灵舒展，但适当的挫折会让他们更快长大。社会是个大熔炉，不会等待谁成熟，因此经历挫折的孩子会有更好的适应性。教育思想也应像教学方法那样在应该发挥作用的地方发挥优势。赏识对有些学生有效，对有的学生某些时候才有效。我喜欢这样的说法：走进生命，开发潜能，尊重差异，追求和谐。这是人们对赏识教育的一种追求。这种境界，实践起来需要太多的教育智慧！

# 诚信教育哪里寻

曾在《小说月报》上看过一则耐人寻味的小故事。一个人向邻居借老牛耕田，可老牛是邻居家的顶梁柱，邻居因此有些舍不得。这人也看出苗头了，他信誓旦旦地对邻居说："放心吧，我会像对待爹一样对待它。"可这位邻居还是摇头，犹豫一会儿，邻居说："我要你像对待儿子一样对待它。"这人惊愕不已，原来要别人相信自己这样难。虽是个笑话，但笑完后还是觉得有些心酸。鲁迅曾说，这世界上谁最能靠得住呢？千万不要想依靠别人，要靠自己，但即使是自己，也未必就靠得住，因为自己也在变化。被人信任，信任别人，甚至相信自己，都是件难事。

我的一位同学谈到他的一次监考经历。他和几位同事来到一所在当地有些影响的学校进行会考监考，校长很殷勤地接待他们——倒茶、递烟，那种待遇是平时很少见到的，这让他们受宠若惊。但其用心很快显露无遗——监考时，任课教师悉数登场，一副媚态，十分滑稽，他们总是拣些不着边际的话题跟监考老师套近乎，或是莫名其妙地赏识监考老师一番，让人哭笑不得。他们的目的是分散监考老师的注意力，好让学生浑水摸鱼。考试的最后一幕最吓人，该校的老师竟然在黑板上公布答案了，拦都拦不住。这次监考经历让我这位同学倒足了胃口。过后他们几个同事在一起闲聊，才了解了更多内幕——这所学校的老师和学生都是训练有素的，老师的眼神、手势都会说话，老师手动动，学生就知道选择题的答案了。

我又想到了我们的公开课，确切地说，应该叫表演课、汇报课。课堂教学过程行云流水；学生对答如流，妙语连珠，语惊四座；教学设计天衣无缝，无懈可击。其实，一节公开课从备课到上课要几个月的时间，光试上就要七八次，老师一开口，学生基本上就知道老师要说什么了。这种课代表一个学校的形象，是反复锤炼出来的，其特点是"只有预设，无需生成"。哪些学生读书，哪些学生表演，哪些学生质疑，全都设计好了，适当的时候就冲出来了。成绩差的学生会被安排到教室后排，即使举手，老师也会视若无睹。这样的公开课给老师带来知名度，但带给学生什么呢？自然，高境界的公开课是有的，但多数公开课就是这样一场华丽的表演。

上课与考核评价是目前教育制度下教书育人的关键环节，但现在的学校恰在这点上做得让人失望。大家为何如此关注上课和考核，因为这最容易出成绩。公开课只要是热热闹闹、小组合作、"小脸通红"，只要不冷场就是被认可的、成功的。至于家常课上得怎样，那也是没有多少人去关注的；至于因公开课而耽误了多少正常的课时，那也是没有人深想的。其实我们在不知不觉中让学生学会了虚伪、不诚实、欺骗。学生看到公开课的假，看到了考试的假，他们还会相信诚信吗？还要做诚实的孩子吗？虚伪已在他们心中埋下了种子，慢慢生根，发芽。

余秋雨有段回忆性的文字，谈的是他的中学老师。余秋雨因为在市级作文比赛中获一等奖而名声大振，许多老师慕名而来，他们都想见识一下余秋雨和他的老师的风采。可是，上课那天，他的老师讲得内容越来越深，一个劲儿地向余秋雨提出越来越难的问题，结果场面很尴尬。余秋雨心里直抱怨：怎么事先不打招呼呢？如果稍作准备，不就有精彩的回答了吗？今天看来，可能这位老师迂腐到了极点，一点秀也不会做。可正是这样不懂半点机巧的老师培养出了余秋雨这样的大学者。而余秋雨也从内心深处敬重这位木讷的老师。

陶行知先生说："千教万教教人求真，千学万学学做真人。""真"应该是教育的真谛。学校里还有许多事情潜移默化地影响着学生。比如，检查作业量时，教师不得不把学生的一部分作业收起来，并反复叫学生守口如瓶。我们的学生可不是冥顽不灵的，他们很明白老师的心思，而且会非常配合。尽管检查一过，一切又恢复原貌，但是学生会忘记这些事吗？我想，可能永远不会。想起我初中时的一位物理老师，他在我们期末考试结束后，把我们几个学生喊到他的家中，让大家用蓝笔改自己的试卷，结果我们差不多都得了九十多分。当时我们都觉得很高兴，可心里真的看不上他。工作后，我们也从未想过去看看他。现实中，平凡的老师教育过的学生长大后也有很多有作为的，但奇怪的是，很多时候他们并不感激自己的老师，甚至一出校门就不认老师了。我想其中的一个重要原因也许就是没有教育的真，没有真的教育。因而学生在内心深处没有一丝对老师的敬意和对学校的怀念。

曾经历过一次师德承诺制的活动。所谓师德承诺制就是承诺一个学期要与班里的每个学生进行一次平等的对话，承诺不体罚学生，承诺给每一位学生鼓励……师德需要承诺吗？教育能够承诺吗？这显然是值得怀疑的。为了完成任务而作出的承诺会给我们的学生留下怎样的印象呢？轻飘飘的爱的承诺能承受住什么呢？

若教育本身都不诚信，怎么教学生诚信？

# 给教育点气氛

前些天，我们到中国最富裕的乡村——华西村去参观。这是我第二次到华西村，这里的富裕的确超出了我的想象：一个工厂的收入就超过了百亿；在目之所及的地方都能感受到一种"财大气粗"。

到了华西广场，这里的布置稍显含混不清——有现代领导的塑像，有古代名人的塑像，有各种表情的石狮子，还有天下第一钟。所谓"天下第一钟"，顾名思义，就是天下最大的钟。导游说："价值两千万！"我们都瞠目结舌——价值固然高，可这钟的意义又在哪里？

接下来，我们更为吃惊地了解到，他们还曾摆过天下第一宴，那就是在广场摆下一千张桌子，有万人在这里杯盘交错，喝到酩酊大醉。据说他们还有天下第一泉，我们还没有看到。我想，这可能是他们表达幸福的一种方式，就像人们表达友好的方式一样，有的是用微笑，有的是用握手……

在华西村，无论谁家的老人活过一百岁，他的直系亲属就会受到奖励。这里还有个广为流传的故事，据说有家老人已接近百岁，于是好几个家人停下工作，精心照顾。最后，老人真的过了百岁，家属们也就顺理成章地得到了高额奖励。然后呢？没过多久，那位老人就去世了。这个故事充满讽刺意味，充斥着"百万英镑"的味道。

这样一个有钱的地方，教育是怎样的呢？我们去看了华士教育集团的国际部和华士学校的本部。国际部的校舍是精美的，甚至有些奢华。这里的教师是从全国招聘过来的，待遇非常优厚。来这里上学的学生也需要有足够的家庭经济实力。本部的校舍给人年代久远的感觉，自然来这里上课的学生也就比较朴素。校长介绍说，他们的教育规模已经很有气势了，在上海已有分校。其实我不知道他们到上海办学的真正目的是什么。

如果学生都是交了很高费用才能来学校读书，这些学生会对学校有怎样的感情？如果没有经济实力的学生就只能读师资力量薄弱的学校，教育的平衡体现在哪里呢？如果学校变成了所谓的教育集团，还有多少教育的味道？

平日里我喜欢逛书店，那一排排书籍让人神往。即使不买，随手翻翻，看看插图，瞅瞅封面，也是件愉快的事。书店里有许多看书的人，相比那些在衣店里试穿新衣服的人，这些人要合算得多。因为试穿的衣服毕竟要还，但新书看过之后，知识就归自己了。钱钟书不藏书，大概也是缘于此道吧。

总有这样一种感觉，一个办公的地方越少谈及无关工作的话题，这个地方的口碑就越好，这就是气氛的问题。在医院里排队，终于排到了，那医生正好要接个电话；或者那医生一边抽着烟，一边眯着眼睛，长吁短叹，总会让人有种不安全感。人们对医生一般没有好感，一是因为找他们就没好事儿，再者就是因为他们那种事不关己、高高挂起的悠然神态。当病人为自己的病情心急如焚时，医生还有心情和身边实习的小年轻说闲话。这种气氛谁受得了？

我向来不赞成在学校的办公室里谈与工作无关的事，尤其是有学生在办公室的时候。有时，几个学生在办公室里不做作业，却听得如痴如醉，可见老师的话题是相当有"吸引力"的。我只想说："还是给教育点气氛吧！"

# 教育需要寻根

我们的孩子进了学校，日久天长，会变得温顺、胆小、自卑、脆弱。虽然这并非普遍现象，但这种现象确实存在。有人这样描述国外大街上的中国人——西装穿得有型有款，走路来成群结队。西装穿得有型有款那是怕被人看不起，成群结队那是觉得人多力量大。教育总会在成人身上留下无法抹去的烙印。我们的教育培养的人离舒展、自信、独立、自强还有些距离。

我们的教育有自己的价值观念。虽然民主、平等的师生关系提了很久，但是现实中的情形是重传统、重权威。孔子虽然说过"当仁不让于师"，但过分强调了师道尊严，学生的主体性就丧失殆尽。老师讲，学生听；老师提问，学生回答；老师训导，学生点头；老师发号施令，学生唯命是从；老师监督惩罚，学生心服口服。所以学生就渐渐没有了参与意识、自我管理意识，变得被动、不自信、不独立。南京某中学的一位家长用摄像机偷拍了一组学生上学的镜头。在镜头里，最引人注目的是学生向老师问好的镜头。在镜头中，学生对老师很有礼貌。老师呢？有的点点头，更多的是好像没有看见一样。这个短片在电视台公布后，引起了一阵轰动。有人奇怪为什么老师这样没有礼貌，为人师表，自己没有礼貌，还怎么要求学生呢？有人觉得这很正常，师道尊严，老师和学生的关系应该是这样的。然而在提倡民主平等的今天，教师对学生的这种冷淡态度显然是不对的。历史上，等级观念在人们心中是根深蒂固的。大人物握着草民的手，草民觉得三生有幸。元代还把人明确地分成几等。即使在今天，三六九等的影子仍然存在。做人上人大概仍是不少人奋斗的动力。罗素说："人应该是生来就平等的，但可惜的是其实不是这样的。"人的能力有大小，地位有高低，但人格是平等的。学生如果整天用笑脸对着老师的苦瓜脸，可想而知，他们长大后会有怎样的想法和做法。学生在需要老师帮助的时候，老师的态度是居高临下的；但如果老师需要学生帮助的时候，学生会欢呼雀跃地争着干。我想这可能是很多老师都经历过的。这自然是司空见惯的，但未必就是天经地义的。老师为什么不能主动地向学生点头表示友好呢？为什么不能像学生帮助老师一样热情地帮助学生呢？

《礼记》中有句话："何谓人义？父慈、子孝、兄良、弟悌、夫义、妇听、长惠、幼顺、君仁、臣忠。"虽然已有上千年的历史了，可是"忠孝"的观念仍在我们的脑海中根深蒂固。"不忠不孝"就不是人。其实"忠孝"就是一种服从，虽然有时这种服从是滑稽可笑的，但却成为一种美德。老师、家长喜欢这种服从。"忠孝"其实也是需要度的，否则就是愚蠢。老师、家长眼里的好孩子是听话、乖巧、顺从、"忠孝两全"的孩子，可是这样的学生敢越雷池一步吗？成人给他们思想的空间了吗？

我们的家长、社会评价一个孩子的根据就是学业成绩。其实我们自古以来就是如此。中国的选士制度有几千年的历史了，早已深入民族的血液里了。重功名、官本位，哪能一朝一夕就能改变，所以我们至今仍在扎扎实实地培养"两耳不闻窗外事，一心只读圣贤书"的读书人。评价教育成绩的仍然是是否培养出了"官"和"出人头地"的人。曾看到一个报道：一个县城，一个学生被中国科技大学录取。政府让他重读，再考清华大学，并承诺给他 10 万元。因为多少学生考取清华大学也是政府的政绩。这种精英教育的结果是只见树木，不见森林。人不是机器，人是有血有肉，有情感，有个性，有丰富心理世界的。而忽视非智力因素的结果是我们的学生冷漠，没有爱心，脆弱、敏感。难道我们的人生就是为了"吃得苦中苦，方为人上人"吗？

台北大学的某教授到学校做田园调查，这位老师有七八年时间在哈佛大学里待着，受西方教育的耳濡目染，她很有自己的想法。前段时间，她逐一找学校的老师交流，我一直期待着。本来她是想了解我们的教育现状，结果是我问的问题比她多得多。与一位有学问的老师交流是一种精神上的享受，同时，当局者迷，旁观者清，她虽然说话含蓄，我还是能懂她的意思的。

　　她说美国人从来不看重分数，也不用分数来评价学校。美国名牌大学毕业的学生也不是凭着一张文凭就能找到好的工作。那里是一个自由竞争的社会，但所依据的绝对不是文凭。学生生活得很舒展，喜欢标新立异，这是竞争的需要。教授提到美国、欧洲的国家是没有特级教师的。教师也没有一级、高级之分。教师就是教师，都很平等，平时也很少有赛课、观摩课的活动。可以想象，一名教师如果只是醉心于评优、评课，他会在学生身上倾注多少心血？他会真正关注什么？一个老师的自身价值到底在哪里？是各式各样的荣誉，还是全身心地教育学生，得到认可？一个好老师是津津乐道谈自己和学生的故事，还是沽名钓誉弄一大堆证书？

　　谈到最后，教授就说追根溯源这一切源于我们的文化。我想，我们的文化中有精华，有糟粕。好的传统自然要继承，而对那些明显不合人性的东西应该彻底清除掉。

# 漫谈教师职业的幸福

　　人在心灵深处是渴望自由的，但真正能自由的人在哪里呢？炎热的夏日或是寒风刺骨的冬季，车站边那卖水果的中年妇女从未离开过。寒雨天，街上冷冷清清的，她扎着红色的围巾，穿着黄色的大衣，在风中蜷缩着，还抱着些期望，让人感到了生活的狰狞。夏日的夜晚，小摊前摆了个小电视机，有个小孩坐在那看着，虽有点温馨的感觉，但是他们是免不了被蚊虫叮咬的。我想为生活而奔波的人是没自由的，人的自由离不开最基本的物质。

　　教师的境况可能比这些为生活挣扎的人稍微好一些，但也不敢说自由。教师的累在心里，早晨风尘仆仆地赶到学校，开始了一天的劳作，跟农人耕耘相似。要施肥，要除草，要精心呵护，如有闪失会受到误人子弟的良心谴责。年复一年的劳作已使人有些身心疲惫了。有位同事，大家都说他性情真好，不温不火，从不发脾气，对家长的诘难也无动于衷。他语出惊人："看得多了，听得多了，有些麻木了，就那么回事了。"虽有点悲观，但很真实。不知怎么回事，课堂上出现了冷漠的学生的脸，教师大会上也有很多教师冷漠的眼神。一旦成了工作的奴隶，也就有些麻木不仁了。人们会热衷于研究孩子学业落后的原因，但没人会太关心教师的内心世界。有哲人说过："谁能在孩子的脸上逗出微笑，他就做了一件比盖了宏伟建筑更伟大的事。"很有人性的一句话，但谁让老师露出微笑呢？可能要靠自己。

　　毫无疑问，人是为追求幸福来到这个世界上的。然而幸福真的很难得到。应该说人人所追求的幸福是不一样的。提到职业幸福，我不知道教师的职业幸福是不是一件很奢侈的事。

　　我想更多的人是把教师当成了谋生的职业，这本无可厚非。有位教师就说："把教师职业当成事业，那是领导的事，普通教师怎能把职业当事业呢？"我们的思维可能有两种状态：一是想怎样才能把事情做得更好、更出色；二是想做这样的事情的意义是什么。前者会成为学校的骨干，后者会成为思考者。

　　这段时间在看铁皮鼓老师的《语文课》和闫学老师的《牵到河边的马》，一边看一边对这两位老师充满了敬意。确切地说，和教师相伴的是平淡人生、三尺讲台、一支粉笔，没有鲜花、掌声。真正痴心不改的人，诚如铁皮鼓老师和闫学老师，他们是找到了职业的幸福，读者在他们的书中看到了智慧的身影和幸福的笑颜。

　　铁皮鼓老师无疑是幸福的，他可以说是个真正的教育"吉卜赛"人。他一路奔波，一路收获，在旅途中有了他的《人生的境界》《冬去春又来》《语文课》。蒋敦杰老师曾留给铁皮鼓老师这样一段耐人寻味的文字："打开你的博客，看到《听自己上课》这篇文章，我认同的是：'人不在于经历过什么，而在于你怎么对待和利用以往的经历。经历就是财富，但经历并不会自然而然转化成财富。转化的水平取决于对经历反思的水平。教师的反思则应该是多视角的，包括自我经历的视角、同事的视角、理论的视角和学生的视角等。'当然，首先是自我对经历过的学习和教学进行反思。多视角反思，就是既用自己的眼睛，又用别人的眼睛看自己的教学；既是教师与自我的对话，又是教师与同行、学生、专家（理论）的对话；既独立思考，又善于用外脑工作。这是教师成长的秘诀。你的经历，就是一个很好的例证。"铁皮鼓的《语文课》正是听自己上课的结果，他说："以前我多次听别人上课，李镇西老师的课也听了整整一年，但是我从来没有想到过，听自己上课其实是最重要的。整整一个学期，我都带着录音笔上课。一下课，就坐在办公室里，戴上耳机，非常安静地倾听自己的声音。渐渐地，许多熟悉的东西陌生起来，需要重新加以审视。我意识到，在具体的课堂上，并不只有语文问题，甚至有时候主要不是语文问题。课堂是一个无比复杂的场，在这个场中，许多声音都在喧哗，所以与其说是语文问题，不如从更高的层面上说是教育问题。因为教学的核心不是教材，而是师生关系，而课堂正是师生关系得以展现的舞台。我越来越相信教育现场是无法

守护教育的本真
Shou Hu Jiao Yu De Ben Zhen

复制的，你可以理解它，但无法复制它，每一节课都是一场冒险，因此让人忐忑不安，也因此让人充满了期待。"这样一位热爱自己的职业的教师，怎能不快乐呢？

我从闫学老师的《牵到河边的马》这本书中见证了一位教学十四载的教师的成长经历。她是位爱读书的人，与书很有缘分。正如她所说，自己的屋子里伸手可及的都是书籍，让人感受到一位迷恋读书的教师是幸福的。"离巢飞去的歌鸟"记录了她读《爱的教育》《给教师的建议》等书籍后的感受。"会跳舞的小草"记录了许多典型的教育叙事，叙述了她与学生的故事。"会跳舞的小草"中的主角小东就像那个"窗边的小豆豆"一样可爱，而正是闫老师的宽容和理解，小东才会有那样动人的故事。"刀刻的名字"中的那个学生张彬的不幸遭遇，也让人难忘。有时一个学生害怕老师，不想到学校，也许就是因为老师用粗重的红笔画的一个分数。读着这些教育故事，就会明白教师能改变很多人的命运。而像闫学那样呵护童心的老师，不但能带给学生幸福的未来，也能带给自己职业的幸福。读书教书写作是她的生命的状态。她总是那样心平气和。她不去追求所谓技术化的精湛的教学艺术，而是在那里一边带着学生去读书，一边书写着自己和学生成长的故事。老师、学生、文字、阅读、生活融成了一体。她同样是位幸福的收获者。因为她的文字见证了她的生命状态。她用文字找到了自己的职业的幸福。

有自己满意的课堂，有自己得意的学生，有自己爱读的书籍，有自己想写的文字，那就是一种职业的幸福。我想，教师的职业幸福最终要靠自己在思考中获得。"教书匠"是个让人灰心丧气的词，当年纪大时，不再被需要，那是件无奈尴尬的事。经验只是种思维，它并不代表智慧。思考的最大好处在于收获思想。技术很容易在操作中学会，但思想却是要慢慢磨砺出来的。我还是想提一下苏霍姆林斯基，这位写了 32 年教学随笔的教师一刻也没有停止过思考。看到他和学生的照片，心里为之一震，因为他那镇定自信的眼神好像是教师职业幸福的最好阐释。

# 悲悯

何为"魄力"？字典上的注释是："指处置事情所具有的胆识和果断的作风。""胆识"和"果断"是褒义词，但如果感情色彩变了，那就是聋子不怕雷的武断。我们喜欢用"魄力"这个词，领导尤其喜欢人们把这个词用在他们身上。有魄力就意味着是做大事的人，是能成大气候的人，但我对"魄力"一直抱有成见。你想，如果你是个有魄力的人，就要力排众意，就要固执己见，就要毫无顾忌地我行我素。你是万事如意了，可是别人呢？封建的统治者是非常有魄力的，他们的措施也是能立竿见影的，一下就能让老百姓几百年都俯首甘为牛马。秦始皇该是个有魄力的典范，可他把百姓折腾成什么样了？

可能老师也喜欢被别人称为有魄力的人。什么样的老师叫有魄力呢？魄力和泼辣很容易混淆，又很容易水乳交融。学生怕老师，老师说黑就是黑，说白就是白。学生何以怕老师？因为这些老师有绝招。有绝招的老师会成为有魄力的老师。某中学有一位英语老师，她的学生都怕她。错一个单词，那就要被罚抄上千遍，学生能不怕吗？所以她的班级一考试就是第一，遥遥领先。她也很快就走上领导岗位，抓教学工作了。家长怕老师，这个老师也会成为有魄力的老师。只要学生一犯错误，或者学习上出现问题，那就不厌其烦地找家长，而且非常不给家长面子，在办公室里当场让家长难堪。即使家长有想法，也会考虑到孩子的情况，只能低眉顺眼，忍辱负重。再后来家长就干脆在家中做起了孩子的"家庭教师"，把能解决的问题都解决了，省得麻烦。

细细想来，老师需要有魄力吗？需要胆识和果断吗？真的是要打个问号。我相信教育学生不是立竿见影的事。一个教育措施越是取得又快又好的效果，潜在的忧患就越多。就如药一般，越是效果好的药，它的副作用就越大。如果一个老师的胆识和果断万一不幸完全是反教育的，那会给学生的心灵带来怎样的灾难？洛克说："教育上的错误比别的错误更不可轻犯。教育上的错误正和错配了药一样，第一次弄错了，绝不能借第二次、第三次补救，它们的影响是终身洗刷不掉的。"

教师需要的悲悯的情怀与魄力何干呢？

佛家的观点是人来到这个世界是受苦的，生、老、病、死、爱、离、别、求不得。人终究是要和这八苦遭遇的。我们的孩子过早地开始体验到苦。一位同事的儿子今年上一年级，期中语文考试得了 68 分。后面又有一次考试，他得了 96 分。当别人问他爸爸孩子期中考试的得分时，他在旁边急着喊："96 分！"一个说话还不周全的孩子就知道分数是个好东西。

有一次，在一家新疆人开的面馆里吃面，看见一个头戴纱巾的年轻妈妈在辅导孩子写作业，那孩子眼里充满了惶恐，并且眼含泪水。我走近一看，那作业上写着"重写"。我估计这就是孩子妈妈失去耐心的原因。我不太听得懂孩子的妈妈的语言，但是有一个词她在反复重复："没出息！"那孩子的字其实写得很认真，就是没有写得如列队一样的整齐。这可能就是她的老师不能原谅她的原因。我的小学老师也曾用"胡子连着眉毛"的话让我重写作业。那个年轻的妈妈手上拿着一根很细的枝条，在辅导时随时做好了打孩子的准备。这其实不是在辅导，而是在虐待，一种精神上的摧残！我实在看不下去，在那位妈妈离开的时候，帮这个孩子把本子上的那页纸折了几下，这样她就可以很轻松地把字写整齐！我想，一个成人对自己的孩子一百个不满意，但拿不出一丁点儿的方法，又没有一丁点儿的耐心，这注定会毁掉自己的孩子。我做了二十年的老师，我仍旧会站在家长的角度对家长说："老师的话不可全信，如果他只站在自己的角度的话！"

对于今天的孩子而言，其实人生绝对不是八苦，绝对还要加上一苦：学习苦！当孩子在学习上遇到困难的时候，他们需要的不是惩罚，而是耐心和方法；他们需要的不是魄力，而是悲悯！现在的教育竞争异常残酷。如果孩子不能在本地的几所重点初中的班级里排上前十几名，就进不了重点高中，如果在重点高中里排不上前三百名，就上不了好大学，这就是现实。如果跑到新华书店里看看，发现家长人满为患，都在为自己的孩子挑选辅导材料。谁都怕自己的孩子输掉。最终还是要可怜的学生面对一切。

现代文学中有许多问题小说，这些问题小说只叙说社会的问题，却没有答案。今天我们的教育有时也如"问题小说"一般，知道有问题，却又不知道答案。几位同事去了一趟英国，回来大发感慨：英国的孩子所受的是一种精致的教育服务，课程是简单的，在校的时间是短暂的，假期是漫长的。我们的教育正好反过来，可是我们都把孩子带到哪里去了？除了"苦"，不知道他们还有没有其他的体验。

我的一种深切感受是社会对孩子缺乏一种悲悯的情怀。爱说多了就泛化了，还是可怜可怜他们吧！当一个孩子背着书包迈进校园时，我相信，真正影响他们的不仅仅是校园文化。爱孩子，那就从悲悯孩子开始吧！

# 柔软的教育

我喜欢"柔软"这个词，它包含着细腻、温柔、坚韧。与老松的厚重、坚忍、成熟相比，竹子显得那样纤细、轻柔、稚嫩，然而正是这貌似弱不禁风的竹子却能笑傲风雪，悠然自得。绿绿的竹林里蕴含着一个秘密，那就是深深扎入土壤的看不见的根系，打个不恰当的比方，对人而言，这种根系可以称作素质，称作教养和智慧。教养和智慧看不见，它似沉入海底的冰山，而现实中人的千姿百态，皆被教养和智慧牢牢掌控着。

追根溯源，儿童的教育举足轻重。成长和学习正是儿童形成自我世界的过程。儿童的成长和他们的世界息息相关。在他们还没有和周围世界形成复杂关系的时候，我们给了他们怎样的教育，他们就会成为怎样的人。

"人是历史意义上的存在，曾经拥有的生活历史给了我们现在的自我存在的永恒和个性。"① "我们的个体是多层次、多侧面的。作为成人的我与孩子时代和少年时代的我不一样，在家中的我和在朋友的家中的我也不一样。尽管我们的个体特质具有多种形态和不断变化的特点，我们仍然能体验到我们的自我核心存在一种永恒的自我统一性。这种自我统一性给了我们个性的持续性。孩子变成了少年，少年变成了大人，大人变成了老人，但是来自我们幼年的影响，尤其是我们父母和老师的影响却给我们留下了深刻的印象。"② 范梅南的这段论述揭示了教育的根系决定了一个人的永恒。

记得第一次带儿子去小学面试，面试是分班的依据，他本来是以为去

---

① ［加］马克斯·范梅南. 教学机智——教育智慧的意蕴［M］. 北京：教育科学出版社，1999.

② ［加］马克斯·范梅南. 教学机智——教育智慧的意蕴［M］. 北京：教育科学出版社，1999.

玩的。那位女老师把他拉到桌前，问他汉语拼音字母，他惊慌失措，他用无助的眼神看着我，那眼神就和他第一次打针向我求救时一样。究竟是我们的教育突然闯入了孩子的生活，还是孩子突然闯入了我们教师中间？冷冰冰的教室、冷冰冰的黑板、整齐坚硬的桌子、还有严肃的脸，什么对孩子有利，什么对孩子不利？我们准备好了吗？可能孩子有孩子的意向，他们喜欢教室如家一样，凌乱、温馨，有常青植物，有活动的小动物；他们喜欢老师如父母，笑容可掬，跟他们亲密无间。孩子们喜欢"润泽"的教室，而所谓"润泽"其实就是有一种安全的氛围，师生之间形成了信赖的关系。教师的教育意向是什么？黑板和讲台是最好的注解。如果老师缺乏温柔之心，有些孩子可能在一年级就开始恐惧、厌恶学校。

我相信好的教育是柔软的，好的教育能让孩子体验到柔软、慈爱、善良。引发邪恶的绝对不是善良，而是冷漠和无情。让孩子柔韧地成长，这是一个永远的话题。

# 教师应该惩罚学生吗

现在有一个很敏感的问题就是教师要不要惩罚学生。在现实教育生活中，存在惩罚学生的行为吗？答案是我们不能去惩罚学生，同时教育生活中又存在大量的惩罚学生的行为。在这个时候，我们教师的命运就显得无比脆弱，因为只要学生有一些起码的法律意识，那么教师就会轻易地被教育主管部门追究责任。记得前些年，每个学校的校门口会挂着一个"投诉箱"，可以写信，可以打电话，说白了，可以告老师。所以有的学校的有的学生的口头禅就是："如果敢对我怎样，我就去告！"

有人说，教师的权力欲望无限膨胀，学校的权力欲望也在无限膨胀，我就觉得实在冤枉，因为老师真的没多少权力啊！

北京某学校的一位老教师看见一位学生随地吐痰，就说："怎么这样没教养，给我用舌头舔掉。"那个男学生是个脾气倔强的孩子，真的去舔了。接着家长就把这位老教师告上了法庭。站在被告席上的女教师情绪激动，她始终搞不懂自己这个为了学生一辈子的人怎么就成了犯法的人。

小雪是个二年级的孩子，她的数学老师有一次发现她的数学题做错了，就让连同小雪在内的三个学生自己打自己耳光；那位数学老师发现小雪打自己的耳光的声音太小，就让她再打几下，后来制止了。这个孩子就出现了咬嘴、不停眨眼的症状。自然，小雪的老师也被告上了法庭。

有的老师认为学校、社会让自己承担的责任很大，但是给予学校、教师的权力却很小。古代的私塾先生就可以用一根戒尺去惩戒上课不听、不写作业、背不熟文章的学生。这在如今已经成为历史。教师不要说用戒尺，即使是给学生写评语，也要三思而后行，因为竟然还有因为对教师的评语不满而把教师告上法庭的教育案例。

在以上惩罚学生的案例中，惩罚学生的是与非有的非常明显，有的却出乎当事人的意料。现实中，学生和家长已经知道当教师和学生之间发生关于惩罚学生的纠纷时，教师是弱势。媒体自然站在学生那边谴责教师。其实也不能怪社会对教师不宽容，因为教育法规已经规定教师不能惩罚学生。

问题是，学生需要惩罚吗？这是个非常有争议的问题。教师的惩戒是有渊源的，古埃及人说男孩子的耳朵是长在背上的，所以必须要用武力来驱使他们服从管教。希伯来人信奉棍棒的威力，指出"愚蠢迷住了孩童的心，用棍棒可以驱除"，甚至说："杖打和责备能增加智慧。"

蒙田却推崇"没有惩罚，没有眼泪"的教育。爱默生和卢梭也要求完全尊重学生的人格，避免不人道的体罚行为。美国费尔兹博士是做过30多年儿童教育的学者，对于惩罚，他也是非常排斥的。他认为惩罚对于儿童来说是场灾难。它伤害了儿童的自尊，破坏了儿童和成人之间的关系；让儿童变得恐惧，充满报复心理；让儿童变得缺少思考，缺少内部控制，变得善于欺骗。费尔兹博士通过30年的教育实践认为惩罚不能解决问题，反而会留下许多负面的影响。其实，每位教师都希望自己的学生成为自律的学生。皮亚杰在《儿童道德判断》中提出了"儿童自律"的概念。自律是用自己的信念和理解来管理和指导自己的行为。自律的人的行为是自觉的。与之相反的是他律，就是自身的行为靠别人的控制和管理，他律的行为必须依赖惩罚和奖赏。一个靠人管的儿童、自始至终缺乏自律的儿童长大后会对自己的行为不负责任，甚至为了顺从，做自己不想做的事情。

如果你细心地审视前面的教师惩罚学生的案例，其实会发现教育已经变成了对学生的一种伤害。这样的惩罚是粗鲁的行为，已经失去了尊重儿童的底线，是对儿童人格的诋毁。这种教育方式培养出来的学生是不具有自由、民主意识的。但在现实的教育中，你必须承认，如果教师完全一点惩罚权也没有，那也会失去很多教育的机会和力量。教师是需要一些权利的，对于学生的不良行为，老师也应该有所作为，但前提是不伤害学生的自尊。比如说魏书生老师的对于那些犯错误学生有许多惩罚的方式。犯错误，写500字的说明；犯错误，唱歌；犯错误，做好事。这样的惩罚既保护了学生的自尊，又让学生反省自己到底错在哪里了。这样的惩罚，学生和家长怎能不接受呢？

　　现在，教师已经是跨入专业工作人员的行列了，教师专业化已经被炒得如火如荼。老师的专业化的第一步，可能不是急着去发展业务，而是成为一个有法律意识的人。否则，辛辛苦苦地工作，却不知道自己天天在做违背教育法规的事。同时，我希望教师的教育惩戒权能够法制化，法律能给教师一定的权利。老师惩罚的应该是学生的行为，而不是学生，这种权力自然也不能滥用。

# 从 "宝玉挨打" 中看教育矫正

用现代人的眼光来看，宝玉虽然至情至善，但的确不是一个好学生。胸无大志，流连花草，他挨打是必然的，用贾政的话来说："在外流荡优伶，表赠私物，在家荒疏学业，逼淫母婢。"虽然这里面有贾环添油加醋的进言，但是作为父亲的贾政对宝玉早就看不顺眼。"宝玉挨打"只不过是贾政不满情绪的总爆发。贾政下手也的确狠，让手下打不解恨，自己亲自动手打，打得宝玉皮开肉裂，全身由腿看至臀胫，或青或紫，或整或破，竟无一点好处。

贾政的心情完全可以理解，他是因为恨铁不成钢，在他的心目中，这个唯一的儿子应该是气宇轩昂，胸怀大志，能继承他的政治事业。而宝玉，猥猥琐琐，毫不长进，竟然还做出伤风败俗、影响家族声誉的事。即使换成现在的家长，也会毫不留情地痛打。

宝玉犯了这样大的过失，作为母亲的王夫人一把抱住贾政说："你要打死他，就不如把我也打死吧！"爱子心切的她表现出不同的立场。她要的是儿子，至于政治事业、家族兴旺，她不在乎。王夫人虽然对贾政的做法很有意见，但是她没有表现出来，只是哀求。

贾母也来了，她就直言不讳地对贾政的做法进行了挖苦和讽刺。不过她表明了自己的立场，为了光宗耀祖，为了事业前途，教训孩子是对的，但是不能过了度，体罚也应该有个度。

紧接着，宝钗、黛玉陆续来了。宝钗说："早听人一句话，也不至有今日。别说老太太、太太心疼，就是我们看着，心里也——"看到宝钗对他的真情流露，宝玉觉得"心中大畅，将疼痛早丢到九霄云外"，甚至"一切事业纵然尽付东流，亦无足惜"。黛玉来了，眼睛哭成了桃子，真诚地提醒他："下次该不敢了吧！"看到自己的知己来了，为自己的过错流泪，内疚的宝玉竟然反过来安慰黛玉说："我虽挨了打，但并不觉得疼痛。"

这的确是个很奇妙的心理过程，不同的人对宝玉挨打持不同的态度，同时他们也用自己的方法来教育宝玉。贾政、王夫人的教育方法是过犹不及的，都走了极端。贾政是用棍棒教育，宝玉自然不接受，但是宝玉在王夫人那里得到了母爱教育。贾母不但用正确的方法矫正了宝玉的过失，也矫正了贾政教育的过失。特别重要的是宝钗、黛玉给了宝玉友情支持和友情提醒，这才是宝玉最为看重和在乎的，以至于最后宝玉竟然觉得没有了疼痛之感。作者虽然没有渲染宝玉的心情，但我们能体会出他内心世界的变化过程：委屈—无奈—气愤—懊恼—内疚—疼爱—心酸—开心……有这样一个环境，就不用担心宝玉觉得委屈不能承受，进而离家出走，最后去跳楼自杀。从这个意义上说，宝玉是幸运的，那些生活在大家庭里的孩子也是幸福的。

我们现在的家庭大多是三口之家，父母对孩子厚爱有加，尤其对教育格外上心，结果却不尽如人意。许多独生子女偏执，过早地成人化。因为过分地被两代人溺爱，所以这些孩子很容易有恃无恐，在言行上有时连起码的底线都没有。前两天看到一则新闻报道，一个高中女学生去偷邻居家的钱，偷到后，在门口撞到跟自己情同手足的邻居家小妹妹，她竟然用刀去杀她，好在没有送命。在调查中发现，这个孩子的父母对孩子有求必应，十分迁就。这个孩子因为没钱上网，就偷家中的钱，家长也不说，以至失去原则，造成现在的悲剧，错误的家庭教育让一个十几岁的孩子走上歧途。

马卡连柯说："独生子女是不好教育的。"这话十分有道理。相比较而言，三口之家存在着教育的风险，一旦父母的教育形成错误定式会深深地伤害孩子，甚至毁了他们。如何来面对这样的教育难题？我们从宝玉挨打这个故事中也能得到些启示。过去传统的家庭大多四世同堂，儿孙满堂。有的人家有四五个孩子，他们会相继成才，这样的现象是很多的。这里面蕴含着一个教育的秘密：大家庭里有个教育矫正的过程，一个孩子会从兄弟姐妹那里得到不同的教育，他们没有特权，相互监督、鼓励、鞭策，大都会健康成长。一个孩子的成长一定不能缺少伙伴。要让孩子有自己的伙伴，在一起游戏玩耍就是最好的学习，他们不但在活动中体验人与人之间的社会交往，而且能形成正确的社会情感。

# 看那些孩子

　　我爱看人物传记，也爱看电影。可能因为做教师的缘故，在我眼中，很多电影和故事都有教育的元素。看过陈凯歌导演的《霸王别姬》后，我久久不能入眠。电影是一种艺术的真实，但它源于生活。程蝶衣的人生让人感叹命运的无常。他是位名角，名角的诞生却付出了常人难以想象的代价。拜师学艺的梨园是所让人恐怖的魔鬼学校。学生只要没有达到师傅的要求，棒打、辱骂、顶水盆就会接踵而来……爱玩是孩子的天性，程蝶衣和几个小伙伴只因背着师傅上了一次街，就要受到重罚。其中一个孩子不愿再忍受惩处，用一根绳子吊死了。在死之前，他从口袋里把上街买的好吃的全塞进嘴里。这一镜头让人动容，哪个孩子不是爱吃爱玩呢？师傅是在犯罪呀！程蝶衣唱得不好，师哥就用筷子戳他的咽喉，逼他唱好。最后，程蝶衣成功了，他成了名角。但同时他的身心也早已出了问题，他早已是一个心理严重变态的人了。程蝶衣最后的自杀是必然的。因为童年的他没有一天快乐，他活在精神和肉体的双重压力中。他活得没有自尊，任凭别人摆布，心早已死了。

　　我们的教育中难道没有这种不人道的教育吗？徐力杀母，全国轰动。我想徐力和程蝶衣的遭遇一样，他没有快乐过。母亲从小打到大，让他失去了尊严，失去了理智。他的冲动在童年就已经开始积蓄了，爆发是迟早的事，只是他的母亲还未等到他成为名角就付出了代价。这种不把人当人的教育在现实中是屡见不鲜的。从一个旁观者的角度来审视，在一些人眼里，受教育是为了明天的出人头地，但为了那不着边际的明天牺牲了今天的所有，值吗？也许终于金榜题名或成了名角，但心中的困惑却无法排除，就会去用硫酸烧黑熊或者从高楼上纵身一跃，永远没有明天了。

智力较低的孩子有时让生命开出了美丽的花，聪明的我们有时却被毁了，只是我们还没觉察。

《阿甘正传》中的阿甘向路人说："我妈妈说，人生是一盒巧克力，酸甜苦辣尽在其中。"就是这样一个弱智儿，他道出了人生的真谛，也用他的人生演绎着平凡人的传奇人生。

阿甘出生在美国南方阿拉巴马州的一个闭塞小镇，他先天弱智，智商只有75，然而他的妈妈是一个性格坚强的女性，她要让儿子和其他正常人一样生活，她常常鼓励阿甘"傻人有傻福"，要他自强不息。上帝也并没有遗弃阿甘，他不仅赐予阿甘一双疾步如飞的"飞毛腿"，还赐给了他一个单纯正直、不存半点邪念的头脑。在妈妈的爱护下，阿甘开始了他一生不停的奔跑。

阿甘诚实、守信、认真、勇敢而重感情，对人只懂付出不求回报，也从不介意别人拒绝，他只是豁达、坦荡地面对生活。他把自己仅有的智慧、信念、勇气集中在一点，他什么都不顾，只知道凭着直觉在路上不停地跑，他跑过了儿时同学的歧视，跑过了大学的足球场，跑过了炮火纷飞的越战泥潭，跑遍了全美国，并且最终跑到了他的终点。在"说到就要做到"这一信条的指引下，阿甘最终闯出了一片属于自己的天空。

珍妮是阿甘儿时的伙伴，她聪明伶俐。她的爸爸让她觉得恐怖，父亲的失职让珍妮失去美好人生。她走上了另一条人生道路。她后来日益堕落，一生很不幸。

这是一种本末倒置的命运，聪明伶俐的孩子获得失败、痛苦的人生，而弱智儿却获得成功的一生。根源在哪里？很显然是在家庭。阿甘的母亲的伟大之处在于她尊重生命，她用鼓励、宽容之心来呵护儿子，她始终把阿甘看成她的骄傲。而珍妮的父亲用粗暴把孩子的美丽人生毁了。阿甘听到妈妈病危，放弃一切，马不停蹄地赶回妈妈身边。那份真诚的情感令人感动。而珍妮回到家乡，回到童年的小屋，内心充满仇恨，她亲手砸毁了她的家……

读《墙角的周婷婷》，很为这个家庭感动。我很敬佩周婷婷的父母，因为他们用爱让凋零的生命重新开花结果，创造了生命的奇迹。有时我在想，如果这个孩子出生在另一个家庭，等待她的也许是另一种命运了。一个双耳失聪的孩子却通过不懈的努力成为美国波士顿大学的博士，这真是个奇迹。当我们惊叹这个奇迹时，你会发现这个孩子的成长无不浸透着父亲的心血。学说话，一个"哥"字，周婷婷就学了三年，这需要付出怎样的耐心。随着这个孩子的长大，她不断地遇到了新的困惑，而她的父亲总会及时出现，成为她的人生导师。这个坚强的孩子之所以能奋斗到今天，之所以能把苦难变成人生的营养，能把痛苦变成快乐，能把失败变成动力和成功，是因为有一颗对明天抱有希望的心。孙云晓说周婷婷由"小聋女"变成了"小龙女"，她真的使自己有了一双"龙"的耳朵。她能见人之不见，闻人之不闻，悟人之不悟。这一切，毫不夸张地说都是她的父亲给予的。她的父亲说："哪怕天下所有人都看不起我这个无言的女儿，我也要饱含热泪地去欣赏她、拥抱她、亲吻她、赞美她，为我创造的生命，这个万物之灵，永远骄傲！用沸腾的爱为女儿奏响一曲无言的歌……"颇具讽刺意味的是周婷婷的大学好友，一位才貌出众的女孩子却因为极度自卑从五楼跳下。

看这些孩子们的故事，你就会相信，这世界上没有不好的孩子，没有不幸的孩子，只有不幸的教育。

# **再**议古朴的"水桶理论"

水桶理论是这样说的：一个水桶的装水量取决于最差、最短的一块。细细想来，十分有道理。有句俗语说："麻绳见细的断。"一根绳子能吊起多重的东西何尝不取决于最细的一截呢？

承受力是现代人不可缺少的一种素质。早有人预言 21 世纪威胁人类社会的最大疾病是精神疾病。经常能在各种各样的报刊上看到风华正茂的孩子因为不能承受失败，做出令人痛心疾首的事情。有的孩子自己觉得高考成绩不理想，就在高考分数公布的前一天跳楼了，结果成绩出来，这孩子考得很好。有的孩子在高考前几天觉得自己考不出好成绩，所以寻短见了。在我们感叹生命脆弱的时候，我们更应该思考，培养孩子不能忽视的短板就是他们的承受能力。现在的孩子受的挫折教育太少，一点风吹草动就受不了。他们没有领悟到，绝大多数的成功都是在危机四伏中承受过来的，失败和挫折是人生宝贵的馈赠。巨人集团的创始人史玉柱在巨人集团倒闭时欠款两亿，要跳江也不知要跳多少次，但他挺过来了，他没有一死了之。他成功策划了脑白金，不但还了债，还再次成为中国经济领域的风云人物。在生活的寒天里忍一忍，春天迟早要来的，不是吗？孩子受点挫折不是坏事，相反，挫折会磨炼他们，挫折会让他们更早变成真正的人。

孩子们也应该知道承受力是种能力。它是成就非凡的关键。铃木镇一曾提到日本的"忍术"。有一种"忍术修行法"，其中有训练跳高的方法：每天跳过生长的大麻，练习的人发现自己的潜力无穷。忍耐一段时间，必要的毅力就会出来。现在的孩子需要学会承受，他们在承受过程中所体现的意志也是他们成功的重要砝码。

人们在生活中都想成功，可毕竟成功只属于少数人。很多才华横溢、潜力无穷的人最终默默无闻，没有建树；相反，那些表面平庸的人有时却神奇地横空出世，这让很多人跌破眼镜。一篇《伤仲永》流传了几个世纪，但现代人没有领会前人的良苦用心，现代版的仲永层出不穷，已让人见多不怪了。现代人希望孩子对功利有夸父追日般的热情，可忽视了孩子成长的规律，尤其忽视了对孩子承受能力的培养，孩子在大步流星的奔跑中渐渐倦了，累了，在遥不可及的目标前最终停下前进的脚步。

林散之、齐白石这些人都是大器晚成者。他们酷爱艺术，艺术是他们的精神生命。他们一生穷困潦倒、颠沛流离、连最基本的生活都没有保障，但他们从未放弃追求，因为他们把艺术当上帝，从未想用艺术换取名利。他们一路走来，吐故纳新，在年迈时孜孜不倦地追求，从不放弃，最终达到了无与伦比的高度。尤其是林散之落入开水池中，手指都残了，成了半残老人，然而他就用这残手完成了书法艺术的第四次飞跃，位列历代最出色的书法家行列，赢得"草圣"美誉。这是何等坚忍不拔！

我相信维系一个人发展的关键是承受力，是水桶木块中最敏感的一块。如果过不了这一关，也许就很难走多远了。有位老师说了两个水罐的故事，认为破水罐不应该自卑，它散下的水浇灌了路边的野花，一路花香是多么意外的收获呀！但是那个破水罐是生活中的幸运儿，挑水工有意走那条路，而且亲自在路旁边撒下花的种子，破水罐的成功是挑水工成全的，而并非它自己努力所致。但真实的生活是另外一番景象，你没有办法去怀着侥幸心理去寻找美好生活，也不能指望好运气。真实的生活需要你奋斗，如果你真的因一个小环节而功亏一篑时，就再也诗意不起来了。

一群鸟儿在海边觅食，一个海浪打过来，鸟儿们四处逃散，飞得最慢的是海鸥。可有趣的是，正是这最不起眼的海鸥，它能凭着自己的耐力与风浪搏斗，最终飞越大海，这难道不是奇迹吗？余华说："现在的路太多了，不要在意你在做什么，关键看你能走多远，你能坚持多久！"这方面的教育不正是我们今天缺失的吗？

# "迟开"的儿童

今天学校进行师资培训，所有教师都必须参加。于是大家不得不正襟危坐，等待培训老师的"施道布法"。出乎大家的意料，这次培训不是讲座，而是做游戏，看录像，说故事……大家愉快地度过了一天。

其中的一个游戏是这样的。四个小组分别在一个杯子中倒水，谁加得最多又不溢出来，谁就是胜者。人们以为加满了，但再加上十滴八滴仍然不成问题。接着加小针，看这杯满满的一杯水中能加多少小针。大家先是加了七八个，接着加上几十个，再接着加上几百个，没想到最多的一组竟然在杯子里放了近两千个小针。一个盛满水的杯子里竟然还能放进这么多的小针！

很显然，培训老师通过活动想说明一个问题，那就是潜能无限，只要我们敢于开发，不可能也会变成可能。只要我们善于开发学生的潜能，我们的学生就能走向成功。

学生的潜能是无限的，这没有错，但潜能也是有极限的。如果我们把这个杯子当成自己，开发也应该是要适可而止的。有些杰出人物的英年早逝让我们痛心疾首，他们就是在拼命挑战生命的极限的过程中付出惨重的代价。我们喜欢傅彪的电影，他却从这个世界消失了；我们喜欢梅艳芳的歌，她却香销玉殒了；我们喜欢陈逸飞的画，但他的画已成绝笔；飞车硬汉柯受良再也不能挑战他的飞车极限了。他们都是成功者，集财富、名誉于一身，功成名就，他们本该会带给人们更多的感动，然而他们却过早地离开了喜欢他的人。这是悲剧。因为社会给了他们太多期待，他们自己给自己太多的压力。他们要让世人见证他们的成功，因此毫无节制地开发自己的潜能，已经不能停下脚步了，然而生命毕竟是有极限的。杯子溢出水，没有严重的后果，但生命的弦断了，就再也不可能续上了。

如果我们把这个杯子当成我们的学生，我们同样不能毫无节制地给他们加负担。事实上，教师会以开发学生的潜能为借口来榨取学生的精力。杯子的负担越来越重，它们的承受力是不变的。但人不是杯子，不同的学生的承受能力也是不一样的。他们有不同的情感世界，会在承受压力的过程中有不同的反应。每个学生都有无穷的潜能，但需要的开发方法肯定也各不相同。如果我们就用单一的给杯子拼命加负担的方法来对待学生，结果可能会是这样的：有的"杯子"会是有口皆碑的状元，风光无限；有的"杯子""破碎"了，因为无法面对失败的现实；还有的"杯子"到处是"裂痕"，因为他的身体和心灵已经"伤痕累累"了。

有空间就有可能。这话是没错的，但如果就是为了那点可能性不顾一切地全力以赴，未必会如愿以偿，最坏的结果可能是失去所有的空间。

学校的旁边是一个荷花苑，有上千种荷花，每一种荷花开的时间都不一样。春夏之际，满园的睡莲让人目不暇接。睡莲的种类非常多，花期各不同，有一种千瓣荷，它的花瓣据说有上千瓣，是荷花中非常高贵的一种，它开花的时间就比一般的荷花要迟。荷花苑的主人说："种花需要真正懂花！迟开的花也很美！"

看校园里的儿童的笑脸，就自然想到了盛开的荷花。儿童天生就是乐观主义者，但是世俗的功利很快就能让暂时落后的儿童的纯洁心灵变得锈迹斑斑。如果教育者抱着恨铁不成钢的态度来进行教育，就会不断给学生施加压力，无限地开掘学生的潜能。事实上，学生的成长有其自身的规律，有其自身的轨迹，过度的开掘带来的是短暂的成功，也许会付出惨重的代价。面对不开花的睡莲，主人从来不会亲手把它掰开，但在教育学生的过程中，这样的愚蠢行为却会时常发生。

苏霍姆林斯基说："能否保护和培养每一个学生的自尊心，取决于教师对这个学生个人学习成绩的看法。""'学习上的成就'这个概念本身是一个相对的东西，对一个学生来说，五分是成就的标志，对另一个学生来说，三分就是了不起的成就。""在学习中取得成就，这一点，形象地说，乃是通往儿童心灵中点燃着想成为一个好人的火花的角落的一条蹊径。教师要保护这条蹊径和这点火花。"细心审视这些话，就会发现，人最高贵之处就在于有尊严，一旦尊严散失，人也就不复存在。洛克说："人之所以成为乞丐、酒鬼、赌徒，是因为没有了尊严。"儿童成长的根就是自尊，根没有了，一切都没有了。这些话，还包含另外一个道理，每一个学生都是一个世界。每一个学生都是具体的，没有一模一样的学生，把教育规律有效地用到所有学生身上的想法是幼稚的，因为每一个学生都是一个独特的教育个体。无论怎样的班级，也无论这个班级的生源如何，这些学生总是呈现出差异，因此教师用分数来衡量、评价学生时需要非常慎重。许多表面的现象遮盖了事物的本质。无分数学校的实验者阿莫纳什维利说："儿童不需要分数，他们需要的是温柔之心。"如果学生在学校因为分数的评价而充满挫败感，就意味着他对学校恐惧，也就不能再指望他爱学习，去想着做一个好人。"先成人，后成才"是一句耳熟能详的话，其实一个人成才后，会更好地去成为一个人、一个有尊严的人。孔子的因材施教理论说得很精彩，但是我们在实践中遵循的不多。人们更相信"周岁看八十"的俗语，因为似乎这样就为自己的教育的不作为找到了注脚。

荷花的香气总能飘到校园里，也似乎带着浓浓的教育的味道。不要总想着开发学生的潜能，善待那些那些"迟开"的儿童吧！

# 分数、爱心和责任

在当下这个以分数论英雄的时代，分数好像已经和爱心画上了等号。爱学生就是要让学生成绩好，否则你就是不爱学生，不敬业。分数和教师的形象、名利捆绑在一起。

身边有过这样的老师，无论接手什么样的学生，她都能把他们教好。但奇怪的是无论她跟谁搭一个班，除了她所教的学科，学生的其他学科都是一塌糊涂。学生都嚷着要上她的课，学生没事的时候就围着她，如众星拱月。她对学生也真的很好，她能把学生带回家辅导，做饭给他们吃。她的出色成绩被校长在大会小会上表扬。校长还暗地跟踪她，看她到底用什么方法把学生教得这样出色。当她被校长隆重推出时，同事的意见也很大。她看重的就是她自己的学科，至于学生其他学科学得怎样跟她有何关系？她"出手不凡"，学生都怕她。她的作业要是学生做不完，她会要学生抄 N 遍。学生会在考试时借上厕所的工夫来她的办公室订正错误。她呢，从来都是心安理得地为学生辅导。与她搭一个班，你就如打仗，如果你个性弱，你就会败下阵来。学生呢？他们被驯化得只崇尚暴力了。如果只是和他们说道理，他们就会说你太没道行。"弱"的只有用道理做武器了。真的，有时在学校里，不但是和学生较量，还是在和同事较量，如果你遇到这样的同事的话。

这样出色的成绩是怎样来的？是牺牲了其他学科的学习得来的，是牺牲了学生的身心健康得来的，是伤害了同事的利益和感情得来的。这样的成绩和爱心能画等号吗？如果这值得表扬和效仿，那无论是教师，还是学生都会成为彻头彻尾自私自利的人。

如果不能正确对待分数，高分又能说明什么呢？如果我们的校长、老师、家长只看重的是分数，结果可能事与愿违。因为随着时间的流逝，我们会发现分数和爱心不能画等号。

以前在《伊索寓言》中看到一个故事，很难忘。狼骨鲠在喉，急得在草地上嗷嗷直叫。一只鹳正好经过，狼便对这只长着细长嘴巴的鸟承诺，只要帮它拔出骨头，它可以答应鹳提出的一切要求。鹳便把它的头伸进狼的嘴里，捣鼓了半天，终于拔出了那骨头。它气喘吁吁地要求回报。狼翻翻眼，语出惊人："你小子把你的头放在我的喉咙里半天，还能安然无恙地保住性命，还敢跟我谈什么回报。"读完，哑然失笑。的确，狼是有道理的，因为鹳本来就不是真的在帮它，它们只是在相互利用罢了。曾看过几幅小漫画，一个近似"鲁滨孙"的人被困在荒岛上，与一只小雏鹰相依为命。他对这只雏鹰呵护有加，甚至超过自己，让人感动。最后，雄鹰羽翼丰满，终于抓着这个野人离开了荒岛。看完之后会心一笑，这人是爱它还是利用它呢？

我们在公共汽车上为什么要给老弱病残让座呢？这不是奉献，而是责任。老吾老以及人之老，幼吾幼以及人之幼，给人让座不是为了博取别人赞许的眼神或口碑，而是义务。如果说我们在给人帮助时总想着得到回报，这种帮助和利用有何区别呢？我们抚养孩子，有句耳熟能详的话叫养儿防老。我想持有这种观念本身就是错误的，因为培养孩子不是为了让他们饮水思源，而是父母的责任。事实上有很多时候，儿孙满堂的老人老无所依，进了养老院。"养儿防老"的想法与那位养鹰人的想法如出一辙，想的就是回报。"久病床前无孝子"，难道是没有了骨肉之情了吗？不是，而是少了责任感。

当非典型性肺炎出现时，钟南山没有说奉献，他说这是医生的职责。医生这时临阵脱逃，那还要医生干什么呢？非典型性肺炎不相信眼泪和奉献，攻克它需要科学的头脑和责任感。薛瑞萍老师不说爱，她说教育学生不是奉献，而是责任。然而，对于教师行业谈得最多的就是爱与奉献，却让教育这个行业缥缈而沉重。其实教育对于教师而言，更应该是责任。

谈责任不是让教育变得冷冰冰，而是让教育有真感情。师生之间多谈些责任，少谈些爱心和奉献，责任心比爱心来得理性，因为谈爱心时，会负责任；当不谈爱心时，也要负责任。责任里面有真正的爱与奉献。

# 叶公没有真正喜欢过龙

　　我曾经对"后进生"的问题有着浓厚的兴趣，将苏霍姆琳斯基的一段话抄在笔记本上："有的老师说'这个学生不可救药了，没有希望了'，就像治病的医生无可奈何地摇摇头宣布病人已无药可救。公开提及学生的智能缺陷，存心数落他，刺痛他最敏感的内心深处，这不是在医治，而是给温柔、敏感的童心当头一棒。拿一个人的无能示众，把无能当作道德败坏加以演示，是在公开诋毁人格。一个经常被亮出来批倒批臭的学生会成为怎样的人？唯有善良才是有效的力量，它能让儿童免遭粗俗和凶狠的对待。儿童的缺点，知道的人越少越好。他对自己的优缺点越敏感，做一个好人的愿望就越强烈。"我看了这段话很激动，我写了自己的体会："每个儿童是怀着好好学习的真诚愿望来上学的，这种愿望如明亮火焰照亮了儿童的全部世界。儿童无限信赖地把这火焰交给老师，老师却很容易用粗暴、不信任把这火焰浇灭。一个学生可能一年什么也学不会，但他学懂学会的时刻眼看就要到来。这种顿悟蕴含在儿童意识的内在精神世界里，有一个渐进过程。我们教师应用信赖去促成，无论何时也不应悲观失望。学生一开始提了一桶水，我们应完全相信他终究能提起两桶水。教师要用善良对待童心，就像叶子向着太阳，儿童的心灵也向着光明。"

　　一次报名，将近中午，一位神情沮丧的孩子要报名。她的母亲说："老师，他可是个大笨蛋，今年要留级。"那孩子听了这话身体一颤，用慌张的眼神看着我。我看了他一眼，他是外号叫"糊涂仙"的小余。收了他，我的班级考试平均分要少二分呀！我对他妈妈说："为什么要留级？他其实挺聪明，成绩会上来的。再说，留级会伤他自尊心的，让左邻右舍说他是留级生，名声太坏了！"那位戴着眼镜的母亲手足无措："我想多读一年会有好处，还是让他读吧。"她接道，显得态度坚决。我对小余说："你想留吗？"他头摇得像拨浪鼓。"他不想留你偏要他留，这不利于他健康成长，另外现在教育部门不准留级，还是想想吧。"母子俩悻悻走了。我如释重负地叹了口气。

我后面的一位平时娴雅的年轻女教师突然叫起来："凭什么，又把一个几分的送进我的班级。这么多大笨蛋叫我怎么教？"那张漂亮的脸因愤怒而变形了。那位学生包括家长早已慌了神，像犯了罪似的愣在那里，不敢看周围人的眼神。

下午开会，跟我同年级的一位老师惋惜地对我说："你班转走两位成绩出色的，一位叫小鹏，还有个叫小希。不过有件好事，你班那个小燕也转走了。"真是喜忧参半，有得有失。开会的时候，平行班的老师羡慕地冲着我说："恭喜恭喜！小燕转走了。"我会意地点点头。

回家的路上，我心里却是五味陈杂，那愤怒的脸、那受惊的眼神、那羡慕的眼神、那对母子的身影总在我的脑中萦绕。他们都是活生生的人啊！我们却把他们当瘟神。这都怎么了？我们是不是真的拿着一把无形的杀人不见血的刀，像个刽子手。

夏洛特·梅森说："任何一种教育实践都不会超过它背后的教育思想。"我们口口声声主张人道的教育，主张尊重孩子、信任孩子、宽容孩子，可实际上我们失去最起码的人文关怀，变得是那样狰狞恐怖又可悲。我们何尝不是叶公呢？叶公喜欢的是假龙，当真龙站在面前时，他吓跑了。我们当"真龙"来时已恼羞成怒，却爱上了令人鼓舞的教育理论。

不久前在北京参加了四天的班主任培训，聆听了四天的讲座，然而最触动我心弦的竟是班主任交流时一位老师的一句话："不是老师是学生的贵人，而是学生就是老师的贵人。"我认为这话太有分量了。

经常见到拿着书包垂头丧气的学生，他们的眼神带着绝望；经常见到被学生气的脸色发白的老师。问题学生是不幸的，如果教师就知道生气，那教师就更加不幸了。教书以来，我发现智力上有障碍的孩子表面上乐呵呵的，其实很敏感，他们何尝不愿意被看成正常的呢？有些孩子上课时就是会开小差，无论你怎样提醒他就是改不了，但他没有一丝一毫跟你做对的意思。有些孩子就是写不好字，即使练习了毛笔字还是收效甚微。有的孩子就是不能大声说话，声音小得如蜜蜂一样。有的孩子做任何事情就是比别人慢三拍。当老师的非常希望自己走运，撞上一个好班，一切风调雨顺，而这样的美梦常会破灭。曾流传过这样的一句抱怨学生的话："差生年年有，今年特别多。"这是一句不负责任的话。换一个角度看，每一个特殊学生都是一种特殊的教育现象，他们让我们遇到了问题，而问题本身就给教师提供了研究的对象。很多老师的成长就是基于这些问题学生的，解决了问题，当老师的修养也在这个过程中不断丰厚起来。翻开苏霍姆林斯基的书籍，那些动人的教育故事里就有很多问题孩子，这些学生的故事成就了伟大的教育家，成就了他的人性的教育。一位宽厚、仁慈、博学的教育家是在感悟孩子生命的旅程中磨炼出来的。离开了孩子，哪来教育家？

因此，学生的确是教师的贵人，他们成全了教师。每一个感人的教育故事中都有一个血肉丰满的学生。没有学生，就没有教育。我相信无论教育怎样复杂，教育规律总是存在的。教育真谛不是在书籍里，而是在学生那里。老师教育学生，在成全学生，也在成全自己。我决心不再拒绝任何一位学生。

# **教**育没有神话

人们喜欢神话，因为它们寄托了人们的一种理想。人们憧憬那样的生活，但心里深知那遥不可及。把神话作为艺术的创作也好，看作茶余饭后的遐想也罢，但千万不要和自己的教育工作扯上关系，那样的话只能算科幻小说了。

经常在有些教育报刊和杂志上看到一些人、一些学校创造了教育的神话。因为没有身临其境，所以不敢妄加评论。先谈谈最近身边听来的一个小神话吧！教育主管部门进行了一次测试，一所学校的一个班级创造了一个神话。那是一所名不见经传的默默无闻的小学校，竟然有一个班级的分数超过了当地的名校，而且高得惊人。学校已经确定把这位教师当成典型宣传，不但大会小会要表扬，并且要到其他学校做经验交流。这位老师谈到自己的工作经验时说："从不加班加点，从不布置家庭作业，从不找家长……"

后来出了一些小问题，这来得太快，神话的泡沫破灭得太快！创造奇迹的教师的一位同事在无意间说了那次监考的细节，原来动的手脚太多，这个班级的几个糊涂仙一样的孩子竟然都考了个"金光灿灿"！这所学校的同年级老师对此都心知肚明。

小小的神话就是这样破灭的！没有小神话，哪里有大神话呢？要创造世俗看重的神话，就要做一些与神话有关的事情。打一个比方，一个学生的能量就一湖水那么多，小学用得多，中学就少了；中学用得多了，大学就少了。如果过度地用，神话暂时有了，但学生的"水"就过早干涸了。有多少神话般的少年能真正一直神下去的？几乎找不到。

现在评价一个教师很客观的一条标准就是分数。一个教师如果能把学生的分数提高，就会成为学校的牌子，可以从容地去享受来自家长、学校、社会的肯定和赏识。做一种假设，高分是怎样来的呢？一种是有效的课堂再加上有效的作业设计，四两拨千斤，这种符合规律的教学姑且不谈，谈谈另一种现象，靠"绝招"来取胜的现象。邻校的一位教师是该校的"牌子"，他所带的班级的数学成绩只要一考试就是位列各班之首，从无失手。后来一位朋友的孩子进了他的班级，时间长了，别人对这位教师的绝招就很清楚了。绝招之一，狠。孩子怕他，作业只要不符合他的要求，他就会撕孩子的本子，一撕还需要补，再不行，就喊家长来，后来连家长也怕他了。绝招之二，所有学生的数学作业不准问学生，只准问他，大多时候，他在帮助学生订正作业时也不会主动告诉学生，而是让学生自己反复订正。绝招之三，上课快。一般情况下，半学期会把新课上完。下半学期就来做练习。绝招四，作业多。利用一切时间给学生布置作业，中午会让学生写两页作业，晚上让学生写三页作业。加上课堂上写的作业，学生大概一天会写七页纸的作业。绝招之五，课上得多。学生有时会一天上五节数学课，以至于在学校连跳高也不会，连垒球也没有见过。反观一下这位教师，他的确有事业心，付出的心血的确要比一般的教师要多，取得实效也在情理之中。但同时我们也可以反思一下，这样的实效是真正的教育吗？这位教师无疑是有威信的，但是他的威信从何而来？在他的课堂上，学生畏惧老师是普遍现象，课堂基本就是管理和被管理、指导和被指导，最终是控制和被控制。

传统观念认为教师应"严格"，"严师出高徒"。这位数学教师靠狠搏来的权威强化教学和强化记忆，靠学生的爆发力来取得短时记忆的效果。学生的立竿见影的学业成绩就是靠这种对学生的威慑取得的。我想，如果我的孩子在订正了三四遍作业后，他一定觉得很无助，他估计已经泪流满面了，还要被老师训斥；如果我的孩子被老师撕了本子，我也会难过，因为我能感受到他去捡满地碎纸的屈辱和慌张。这不是教育，这是在屠杀孩子的心灵。时间长了，这位教师的角色会超越班主任甚至超越家长，学生会因为他的权威的泛化而产生屈服和依赖。我想数学成绩是提高了，但学生丢失的是自主意识、责任意识和权利意识，缺乏客观的判断能力，并且不能正确地评价自己和别人，更不用谈学生的民主意识和创新能力的培养，因为这样的课堂根本没有一点这种土壤，这最终会影响学生的人格健全。

有时教师真的是把孩子当成了装知识的机器，而对学生的生命是否在场视而不见。生命化教育倡导"从关注每一个学生开始，从尊重每一个学生开始，从满足每一个学生开始，从善待每一个学生开始，从开启每一个学生的智慧开始，从相信每一个生命的意义开始，从成全每一个生命发展开始"，我们如果不让孩子有尊严地活着，而让他们悲惨、屈辱地活着，他们就会一辈子屈辱。成全之道我想首先就是尊重孩子，尊重他们的天性，相信每个孩子都是有才有能的。好的教育也应是顺应生命的自然教育。如张文质老师说的那样："教育就是顺应天然、改善遗传、改进文化。"教育的确是个细活、慢活，哪里有立竿见影的事呢？如果教育这样简单有效，那还是门学问吗？大家出几招，所有问题解决，那还需要那么多出色的教育家付出那么多热情去研究吗？

让学生享受学习的教育，让学生获得乐观人生态度的教育，"为一生奠基"的教育才是教育的宗旨，而不是打着分数旗帜的反教育。

教育不需要神话，也没有神话，这难道不是常识吗？

# 有简简单单的教育吗

法国作家查尔斯·贝尔的一段童年故事令人读来意味深长。九岁那年，到圣诞节了，他的爷爷要找一棵圣诞树。在爷爷的农场里，他们看到了一棵无花果树，树皮脱落，树干枯黄，似乎已经死了。碰一下树枝，树枝就干脆地断了，贝尔对爷爷说："这树已经死了，就把它砍了吧！"爷爷不答应，说："它可能现在是不行了，可是到了春天，可能还会萌芽的。"他郑重地对贝尔说："记住，冬天不砍树！"到了第二年的春天，这棵无花果树果然重新萌芽了，到了夏天的时候枝繁叶茂，和其他树没有区别。

自然界的事物比较神奇，有时和人的世界出奇相似。自然现象往往给我们很多启示，诸如这样的"死而复生"的事在教育中也是可能发生的，只是我们还没有那样足够的耐心和智慧。这样给予重生的机会也可能发生在我们身边，只是我们还没有足够的宽容和悲天悯人的情怀。

中国有句俗语："舌头根下压死人。"语言暴力的威力一点不逊色于樵夫手中的斧子，它对于一个人，无论是儿童还是成人，都是一种摧残。在我小的时候，在那个小村庄里，家长骂起自己家犯了错的孩子来，简直可以叫恶毒。爱孩子是每个家长的本性，但用简单的辱骂和棒打的方法来改正孩子的缺点，就显得太粗暴。孩子是在问题中长大的，问题是被骂掉了，孩子也成了真正的问题。当家长和老师举起"斧头"对孩子进行大刀阔斧地修整的时候，愚蠢的行为已经开始。现在，孩子为了学习和家长老师反目成仇的事例有很多，甚至有的已经酿成无法挽回的悲剧。

看过著名作家三毛小时候学数学的故事，读完久久不能平静。三毛小时候数学成绩特别差，她为此非常烦恼。她非常渴望能考出个好成绩让老师和同学都喜欢她。后来她终于发现了一个规律，每次试卷的题目都是课本后面的。于是她费了很大的劲把所有的题目都背了下来，一下子连续七次考了100分。可这并没有让数学老师开心，她对三毛非常怀疑。有一次，数学老师给她找了张初中的数学试卷让她做，结果可想而知。三毛一道题也没有做出来，数学老师非常得意，成功地揭穿了三毛的"伎俩"。数学老师当着全班孩子的面，用蘸满了墨汁的毛笔在三毛脸上画了两个又黑又大的熊猫眼，让她在班级里站了一节课。下课后，又让她在全校的走廊里走一圈，年幼无知的三毛不知所措，在全校学生面前无地自容。第二天，她就再也没有勇气来学校了。

其实，每个人都会遭遇人生的冬天，但人生的春天是属于每一个人的。三毛人生的春天就是五彩缤纷的，只是童年的阴影挥之不去，那位数学老师简单粗暴的所作所为一定是三毛心中的噩梦。

据说，制造一次性筷子砍掉了几片森林，可见我们的砍功是不浅的。只见筷子，不见森林。砍掉了森林，我们得到了自然的报复。如果我们砍掉的是人的心灵，那我们会得到什么？

教育过程中无时无刻不存在问题，关键是如何对待。一本书描述了一个孩子如何学习拉丁文的情形。小亨利的父亲希望他好好学，将来做个牧师，可是小亨利就是置若罔闻。他的父亲很生气，就把他关进了小阁楼，并且不准他的妹妹跟他说话，还说他行为不检，每天只送面包和水。他的妹妹有一次送吃的东西给他了，就受到了牵连。后来一段时间后，小亨利就认真地学拉丁文了，而且专心致志。契诃夫笔下有个叔叔教猫捉老鼠的故事。这个教授叔叔把一只老鼠放进屋子里，这时猫还没有学会捉老鼠，所以对老鼠也不加理睬。他的叔叔就把这只不捉老鼠的猫痛打了一顿。第二天又重复了同样的过程，第三天，第四天……天天如此。最后，这教授认为这是一只不会捉老鼠的超级笨猫。后来，这只猫长大了，好像一切正常。只是只要它一见到老鼠，就虚汗直冒，浑身颤抖，最后逃之夭夭。最后契诃夫说自己就像那只猫，就那样跟自己的叔叔学过拉丁文。

面对教育中的问题，简单处理是灾难。如果总让一个学生做他自己不喜欢的事，如果总是禁止一个学生做他自己喜欢的事，结果会怎样呢？结果是这个学生终于喜欢上了自己不喜欢的事了，就像一个人和自己厌恶的人终成眷属了。可以肯定的是，这个人的心理也扭曲了，甚至变态了，而教育又总以"一切为了孩子的成长"这样的话来为自己正名，这是可怕的事。

学习需要纪律，但是我们能不能有更多的教育技巧来让学生遵守呢？罗素把自己三岁的儿子送进了蒙台梭利学校，他发现儿子很快变成一个更懂规矩的人，而且乐于遵守学校的规定。那些规定就像游戏规则，是在娱乐中被遵守的。当儿童从事他们自己的事情时，自然就需要纪律去约束。几个合情合理的简单规定就会让儿童明白，为了长远的利益，克制一下冲动是值得的。更重要的是，蒙台梭利发现儿童是情愿学习的，而不是需要靠恐吓手段来强迫的，学习只要依据儿童的发展阶段来进行，则每个阶段都会引起儿童的兴趣。

蒙台梭利学校给我们的启示是什么？学生所需要的只是正常的训练，正确的约束不是外部的强制，而是让人自然地去做自己喜欢的而非厌恶的活动。蒙台梭利的成功之处在于她成功地运用了教育思想，而不是简单的禁止和惩罚。

教育学上的发现需要天才的头脑，但是运用这些发现就是另外一回事了。我们读教育理论时，往往为那动人心弦的发现而震撼，可是在实践中除了要明白这些理论，还需要非凡的耐心和同情心，还需要把教育思想转化为细致的教育技巧。教育与美好生活可以相融，可教育和简单水火不容。

# 什么是教师工作的灵魂

暑假，我在苏州大学的食堂里遇到了一位法学研究生。我们是因为头顶上那一扇转动的电风扇坐到一起的。当他得知我是位继续学习的教师时，就问毕业后有何打算。我说："没有。"他说："可以调到更好的学校去。"我说："难呀！"他又说："那就往行政上走！"我说："进政府机关更难呀！"他说："行政指的就是学校的领导层呀！"我感到惊愕，一位没有出过校门的学生竟然对学校教师的心理如此了如指掌。他说得一点不错，为何要学习，为何要追求专业的成长，其实就是要到一所更好的学校，就是要进入学校的领导层。

教师之间的竞争，尤其是年轻教师之间的竞争，在我看来，有时也不过如此吧！社会认可一位教师，可能也就是看他是不是名校的、或者说他在学校是不是领导。好像只要是名校的，只要是领导，那就得刮目相看。这也难怪教师为此奋斗不已。

如果说一位教师从来不琢磨如何上好课、写好文章，也不花时间去和学生交流，不努力带好一个班级，或者根本就不愿意在学生身上"浪费"时间，想到的只是如何成为管理层的人，而无暇顾及班级的学生，这正常吗？

教师工作的灵魂是什么？毫无疑问，是学生，观察学生，研究学生，教育学生。我们所有的不懈学习、频繁培训，归根到底就是为了教育学生，是要在学生身上看到教师的价值。教师的课堂教学如果没有学生的生命在场，那是怎样的课堂呢？班主任工作如果没有发现学生的成长故事，那又是怎样的班主任工作呢？课堂现场和班级集体生活是学生成长的精神家园。我们愿意做这里的主人吗？或者说，即使置身其中，教师的心能与学生相通吗？有时学生不爱学校，有时教师厌烦学生，我想那是因为教师的心不在学生那里。

我一直抱有一种偏见，那就是教师职业本质上不能是一份竞争的职业。学校之间、教师之间、学生之间的竞争已经让教育变了味道。一个有失败感和无望感的教师能带出有成就感的学生吗？如果一个教师的教育价值观念不变，就是渴望功成名就，有心思和精力去针对每一个学生去寻找一种最合适的教育方法吗？而他要的是立竿见影的成功和成果，他能气定神闲地教自己的学生吗？只有教师心平气和地去构筑学生成长的精神家园，学生的心灵才能有栖息地。只有教师用心耕耘，学生才能真正体会到师恩难忘！

我在读小学的时候就想，要是我的家人在学校当老师该多好啊！到中学的时候，我就想，要是我的老师都是我的亲戚，我的成绩就一定是最棒的。老师在学生的心目中应该是父母的形象，那样学生才更有安全感，才更爱学习。所以范梅南提出教师"替代父母"的关系的概念，我是非常赞同这个观点的，这可是切身的体会。教育本身该是一种关心，教师的含义就是必须不断地提醒自己与孩子之间的"替代父母"的关系。教师被赋予了"替代父母"的职责，因此，父母和孩子之间的关系为教师与学生之间的教育关系提供了丰富的信息。老师的责任就在让儿童有安全感，这样他们才能成为学习的主人。

学生会爱上学校吗？会爱上自己的班级吗？我想这取决于他们遇到一位怎样的老师。最近读完了于永正老师的《教海漫记》，我真想向这位老先生行礼，因为我感受到的与其说是一位老师的形象，倒不如说是一位父亲的形象。文中的一个小故事深深地打动了我。一个叫贝贝的孩子得了脑瘤，全班的学生和老师都很为她担心。手术结束后，她却总惦记着上学，惦记着上于老师的作文课。有时她还对妈妈说："我有好几次作文没有写了。"于老师和同学去看她时，贝贝笑了，问于老师："什么时候能去学校上作文课？"问得于老师心里发酸。原来，她喜欢作文课，经常能得到于老师的表扬，还得过市里的作文一等奖。回到集体中的贝贝写作文更认真了，于老师批改的时候，连画的句号的圆圈都更圆了。可是病魔还是夺去了这个稚嫩的生命。读完故事后，我在脑海中呈现出一个头上绑着绷带、笑嘻嘻地等待表扬的孩子和一位眼里含着热泪的父亲的形象。

这又让我想起另一个教育故事，那是《爱心和教育》当中的一个真实的故事。安妮在李镇西老师的班级里是一个并不引人注目的学生。有次安妮迟到了，李老师让她在门口站了好久才让她进来。不久，安妮就去世了！原来，安妮得了绝症还坚持上课。安妮的父母说即使是在生命的最后时刻她还惦记着她的班级和她的李老师。得知这一切的李老师后悔莫及，带着愧疚跑到安妮面前痛哭流涕！同样，我似乎看到了一个面色苍白的对未来有憧憬的安妮和一个慈爱的父亲形象。

贝贝和安妮固然是不幸的，同时她们也是幸运的。因为在她们如流星一样短暂的人生中遇到了如父母一样的师长。无论怎样，于老师和李老师一定感动过她们，温暖过她们，不然，她们也不会对自己的老师那样念念不忘。我想，学生的另一个家是在老师经营的班级里，这里有父母般的老师、兄长般的同学。学生不是空空的容器，他们带着自己的心境和情感来到一个集体。如果老师能像于老师和李老师那样与学生建立起深厚的感情，对他们的学生负责，对他们寄托希望，最后帮助他们展翅高飞，我想，学生会永远记住这个家。即使飞得再高，飞得再远，他们还是会想起自己的老师来。

# 漫谈老师工作的"度"

　　每个学生挎着书包走进校园的那一刻都是带着做一个好学生的心愿的，我相信，每一个教师跨进校门的那一天也是怀着当一名好教师的心愿的。学校是一个复杂的人际网，当老师很多时间是在与人相处，因此，把握与人相处的"度"对于一位教师来说格外重要。我有时觉得教师最终所追求的就是对"度"的把握。这不但需要向书本学习，向同事请教，还需要在实践中不断磨砺。

　　身边的教师有的水平未必高，但学生很尊敬他，他的教学效率高；有的知识丰厚，又有上进心，但学生不听、不喜欢他。因为老师教育的对象是人，没有比人更复杂的了，所以管理学生是门精细复杂的学问。方法太重要了，它就是对"度"的把握。差之毫厘，谬以千里。

　　现在提倡师生民主平等，的确，民主平等有益于学生人格的健全发展，但民主平等不能是听之任之，放任纵容，否则，就失去了度。那道讲台是教师与学生的一段天然距离，如果你想把这道屏障拆掉，你需要有十足的把握。刘良华老师说教师说话要温和，但手里要有"大棒"，学生才会信服。这"大棒"是教师的思想人格和教学素养。身边有位中学教师，她是从外地招聘来的。她带着一片热忱、一片真心来教学，总想用友善来赢得学生的好感，但事与愿违，她的这种没有个性的拉近距离让她没了立足之地。有的学生不但不听她的课，还在近距离中找到了她的弱点，牢牢"控制"了她。一天，她上课时，一位学生竟把脚放到讲台上，她很恼火，就去找班主任来解决，结果没找到。再回来时，教室就像一锅沸腾的开水，场面热闹。而那位学生竟出言不逊，这位教师怒不可遏，随手将一个黑板擦砸向那个得意忘形的学生。结果，这位学生的眼角缝了好几针。这位教师被解聘了，带着悔恨和遗憾黯然离去。有时很多教师会带着一种善意来与学生拉近距离，想与学生处好关系，教师的出发点是好的，但一定要有"度"。一旦学生犯了原则性的错误，如上课不听、作业不写、行为不端、言语粗野等，就绝不姑息迁就，绝不能抱着不提醒学生下次自然会改的侥幸心理。现在的孩子表现出的特点是以自我为中心，自律的学生比较少，正如科尔伯格说的那样，学生表现的是个人主义道德，因此，规训学生需要一些外部的控制。第一次教育学生一定要告诉他你的底线。否则学生觉得他的任何行为你都可以接受，这也许是教师管好一个班级要过的第一关。如果一个班级不知道教师的是非标准，不知道教师的底线，那离失控也就不远了。光有爱心、热情是不够的，还要有一把严的尺子。学生是有两个自我的，有善有恶，遇到威严的教师自然就收敛了，遇到软弱的自然就会"露出狐狸尾巴"。一个学生的领头挑衅必然要带动一大群人行成"恶"的氛围，如果他们形成"气候"了，教师就很难开展正常的工作了。

教师威信的大厦要许多东西来支撑，除了你的学识、课堂的教学水平、你的幽默感、你的多才多艺，还有一点容易被忽视的，那就是说过的话一定要兑现，要做到公正。这是学生衡量教师的一条重要标准。你说不扫地的学生罚扫三天，那么就一定要做到；你说干了坏事的学生要做一件好事，这也必须做到。学生怕较真儿的老师，老师越较真儿，学生越能养成好的学习、行为习惯。反之，即使老师满腹经纶，也未必能让学生形成好的品质。做到这一点有些难，因为每个学生的具体情况不同，但即使有些偏差，也要让学生理解你是公正的，不偏袒的。学生喜欢跟别人比，即使是细微之处的差别，他们也会感到不平衡。所以，教师要记住自己的承诺，要把该兑现的全部兑现，这样才能更好地赢得学生的信任。

做教师，除了把握好与学生相处的度，还有诸多需要把握的地方。不是每个学校领导都是心胸豁达的，尽管如此，还是应该把握好与领导关系的"度"。任何人都有私心，领导也不是圣人，所以公正是相对的，一旦总想着领导的不公正，心情就总会阴云密布。有位教师说自己带班带得很好，可领导就是不表扬自己。其实为什么一定要领导表扬呢？学校有自己的标准，对组合成的新班，还有所谓的后进班，衡量的标准是不一样的。站在学校的立场想，就会很幸运，原来自己的班是高标准、严要求下的班级，不能与其他班同日而语。

要把握好与家长关系的"度"。家长是千差万别的，他们的想法也是千奇百怪的。有位教数学的同事被一位家长责备了一通，那位家长的理由是："有水平的不一定会教书，华罗庚不就是吗？本来学生能懂，结果你一教，学生就不懂得了。"那位同事哭笑不得，说自己还没有到那个境界。班主任遇到的家长的心态更复杂。有的家长说："我只想让我的孩子说话，她在家里整天不说话，她的成绩我不在意，只要她开口。"另一个家长说："我是做汤包的，我只希望他能识些字，将来接手我的店。"有的家长就一步到位地说："我的孩子成绩从来都是最好的，连附加题都能做出来，所以成绩就不能差……"所以教师要调整心态，不要泄气，让家长感受到你的真诚。

要把握好与同事关系的"度"。同行是冤家，这话是有道理的，但对于同事的成绩，我们要能给予真诚的赞扬。人家凭什么就不能比你强呢？但我不赞成用别人的方法来管理自己的班级。因为每个班的特点都不一样，班主任的个性也不相同，所以别人的方法未必是适用的。如果你照猫画虎，不但别人看不顺眼，你的学生也会反对，因为他们觉得自己像个小丑。要学就学别人的思想，而不是一招一式。

教师想快乐起来不太容易，在学校面对最为复杂的人际关系，如果想快乐，就要把握好自己工作的"度"。

## 做有风格的教师

远离权威和权力的课堂

是"让学",而不是"被学"

做有风格的老师

先批判,后建设

做"无为"的班主任

细节处见教师的专业智慧

由学习"怎么教"想到的

……

# 远离权威和权力的课堂

　　教师和学生一进教室，似乎他们的身份就发生了改变，他们就从社会化的人际关系变成了制度性的人际关系。教师的权威和权力的意识膨胀，学生就得服从、顺从，表面看来天经地义，事实上这里面有许多问题。我想，课堂如果一旦变成了以密度编织并形成权力和权威关系的场所，教育就远离了人性。

　　想象一下，在课堂上，教师和学生之间的对话从来都是教师以全知全能的角色出现的，教师是知识的权威、评价的权威，课堂的评价，哪怕是对学生的赏识，似乎都是教师的态度一锤定音，在这种课堂上，教师其实只是一个知识的贩卖者，"原创性"的知识到了教师的手里，"真实性"已经丧失了很多。教师在课堂上有时因为一个题目弄错或者弄不明白就会觉得无地自容，就像我中学时候的一个外语老师在公开课上忘记了一个外语单词，他的脸一直红到下课，其实是教师的权威性在他的心里作怪。教师从来都不应该成为权威，或者说，不要以权威自居。在课堂上，在知识面前，教师和学生都应该是学习者，是互助者，都应该善于倾听他人"内心的声音"。正如佐藤学所言："学习者的声音之中交织着构成学习者故事的多种多样的人们的'多重声音'。"这"多重声音"代表着学生各自的意愿，如果用教师的权威来扼杀，那就让很多美好的愿望付之东流。教师不应该成为知识的权威者。

　　在课堂上，在传授知识的同时，交往是无时无刻不存在的。教师在课堂上是需要权力的，比如罚抄作业，比如罚扫地……要承认这种做法在教育中是需要的，但是不能带上"专制"的色彩。有的教师甚至想用这种做法来树立自己的权威，以达到使学生望而生畏的效果。报纸上讲过有的老师让学生用刀刮脸皮、趴在地上舔垃圾，我的小学同学还在教室里用嘴含了一节课的粉笔，还有的被用铁锁敲破过头，追根溯源，是教师太想在课堂上拥有权威，太惧怕自己权力的丧失。教师和学生在课堂上应该怎样交往呢？佐藤学说："构筑共同体之亲和关系。"亲和在我看来，就是亲近、亲密无间。范梅南对师生关系有过"教师替代父母"的命题，我想，没有哪个父母是想在孩子面前玩权力游戏的。

课堂上有一种现象非常平常但又不正常。每个班级都会有坐在角落里眼睛无光的学生，有的班级中还有被视为"弱智"的学生，这就不能否认课堂上存在着师生间的关系。教师和优生之间的关系是不用培养的，但是教师和特殊学生之间的关系是紧张的。教育如果要真正做到平等，就应该关心每一个学生，而不应是精英教育。在现实的课堂中，讽刺、嘲笑、不满往往是招待特殊学生群体的家常便饭，看似普通，其实很不人道。佐藤学说："师生在同客体对话，同他者对话，同时同自身对话。"学生在课堂的生活中重建自我，如果他们在冷漠和无助中变得自暴自弃，甚至走上歧路，难道作为教育者的教师能心安理得吗？

我至今没有去过某著名的中学，据说那所学校的学生在中午吃饭的时候不准说话，食堂里有句标语是"学会吃饭"。我不知道真与假，总而言之，我觉得挺恐怖的，吃了那么多年的饭，原来都没学会。我想学生都默默地坐在那里埋头吃饭，只听见一片碗筷碰撞声，那场面好像不像是在学校。如果审视我们的课堂，那标准就是学生安静，用句名言是："上课要安静到连一根针掉在地上都要能听到。"安静是安静了，学生的心思未必集中，下面的要求是不准做小动作，不准开小差，也就是说在课堂上光安静还不行，还不能走神。老师的责任心也真够强的，连学生的潜意识也得去操心。我前段时间听了五节新加坡的华文课，完全颠覆了我对课堂的理解。没有精心的课堂教学设计，没有版书，没有多样的教学方法，让人感觉这哪里是小学课堂，这分明是大学课堂。学生分成了几个小组，其中一组坐在地上听课。最不能容忍的是那些学生的表现，如果能有三分之一的人在听课就很不容易了。他们大都心不在焉，有的在看课外书，有的在下面做小动作，有的随便插嘴，说话的声音弱小无力，甚至还能看到有的在吃东西。我们的理念是课堂能营造一个心理磁场，学生都在这个磁场里，那才是令人向往的境界，但是这里的课堂教学现状令人吃惊，教师要花至少四分之一的时间来维持课堂。一节课上完，教师累得满头大汗。对这样的教学效果，我不敢武断地说明什么，但有一点可以肯定的是，如果我们的校长和教研员听了这样的课，会毫不犹豫地将其划到不合格的行列中。我真的搞不懂为何他们不停下来先把纪律整顿好再上课呢？纪律是课堂的保证，班级管理不到位，怎能理顺呢？要把学生管理得顺从得就像猫儿狗儿背上的毛一样顺溜溜的，那样的班级才是好班级。教师的权威哪里去了，教师的权力哪里去了？

我询问了他们的老师，他们似乎也意识到了。他们的回答是："家长对老师的要求比较高，如果老师行为不慎，就会被家长投诉。"我想绝对没有这样简单。难道这些老师不知道安静的课堂对老师来说会很轻松吗？难道他们找不到让学生安静的方法吗？根本的因素是他们的理念和我们完全不同。他们的课堂真正体现了一种对学生的尊重和对孩子天性的保护。孩子的时空观和成人大相径庭，他们往往沉浸在自己的世界里而忘记了身边的世界，那是天性。那样的课堂虽然表面上看起来浮躁、混乱，从长远的培养人的角度看，未必比安静、有序的课堂效果差。

曾听苏州大学宋维红教授说她的在美国读博士的经历。她一开始很沮丧，因为老师根本不上课。老师只会预先布置作业，第二天就是让学生讨论。一节课都是让学生说，老师就在那里吮吸棒棒糖，甚至懒散地坐在讲台上，每听完一个学生的发言就会说："好！特别好！"有时也会做些点评，师生的关系非常融洽。宋老师很快感受到了这种课堂的魅力，她渐渐由一个只听不说的学生变成了一个热衷于表达自己观点的学生。这样的课堂让学生学会了思考，学会了表达自己的观点。一个爱思考的美国人没什么，但整个美国都爱思考，那会怎样呢？

没有妄自菲薄，不是崇洋媚外，如果说别人的做法有可取之处，自己的做法过犹不及，也该适可而止，"拿来主义"又何妨？课堂远不止只是传授知识，教师如何构建一个真正人性的课堂是一个问题。我想，首先是远离权威和权力的课堂。

# 是"让学"，而不是"被学"

在最近一期的《人民教育》上，有一个几乎占了整个期刊物篇幅的"高效阅读"的专栏，可见"高效"仍旧是教育教学中的热点。那么在课堂教学中，何为高效课堂呢？吴刚平教授这样解释：高效课堂的"高效"体现三个指向，即"效果""效率"和"效益"的结合。"效果"指教学结果和预期教学目标的吻合度；"效率"指取得的效果与投入的时间、资源的关系；"效益"是教学过程及结果的整体收益，反映课堂的"价值实现"，从整体上能实现学生的发展价值。李炳亭老师有一本书叫《高效课堂22条》，全方位透视课堂，构建了一个高效课堂的结构体系。实事求是地说，在十几年的课堂实践和总结中，高效课堂以"杜郎口中学"为代表，产生了重要的影响，但如果细细推敲这些高效课堂的理念、模式，你仍旧会发现这些课堂有军队、车间、企业的影子，有追求规模、速度、成果的元素。2008年，全国师德演讲比赛在我们学校举行，一所以高效课堂闻名全国的学校的业务校长在演讲中谈到了她工作的细节。为了学校的工作，她结婚后三年没有要孩子；为了学校的工作，她出了车祸后还让丈夫背着她到学校，趴在桌上工作。可见，高效课堂背景下的工作状态真的还没有想象中的那样从容不迫。

20世纪中叶，西方人就提出了有效教学的理念。我想，有效教学也好，高效教学也好，都有一个教育价值观，价值的取向决定了课堂的追求。在现行的教育体制下，"分数"大行其道。所以，效果、效率和效益的追问其实最终都要在"分数"上得到注解。周彬老师说："课堂教学的效率往往体现为教学进度、学习接受度的积。考试成绩是学科兴趣和学习方法及学生智商的积。"课堂教学不谈效率，不谈成绩显然是不现实的，但如果我们把所有的眼光都聚焦在分数上，就会矮化高效课堂。高效课堂到底是怎样的呢？现在从教学内容、教学方法、教学评价等维度来量化，有细致、具体的标准，但我想高效课堂应该是"让人热爱的""让人实践的"。

我们在《论语》中看到，孔子带着几位学生席地而坐，品茶论道，学生兴致盎然；我们看到《理想国》中的柏拉图和一些志同道合的人畅谈人生哲理，辩论异常激烈。这样的课堂在现在看来是因材施教的典范，令人神往而又遥不可及，但它给我们一种启示，高效的课堂一定是有趣的课堂，一定是让学生热爱的课堂。高效的课堂首先是教学内容有趣。教师要成为课程的开发者，使学生觉得教学内容可爱。程颐说："教人未见其意，必不乐学。"老师要做一个出色的"课程工作者"，不是一个简单的"教教材"的人，而是一个"调整教材""补充教材"或"重新开发教材"的人。课堂上的那道"菜"是学生喜欢的，他们自然会坐下来。学生的喜悦必能达到"其进不能自已"的境界。

在课堂上"让人热爱"还不够，还需要"让人实践"，勇于放手让学生去实践，不抱着、牵着、背着。学生的课堂学习本质上是自觉地以文本为师，以他人为师，自己教自己。学生有自己教自己的强烈的愿望，才会建立自己教自己的意识。

黄武雄先生曾经讲过一个《父亲的脚后跟》的故事，这个故事可以反映出"让人实践"的重要性：小时候他曾住在丰原东边的山里，父亲常带着他进城。每次父亲走在前边，他跟在后头，眼睛盯着父亲的布鞋，一路不停地赶。有一次，天色向晚，路过一道铁桥，一根根枕木的间隔比他的步子还宽。平常父亲总会歇下来等着他爬过去，或索性抱着他过去，但那天他心里不知牵挂些什么，等到他爬过桥，抬头一看，父亲已经"失踪"了。突然，他涌起一阵恐惧："这条路来回已跟着父亲走过二三十趟了，怎么一下子变得如此陌生？"他哭着等在桥端的田埂上，在黑夜里又饿又怕。他甚至分不清家的方向。他苦苦思忆，但呈现的总是父亲那双不停晃动的布鞋。我相信，如果黄先生的父亲如果像赶牛一样让儿子走在前头，出城的时候便用手指明家的方向，然后问："吴厝的大榕树，旧厝的土地庙，阿公溪上的铁桥，南坑阿婆家后的小径……你认不认得？"而在孩子点头之后让孩子逐一带路走过。孩子必定在走过一趟后便会十分熟悉整条路。

　　今年暑假，我参加了国家汉办主持的"对外汉语教师"培训。来自十几个不同国度的汉语教师共同交流如何教汉语。这个培训让我最深有感触的是教师自己设计并演绎的课堂。每节课的主题都是以一个教学活动来完成的。在这个环节中，每个学生都要参与表演、竞赛、游戏等活动，每个学生都需要参加语言实践。教室里上百个教师都成了学生，在几天里兴致勃勃地做起了学生，喜笑颜开，乐此不疲。一定是高效课堂调动了大家的积极性，让参与实践。

　　海德格尔说："教学的本质是让学生学。"高效课堂的教师就应该让学习的内容变得有趣，应该让学生热爱课堂，在课堂中变成首席，成为实践者。教有学意，学有教意。教与学其实不能分开。"让人学"比传授知识、技能困难得多，因为它要激发、培养、发展学生对世界、对人生的好奇、质疑、探究等情感。"让人学"的课堂才是高效的课堂。

　　课堂是个暗箱，里面有许多的密码。有些规律似乎已经找到，但更多的密码还有待于慢慢探索，对它的探究是个永恒的话题。

# 做有风格的老师

每次坐公共汽车到学校时，我会特别羡慕司机师傅。因为他们只要开好车，不出问题，他们就是合格的。他们也不用选青年优秀司机、司机带头人，司机就是司机，天下的司机都一样。教师就大不一样，乡村教师、城市教师、一级教师、高级教师、特级教师，完全不可同日而语。

现在看来，教师的灵魂无疑就是课堂教学了，那似乎是维系教师整个职业的尊严。说一个老师不会上课，那意味着他不能当老师；一个老师的课堂教学有名气，那是整个学校的荣耀。对于课堂教学，许多一线教师都有着深深的畏惧。一说要去上公开课，一说要去赛课，就意味着磨难的开始。

我一点不喜欢"磨课"这个词，好像驴在拉磨一样，要碾碎、捻平，要咬文嚼字、要一把辛酸泪。课堂教学的精细化像个无底的深渊，何处是尽头？经常会看到教学技巧的传授书籍，教人如何导入、如何过渡、如何创设情境、如何感悟、如何结尾……我对这些文字充满疑问。教师即使能背这些文字，也不会胸有成竹地去上一节课。一节公开课的成败与教师的素养息息相关，但是那成败有时很难把握。教师的状态、学生的状态、课堂里发生的突发事件都会让课堂教学的气氛和教学效果有天壤之别。教师的精心预设有时会徒劳，精彩也并不能预约，而一般教师在课堂教学中难以真正达到随机应变、因势利导。我觉得即使是有着深厚理论功力和实践经验的教师仍然对课堂不能自信满满。我们太在乎课堂教学了，上了一节自以为成功的公开课，那心情如解放区的天空一样明朗；上了一节失败又重要的课，会沮丧到极点，似乎自己犯了不可饶恕的过失。可是何为好课呢？不同的人持不同的观点，那是一场没完没了的口水战。可怜那些一线的教师莫衷一是，不知道风向哪个方向吹，不知道雪花向哪个方向飘。

明明自己就是课堂教学的主人，为何这样惧怕课堂教学呢？归根到底，是多变的理论迷惑了教师的心智，是没完没了的课堂教学的比赛、评比、评价挫伤了老师的自信，以至于连教师自己也觉得上课是件令人生厌的事！

我始终在想，为何不能让教师做自己的课堂的主人呢？为何不能让教师按照自己的阅读经验、自己对课堂的理解、自己的性格特点在课堂中彰显自己的教学个性呢？没有统一的标准，让学生来做评价或许会让教师慢慢爱上自己的课堂，至少不会惧怕。

前几天有位老师推荐《不跪着教书》这本书，这让我想起了这本书的作者吴非。他是位作家，又是位特级教师，带着自己鲜明的风格，敢想敢说。吴非提倡教师要有自己的风格，认为千人一面的课堂教学是教育的悲哀。

教育界的前辈魏书生、钱梦龙是两座高峰，他们都有自己的弟子，但我相信，没有弟子会重复他们的老师，不会也不可能出现第二个魏书生、钱梦龙。因为他们的人生经历、阅读经验、个人的个性特点以及形成的教育观、学生观都决定了他们是唯一的，不可重复的。如果没有自己的风格，只是模仿别人那就是咀嚼别人咀嚼过的馍，没有一点味道，永远站不起来。钱梦龙倡导导读法，他的精髓是因势利导，识势才能善导。可如何看出学生在课堂上阅读过程的情势、态势，把学生导入一个活泼、互动、充满智慧的情境中，那是钱老师不能教的，这是他多年形成的风格，一般老师想要学会也不容易。教学正如写作，它是门艺术，而艺术是不可能当家产来传的。如果能传，那么李白、陶渊明的儿子都是大诗人了。即使是耳濡目染，那也会是不同的风格，正如王安忆和母亲茹志鹃那样。

几年前我国首例也是迄今为止唯一一例有关教案所有权的案例让人深思。高丽娅老师说教案应是她的作品，为什么不属于她，学校竟然把她的教案弄丢了。高老师把学校告上了法庭，很有勇气。教师有一半时间在写教案，可为什么写，为什么要交，价值在哪里呢？如果我们教师不认为它是自己的私有物，那它就是一堆废纸。如果学校把它卖了，那学校认为它是堆垃圾。那么写教案干什么呢？吴非说过去的老师是不交教案的，也不赛课的，但语文的教学质量比现在高。现在的公开课、赛课美其名曰"集体的智慧"，倒不如说是个大拼盘，各种花样都有，就是鲜有自己的风格。时间精确得像电脑一样，实在太恐怖了。这些精致打磨的课堂会对学生有多大影响呢？

有时回忆我的小学、中学、大学的课堂，真正让我难忘的课堂还是大学的课堂。一位是教古代文学的老师，一位是教古代汉语的老师，他们俩上课从来不找学生回答问题，却把枯燥、乏味的课讲得妙趣横生。两位老师的课把我们引到了一个陌生、新奇的世界，以前我真不知道古代文学和古代汉语这样深邃。大学里只有一位爱喊学生回答的老师，也是最不受欢迎的，因为她只会要学生回答问题。记忆中的小学和中学的课堂一片模糊，也记不起来哪位同学口才好，哪位同学见解独特，哪位同学爱发言。

后来我看到了百家讲坛，见到了易中天、钱忠豪、于丹那样的老师，他们站在那里一讲就是一节课，听众欲罢不能。这里面有怎样的魅力呢？我想那自然就是教师的魅力，独特的见解、深邃的研究、广博的知识、奇闻逸事让听者心潮澎湃、如痴如醉。你能说这不是最有趣味的课堂吗？你能说这不是教师和学生之间最有效的对话吗？你能说这不是最有效的学习吗？听众听完，要去找更多的书看。据说易中天有一次在一个电台做节目，一个持不同观点的听众和他发生争执，这不也是一种教学效果吗？

课堂不怕无声，就怕无趣、无味。只要老师讲得有声有色，就是一节好课。胡适、周作人、叶圣陶、张志公曾是中小学教师，真正培养他们的是书籍和实践。他们留下来的是教育著作和真正的思想。谁敢说他们没自己的风格呢？蔡元培时代的北大是个包容的世界，他敢用鲁迅、陈寅恪这样名不见经传的教师，敢用陈独秀这样的激进派，敢让国学大师辜鸿铭拖着一根长辫子在北大校园潇洒来去，那才是真正的百花齐放。蔡元培不需要又红又专的教师，他需要的是真正有才华、有风格的教师。他们是社会的三教九流，却又是有独特风格的教师。什么才是好的课堂呢？一问到底的课堂、一说到底的课堂、一读到底的课堂、逼着学生问问题的课堂……孰是孰非，我看不一定。关键是学生喜欢你的课堂，迷上你的风格。

# 生活给了学生什么

因为一位重要的老师要来听课，所以我准备了一节生活作文课。我上这节课的初衷是为了让这些学生懂得可以从自己的生活中选取素材，可以用文字来表达自己的真实生活感受。在上课之前，我和学生做了一些交流。交流之后，我发现我看到了学生的另一面，而这些在平时似乎很难被发现。我本来准备从生活中的重要他人、电影、电视、课外阅读等角度来讨论习作素材的来源的，最后我发现他们和我想象的距离太大了。我想起尼尔·波兹曼的《童年的消逝》中的话："不得不眼睁睁地看着儿童的天真无邪、可塑性和好奇心逐渐退化，然后扭曲成为伪成人的劣等面目，这是令人痛心和尴尬的，而且尤其可悲！"

在谈到"重要他人"时，自然要谈到他们的父母和老师。我想这可是个大家有说不完故事的地方了。结果很意外！学生不愿意说自己和家长的事，他们说那是他们的隐私。坐在最前排的小罗摸摸头，他的头上有一块伤疤，据说是他的爸爸醉酒之后打的。当我的眼光看到他时，他立即像触电一样低下头。学生的嘴角大都浮着暧昧的笑容，有一种说不出的感觉。那和老师之间的故事总有吧！有几个站起来说了，大都是老师的劣迹，而且当一个学生说时，其他学生群情激奋，似乎感同身受。我压住火说："难道就没有老师关心你们的故事吗？"下面很静，过了一段时间，有个学生说，老师曾为他们买过奖品。话音刚落，另一个学生喊道："全被成绩好的学生弄走了！"接着课堂上传来一阵爆笑。

有矛盾冲突的地方就有故事。故事能公开主角的对与错，学生不愿意公开自己和最亲的人之间的事，我想那一定是所谓的家丑不可外扬的事。老师在学生的心目中那样苍白，难道是学生不知道感恩吗？幸亏我试探了他们一下，不然的话，他们在课堂上把想说的真话"和盘托出"，那多尴尬，老师们能坐得住吗？

绕过这个沉重的话题之后，我们谈到了轻松的电影和电视话题。不过等他们说完后，我又轻松不起来了。学生非常喜欢成龙和周星驰的电影，他们着迷的是那些莫可名状的残片和粗鄙的细节。"我喜欢《功夫》中那群蛇咬周星驰嘴的样子！""《大话西游》中，那个牛魔王被炸弹炸的样子真好玩！""我喜欢《东成西就》中那个会飘的人头！太有意思了。整天要听别人说'我爱你'！"这就是每天给学生精神营养的影视，学生耳濡目染，最后有怎样的品位可见一斑。

生活中，父母、老师是学生成长中最为重要的伴侣，电影、电视是影响孩子精神世界的重要载体，可这些都好像不是美好的，至少我觉得不是。如果学生真的童言无忌，说出自己的真心话，我想很多人都坐不住了。不能怪学生，一位老师听了我的感慨后说应该好好想想生活到底给了学生什么。

一个人的精神成长是多方面因素影响的结果。教育专家曾研究过这个问题，影响一个人的成长的因素依次为孩子的母亲、老师、班集体、孩子的伙伴、孩子所在的那个小区的环境。时代变了，有一方面的影响一定不能被忽视，那就是影视媒体的影响。毫不夸张地说，影视媒体的影响和学校教育已经到了分庭抗礼的地步了。在学校教育中，阅读影响孩子的成长，学生构建语言的过程就是精神成长的过程。是学生爱上了语言文字，爱上了读书，发现身边有个书籍的海洋吗，还是学生迷上了影视媒体，在读图、打电脑、文化快餐的粗食中构建自己的生命呢？现在真正爱看课外读物的孩子不是太多，更多的孩子爱看电视，爱听流行音乐，爱打电脑游戏。如果让现在的孩子表演节目，他就会唱《老鼠爱大米》《两只蝴蝶》。现在的孩子过早地在情感上成熟，在小学时就有了懵懵懂懂的情愫。

我是20世纪七十年代出生的。那时电影是露天电影，播放的一律是战争题材，我们那个时候最爱做的就是做个木制的手枪，用柳条编成一个帽子在田沟里玩官兵捉贼的游戏。后来通电了，有了电视机，电视就是我们的精神生活的寄托了。《西游记》《射雕英雄传》等电视剧影响了那一代人。那个时候的每一个孩子都想自己是位行侠仗义、盖世无双的英雄，都想自己是位神通广大的正义斗士。课外书读得不多，如果说有，那就是小人书，一本小人书，就能让人废寝忘食，小人书让孩子明白好人坏人，让孩子大开眼界。那个时代的影视和小人书带给我们的无疑是健康的精神生活，尽管很少，但是没有太多的副作用。在那个物质贫乏的年代，我们的父母和老师没有太看重成绩，却对孩子的品质格外重视。那时还有天真无邪的童年，还有漫长幸福的童年旅程。

现在的学校教育做了什么？家庭教育做了什么？很显然，我们在应试上做得过度了。题海的来势汹汹掩盖了知识的魅力。我们更在意孩子掌握了多少英语单词，会背多少诗文，奥数、语文上得怎样，而每门学科所承载的人文精神被淡化了。现在的很多学校，一到小学毕业考试的时候，就提前几个月把课文上完，然后是铺天盖地的试卷训练。试想，这样的教育带给学生的会是什么？学生昏天黑地的做题，只能麻木不仁了。当学生不愿意阅读，没有丰富的课余生活时，影视媒体就顺理成章地占领了学生的时空，学生也就顺理成章地在那样的土壤里形成自己对周围世界的看法。

陶行知说："生活教育是生活所原有，生活所自营，生活所必需的教育。"教育的根本意义是生活之变化，生活无时不变，即生活无时不含有教育的意义。到处是生活，到处是教育。家庭教育对于学生的精神成长有多大作用？学校的教育对学生的精神生活有多大影响？影视媒体对学生的精神世界的建构有多大作用？当生活中的老师、家长只在乎孩子的学业成绩时，学生的精神成长就会充满危机。

# 先批判，后建设

可以这样说，班主任是学校的中流砥柱，一个好的班主任就能带出一个好的班级，一个好的班主任就能团结一个班级的教师群体，但事实上没有多少人愿意做班主任，教师为当班主任的事跟校长大吵大闹的事是屡见不鲜。其实很多学校的班主任酬劳也是很不菲的，家长和学生也是看重班主任的。尽管如此，也不能打动老师。原因是多方面的。

班主任不幸成了全职的保姆。做班主任就意味着满负荷地工作。班级卫生、学生做操、吃饭、午睡、班级的黑板报、晨会、班会、运动会，每一个细节都离不开班主任，这还不包括其他不在计划中的事。一到了学校的主题会月、学校的春游活动时，班主任冲锋陷阵。另外折磨班主任的是一大堆记录材料。学生的花名册，成绩单，素质报告书……自然，有许多记录的价值不大。日复一日的满负荷的工作让班主任产生职业懈怠，这些事情的细碎和繁杂会让班主任消耗很多精力。有的教师统计过，一个班主任做的这些事相当于一个主科老师的工作量。你想，本来就承担一门主要学科，还要去做繁杂的生活服务，这对于班主任来说是个多大的负担。虽然在生活上和学生亲密接触能增进师生之间的感情，但是班主任也会在这个过程中变得麻木和厌烦。"校园无小事"已经让班主任的工作失去了重点。事实上，完全可以把这些工作交给生活老师或者副班主任，让班主任从这些"俗务"中走出来。只有如此，班主任才能有更多的精力在班风和学风上下功夫，这也才是班主任工作的核心内容。班级有了好的班风和学风，这个班级才会有灵魂！

班主任成了学校活动的消极服从者。一个班级需要活动，诚如李镇西说的那样，没有活动就没有班级，但是现实是学校已经把班级活动全部规定好了，三月学雷锋月，四月科技月，五月爱国主义月……如果一个教师做班主任的时间长了，就会知道学校发的那份计划就是份老皇历。其实每个班主任都有自己的优势和不足，对班集体活动也有自己的理解，本来每个班级的活动应该是百花齐放的，结果成了同一首歌，班主任自己的想法得不到展现。按自己的思路来建设自己的班级，这是许多有理想的班主任的初衷，但事实是班主任的工作受到了学校的制约，受到家长的制约。如果班主任的做法有悖于学校和家长，就会立即受到谴责，无法继续下去。有位班主任想搞作业改革，每天晚上不布置作业，让学生自己写，写完后可以在本子上画喜欢的画，这种让学生耳目一新的作业大受学生的欢迎，其他教师也跟着效仿。校长知道后，在大会上批评了这种随意行为，要求立即终止。学校每学期都定了班主任计划，班主任只是在计划的牵引下一步一步完成任务，有想法有做法很难，再后来，就是让他有想法，他也没有了。其实，一个学校的活动计划规定得越详细，班主任就越会怨声载道和死气沉沉。班级活动应该是班主任的创造性工作，应该放手让班主任自己来做主，兼容并包，自由发挥。如果每个班级都是班主任用自己的思想来经营的，那么班主任的工作就会有声有色。

班主任成为学校制度的重负者。班主任是最忌讳出安全事故的。可是谁敢保证不出问题呢？有位初二的学生站在二楼，穿着一双球鞋，鞋底比较厚。他竟然向身边的同学炫耀说敢从这二楼跳下去。旁边的同学起哄让他跳，结果他真的傻乎乎地跳下去了，当场腿断了。下面的事就是班主任的了，学校与家长的纠葛就要你去周旋了。如果你说班里没有这样让人匪夷所思的学生，但做出格事情的学生是不可能没有的。哪个班主任一学期不遇到一两件突发事件呢？一次六年级体育课上，教师没有按时进教室。学生一遇到体育课，就好像鱼儿入了水，在教室里翻江倒海，一位女生伸头向窗外看老师来了没有，一看老师来了，连忙坐下来，结果一屁股落空，原来后面的同学把她的椅子挪走了。她的后脑勺撞在桌子上，顿时就昏过去了。学生第一个找的是班主任，而班主任这时就要把本该体育老师负的责任先扛起来。把学生送到医院，联系家长，联系老师……而家长一遇到这样的安全事故第一个找的是班主任，好像这已经成了习惯，出了事就是班主任的事。一旦一个班级出了安全事故，班主任的苦心经营就会付之东流。学生的安全是班主任的一块心病。

其实，班主任面临的问题不仅仅是安全的压力，还有学校制度的压力。班主任的工作无疑要用学校的各项制度来参照。安全、卫生、学生的行为习惯……一条条框架厘清了班主任的工作，工作的成绩被量化了。量化班主任的工作是很多学校的做法，然而这是既不公平又不科学的。每个班级的起点是不一样的，每个班主任对于班主任工作的理解是不一样的。被权威威慑成死水一潭的班级就是好班级吗？让学生不写好作业就不准吃饭就一定是敬业吗？班级里还有很多看不到的东西，伦理和人际关系是很容易被忽视的，也是无法量化的。其实真正好的班主任是一直被学生惦记着，被家长惦记着。这份牵挂来之不易，而这是学校制度不能衡量的。当一个班主任发现自己的付出得不到承认，他就会对制度产生怀疑和抵制。"人不知而不愠。"但是班主任毕竟不是圣人。最可笑的是，管班主任的很多，班主任头上有个庞大的体系，管德育的、管教学的、管后勤的、管文体卫的，甚至学生会的，只要他们在广播上一声令下，洗耳恭听、跑得最快的一定是班主任。难道说班主任不是学校的最底层吗？有个学校的工会组织在学校里搞量化教师工作业绩的方案，他们进行了充分的讨论，得出的结论是：在学校里，量化后得分最低的往往是班主任。为什么？因为班主任干得事最多，所以班主任挨学校领导的批评最多，受家长的诘难最多，奉献得最多，受的苦最多……其实班主任的工作无需量化，评价也应该非常谨慎。而评价班主任的制度一定要非常科学，一定要充分考虑班主任的内心感受，不能忽视真正有发言权的学生和家长的评价。一个班主任收到学生和家长的尊重和爱戴，还需要用学校的制度来评价他的工作吗？

班主任只有赢得了学生和家长，从繁杂的俗务中走出来，以自己的方式来构建班级，才能有激情和思想。真正的班主任实践智慧绝对不是被管理出来的。

# 漫谈语文老师

　　听了不少讲座，也看过一些书籍杂志，然而说真的，对于"怎样的语文老师才是理想的老师"的问题反而模糊了。现在，诗意语文、深度语文、情智语文、板块语文、本色语文、简单语文……让人目不暇接。每一种提法的背后都有提倡者对语文的独特理解，很难分出孰优孰劣。

　　我认为每位出色的有激情和追求的语文教师应有三个层面的素养。首先是教师对于教育的理解。课堂教学的背后是思想、理念。一个教育技术很高超的教师如果对教育的本质理解有偏差，那也不会成为一位好老师。一个孩子会恨一个老师一辈子，喜欢一个老师一辈子，也许就是因为一句话、一件事。崔永元不喜欢数学喜欢语文是个典型的例子。语文老师相信他的写作能力，每次都给予他的作文非常高的评价，并做范文展示，而他在数学课上受到全班的嘲笑，并被粉笔砸掉了尊严。茅盾小时候的语文老师对茅盾的文章大加赞赏，认为他的写作前途无量。崔永元高考时用了35分钟就把语文试卷做好了，茅盾也终究成了大家！一个老师给予学生心理暗示的重要性可见一斑。钱梦龙说教育艺术的真谛就是鼓励，让懒惰的变得勤奋，让自卑的变得自信，让弱小变得强大。课堂教学离开了对学生的鼓励、唤醒，任何精细的教育技术都不会走得太远。"亲其师，信其道。""亲其师"的原因首先是因为教师有正确的教育观念，用润物无声的教育智慧润泽了学生的心灵，让学生成为自己的主人。其次是因为语文老师有对专业的深度理解。如果一位语文老师成为一名作家、语言学家，我相信他们一定对教学有重要的影响。因为他们懂得语文的规律，在教学中更能轻车熟路，游刃有余。钱梦龙老师可以说是自学成才的，他的课堂教学就体现出自学的特点。他更善于让学生"立标""定线"，最后有效达成目标，如人饮水，冷暖自知。一位语文素养很好的教师会有很好的语感，而他的这种素养会熏染他的学生。最后是因为语文老师有对课堂的理解。过去的课堂教学是用问题牵着学生的鼻子走，对如何开头、如何过渡、如何突出重点、如何结尾考虑得很周全，然而这样的课堂预设太多，学生其实是在表演，是在猜老师的答案。应该提倡民主的课堂、对话的课堂，因为在对话中更能体现出学生的主体性，精彩的生成往往是学生智慧的体现。同时，教师在课堂上也要随机应变，学会激情、导趣，关注学生的思维。教师在课堂上不是为了演绎知识，而是为了激励学生去获得知识。

语文老师该做什么呢？教师在课堂上应该简简单单地教语文。语文就是口头语言和书面语言的结合，就是引导学生学会理解和运用祖国的语言文字，在学习的过程中受到人文精神的熏陶。周一贯老师说语文课堂就是教会学生对文本的三个层面的理解：写了什么？怎样写的？为什么这样写？语文烦琐是因为目标太多。目标明确了、简化了，学生的学习效率就会提升，风格朴实了，反而显出了语文的本色。现在，语文课堂的确很难讨人喜欢，耗时、低效，有时枯燥、乏味。比如我自己，我小时候喜欢读课文，但我不喜欢上语文课。本来喜欢的课文，老师分析讲解后，我就再也不想读了，就像一株枝繁叶茂的树失去了葱翠，就没有欣赏的余地了。我小学的时候，老师说我的作文不错，但到了中学，我发现我的作文水平还停留在小学阶段，只是多了些诗词歌赋。到了师范学校，碰上了一个爱舞文弄墨的语文老师，他逼着我们写日记，然后，狠狠地表扬我们，他甚至说："这篇文章，修改修改就可以发表了。"表扬得全班同学都坚信自己就是未来的作家，写作的激情很高，老师接着再表扬。其实可能连他自己都知道有的文章是模仿来的甚至是抄袭来的。最后，我们没有人发表过作品，但却真的喜欢上了语文。可见，简单的目标反而获得出奇好的效果。

语文老师还应该让学生爱上读书，这是他的天职。同事的儿子写《秋天》，写了三遍，老师还是觉得不满意，要他抄五十个描写秋天的优美词语再写。其实老师不知道，作文是我同事写的。最后孩子也不信任家长了，说："你根本不会写！"气的这位家长要去跟老师评理。习作是表达思想的，表达心情的，不是表达优美词汇的，但很多时候，教师却反了过来。我们为何要让学生做摘抄呢？有积累那些好词好句的时间，不如让学生去读整本书。有很多学生就是因为整天要摘抄就没有时间去读书了，渐渐地就不读了，他们就只记得一些优美的虚无缥缈的词句，把真正的思想灵魂丢掉了。阿莫纳什维利说："如果你能让全班的学生都爱读书，并且嗜读成性，你不但是位好老师，而且是位好的教育工作者。"阅读中的惊叹会促使他们进一步思考生活，思考生活会促使他们进一步阅读。语文教师是精神的引领者，而绝对不是牧羊者。

守护教育的本真

# 语文课用多媒体干什么

现在一上公开课就要用多媒体，好像不用就是落伍的，就没有应用现代化的教学手段了。现在评价一节课也有"是否运用了现代化的教学手段"这一条。南京有一位教古代文学的高校教师，他的课吸引了众多学生。这消息不胫而走，成了电视台的新闻。不为别的，单是一手漂亮遒劲有力的粉笔字就让学生刮目相看。多媒体的大行其道已经让粉笔、教材成为配角了，高校教师鲜有用粉笔的了。其实小学教师何尝不也是这样呢？其实每门学科都有自己的特点，多媒体再先进，画面再精美，视频再生动，也无法代替语言文字。语文离不开语言文字，学生是通过文字来读感悟思想和情感的。离开文字来谈语文，这是无稽之谈。正如画家不谈色彩，作曲家不谈音符。

郑板桥说："四十年来画竹枝，日间挥写夜间思，冗繁削尽留清瘦，画到生时是熟时。"郑板桥画了一辈子竹子的心得是画竹子就是要突出它的清瘦，因为清瘦是竹子的灵魂。他画竹子将冗繁削尽，这是他用的减法思维。简单不是浅薄，而是抓住了要害。

花哨的多媒体用画面代替了学生想象和思考的空间，语言文字的理解过程被弱化了，只剩下定格的画面，而没有了个性化的感悟。这是多媒体的致命的负面影响。大语文观认为处处有语文，电视广播、电影、图画……但这只是语文的外延，在我看来，语文的核心就是语言文字的精神。通过文字来表达自己的生活积累、思想积累、情感积累。丰富的生活体验为我们的感悟做了铺垫，但如果没有良好的语言素养，我们就无法走进作者的心灵深处，与他们交流对话。《三国演义》的电视连续剧的确形象生动，也能让人了解形形色色的人物，敬佩英雄人物的韬略，但看懂的与读懂的有天壤之别，因为在读的过程中每个人的心中有自己的理解感受，有自己的孔明、自己的刘备、自己的曹操，这是不断创造的过程，而不是导演一厢情愿的阐述。创造美学认为一部作品不属于一个时代，而是属于整个时代，因为不同时代的人们都会用自己的经验生活观念来丰富创造这部作品。就这点来看，要感谢文字，因为它用最简洁的方法来传承文明。学语文没有形成良好的语感，却要求助于所谓的现代化手段，那不是要学生远离语文吗？

天花肆虐时，世界上有许多治疗天花的方法。可自从琴纳发现了种牛痘的方法后，其他的方法也就销声匿迹了。学语文的方法也应找到最佳的，也应冗繁削尽，突出语文的精神，突出语文的味道。学语文也应该有种简单、实用务本的方法。那应该是读——品——背，读是叶，品是花，背是根。张田若、于永正强调熟读，认为这是检验学习语文效果的一个标志。一个孩子能把书读得通顺流利，他的语文也不会差到哪里去。叶圣陶认为精读是本，泛读是源，他看重通过泛读来应用自己精读的心得。而苏霍姆林斯基更看重学生的阅读，他认为学生学会阅读是发展思维能力的重要途径。他说："只要有足够的书籍，即使是最偏远的学校也能达到文明程度最高的地方的学校的水平。"语文的课堂教学也是学生、文本、老师之间的心灵对话。唯有学生进入语言文字中，感受到文字背后的情感、文字留白处的蕴含，学会咬文嚼字，字字悟其神，才能真正领略文字的魅力。这就是个品味的过程。没有品的过程，语文的学习就是蜻蜓点水式的肤浅。郊寒岛瘦都是品文字的结果，足见文字让人欢喜让人忧。当然，品味也需要有一个度。追求深度要顾及学生的年龄特征和经验水平。语文离开了背，也许就失去了发展的一个动力。学理如筑塔，学文如积沙。语文强调积累，没有积累就没有语文。作者写文章用的是积累，读者看文章用的是积累，我们的语文学习其实就是用积累来感悟、理解。积累越丰厚的人就越能轻车熟路，左右逢源，那是语感的力量。只有胸中有万卷书的人才会有积沙成塔的意境，离开背就难以打好语文的底色。

现在是个读图的时代，语言文字在人们的视线里越来越模糊。读图固然没错，但学生的语文学习却应淡化读图，强调语言文字。因为语文的情智在文字里，用那么多多媒体干什么呢？

# 文本解读和对话生成的度

语文教师都知道，一节课的成功与否关键在于文本解读的意义，在于师生对话生成的质量。如果一节课有非常有价值的文本意义呈现出来，有精彩、智慧、鲜活的对话生成，无疑会非常有益于学生的精神成长。一个学生的精神成长是自身语言的构建，也是课堂教学中文本资源浸染的结果。教师对文本的解读以及对与学生对话生成的预设是课堂的常态。毫不夸张地说，学生成为一个富有批判精神的智者还是成为会唯命是从的标准答案臣服者往往取决于学生遇到一位什么样的教师。

在平时，教师往往在课堂教学中表现为问题到答案的过程，解读文本就是给予标准答案。答案在文本中，在教材中，在教参中，教师就是传道者，只不过是把标准答案传给了学生。教师如果能超越文本，超越教参，依据自己的学识来对文本进行自己的解读，那就是课堂教学的新境界。《三顾茅庐》告诉我们"精诚所至，金石为开"的道理，但是这个似乎颠扑不破的至理名言是不是放之四海而皆准呢？显然不是，就像最后独木难支、回天无力的诸葛亮一样，难道最后他没有诚心来为刘备统一天下吗？很多时候，更重要的是天时地利人和，这比人定胜天的精神来得现实。因此当学生再次读到《愚公移山》时，会认为那个智叟真的是智慧的人，而愚公真的是愚公。时代不同了，千年以前的劳苦大众信奉勤劳，但现代的孩子生活在一个数字时代，有可能让他们再相信精卫填海那种日复一日重复的精神吗？文本是可以创造的，创造美学认为一部作品不仅仅属于作者自己，不仅仅属于作者的时代，因为每一时代的人、每个不同文化背景的人都会站在自己的角度来解读文本。读者的理解往往完全超越作者自己的意图。教师解读文本可能比板书、比组织课堂教学重要得多，因为教师的思想高度决定了学生的精神之旅能走多远。

上课往往反映了教师的一种课程观。文本解读不能过度，过犹不及。《三顾茅庐》这篇文章可以拓展，可以对文本进行重新组合和增补，但不能游离了文本，拓展的内容如果太多了，就成了一节三国演义的历史课。《三顾茅庐》在《三国志》上就一句话："由是先主遂诣亮，凡三往，乃见。"在《品三国》中我们看到了《三顾茅庐》的不同版本。教师可以拓展，但要考虑到学生的年龄特征、生活经验，不能过早地把成年人的文本解读完全强加于学生。演义有着浓厚的个人情节，它与正史泾渭分明，在让学生有怀疑和批判精神意识的同时，不能失去度。让学生感到无所适从、模棱两可、雾里看花的解读会失去意义。现在有些教师提倡深度语文，在一些公开课中对文本解读过深，超过了学生的理解程度。当有人提出文本解读不能太深时，就有人反驳，难道小鱼就不能到深海中去游吗？事实上是即使小鱼能游到海中，也只能浮在表面！

语文课堂的另外一个重要维度是对话生成。教师的文本解读需要学生的对话生成。没有学生的多元对话，文本的内涵、意蕴就不可能得到阐释，教师想要表达的思想就不能达成。问题是对话生成往往出乎教师的意料，而且越过文本的边界，这需要教师和学生达成一个临时性的共识。这不是亵渎个性化的阅读，而是发挥教师的必要的主导地位。因为信马由缰的对话有时会与文本的主题相去甚远。学生学习《三借芭蕉扇》，教师如果问学生孙悟空给他们什么印象，学生可能会说他勇敢，他有本领，他有智慧……如果教师还要听不一样的，学生可能会接着说他下流，跑到铁扇公主的肚子里去了；他是个骗子，竟然还装成牛魔王；他是个强盗，硬抢别人的东西……这时如果没有教师对文本的基本精神的把握，学生的对话生成就是个可怕的精神的冒险。学生对英雄人物的情感和态度都会出现偏差。学习《公仪休拒收礼物》时学生可能会说："这个公仪休太圆滑。他不愿意收别人的礼物就说不收不就行了吗？为什么还非说自己一闻到鱼的腥味就要呕吐。真虚伪！"的确，这个回答很不厚道，但教师可以引导学生将其理解为是一种机智、一种为人处世的哲学，引导学生认识公仪休是个有公心的人。学习《祁黄羊》时，学生可能会说："这个祁黄羊是个有计谋的人。'外举不避仇，内举不避亲'，因为他知道解狐得了重病，所以就故意推举他，为推举自己的儿子祁午铺平道路。"学生的这番话只是主观的臆测，也是一种理解，教师仍旧需要引导学生肯定祁黄羊的正面形象。新课程标准不再提语文知识，而是提语文素养、语感，因为语文学科的确不是能那样精确化的，它有模糊性。模糊性就决定了个性化理解的合理性。课堂现场中的对话生成问题很多无法有标准答案，但绝对不是模糊到没有了边界。在鼓励学生多元解读的同时需要控制一下界限，不能一味地认为不同就是创新，就是新理念的体现。教师在引导学生对话生成的过程中，需要对文本意义有一个基本的方向把握，这是对话生成的一个底线。

文本解读的意义、对话的意义至关重要。对话生成是文本解读的基础，文本解读是对话生成的精神引领。重视文本解读和对话生成的度，才能让课堂真正有效。

# 旁观语文课堂

　　我曾经写了一个学期的语文课堂实录，后来停了下来。正如吴非老师说的，教师还是应该写些小片段，不要急着去写所谓的论文和课堂教学实录。因为那样的话，即使有一点有价值的东西也被稀释了。我也不停地关注语文教学新锐们的课堂，因为不去看看他们的课堂，就不能看到自己的课堂，也不会在自己的课堂中注入新鲜的元素。如果学生发现老师的课堂总是重复，他们就会抵制。因此，我不喜欢家常课这种说法。何为家常课，自然是和公开课相对的，家常便饭，平淡朴素，不可作秀。何为作秀，就是弄些花哨的东西充斥到课堂里。网读时间长了，就发现很多教师是认真对待每一节课的，他们把每一节课都当成公开课来上了。

　　看到韩军、郭初阳、干国祥的课堂时，我很震惊，方寸之地的课堂竟能气象万千，惊心动魄，语文课竟然可以这样上？有些爱上家常课的人面对这样的课堂，就会说他们彻头彻尾是在作秀，是在煽情，是在为创新而创新，但是我因为看了他们的语文课堂而有了很多感触。

一

　　语文课堂＝教材＋教本＋作业＋测试。我想平时状态下的语文课堂大概就是这样一个状况，唯教材，唯教本，唯考试。据说有一位网友曾对韩军说："如果在教室的门外拴一条狗，里面不用语文教师，那和有语文老师有何区别？"韩军承认了这种现实，说曾有一个学校缺语文老师，就让一个班级就光做语文习题，结果会考的时候，那个班级一点未受影响。试想，老师在语文课堂上的作为在哪里？如果就是为了语文知识和考试，就不如找一些挖井的人来做语文老师，因为他们有的是体力，有的是耐心，有的是实在。然而语文课堂毕竟不是一个干体力活的地方。语文课是培养人的精神的。正如韩军说得那样，语文教育是立个性之人、主体之人、真实之人，立人之精神。精神和人格从何而来，语文课是奠基性的课程。郭初阳说得更豪迈，语文课堂是"踏实"和"凌空"的结合，目标是让学生成为具有独立精神和自由思想的现代公民。这样的观念反映在他们的文本解读中，他们不是一个技术主义者，而是一个思想者。郭初阳老师的《珍珠鸟》就撕碎了人鸟和谐相处、信赖创造美好境界的温情的外衣，让学生看到了"欣赏囚徒"的残酷，看到了主题的虚伪性，主题被颠覆了，课堂变成了一场思想的冒险。当学生看到《鸟儿中的理想主义》《群鸟》《囚鸟》这些互文性文本时，新的理解也会油然而生。倘若人变成珍珠人，成为珍珠鸟的囚徒而被欣赏，而被信赖，人会作何感想呢？郭初阳深入作者的心灵深处，让学生看到在历史意境中的作者的真实心态。这样来上语文课，学生会成为怎样的人，至少是不迷信，不盲从，至少有怀疑和批判的意识。那教师呢？如果没有开阔的人文视野，没有颠覆传统课堂的勇气，何来这样的"作秀"呢？

二

文似看山不喜平，其实课堂也是如此，课似看山不喜平。对文本的解读最终要靠师生之间、学生之间，学生和文本之间的对话才能生成。在传统的语文课堂上，预设和生成是在一个纬度上完成的，生成答案是语文课堂的目标。如果学生实在不能做到，干脆就让老师一锤定音。学生在语文课堂上的激情、合作、共鸣是被忽视的。干国祥提到文本的两种阅读状态："只读"和"可写"。学生只有抱着"可写"的阅读状态，才能多元解构文本，才能生成多元化的理解和生成新的问题。这需要教师有新的课堂理念，课堂不是线性发展、无干扰、确定、机械主义的，而是充满意外、不确定、生态主义的。郭初阳上《愚公移山》时，师生之间的对话生成是精彩的：愚公是个只重视体力、不重视脑力的人；愚公是个自私的人；愚公是个狡猾的人。有时语文课堂需要形成"临时性共识"的答案，有时就根本没有答案，只有问题。就像皮亚杰描述的人的认识过程那样，阅读过程也是一个"平衡—干扰—不平衡—同化和顺应—再平衡"的过程。

## 三

教师对学生的影响大，还是人文书籍对学生的影响大，这是我一直想弄明白的问题。我想，因为有老师的影响才有书籍的影响，而书籍的影响远远大于老师。因此，让学生爱上阅读，语文老师就可以坐下来喝茶了，因为书籍是老师最有力的助手。因此，语文课堂应该不是生成一堵墙，而应该是打开一扇窗。语文课堂的确应该让学生站在一个文化的平台上，看到更辽阔的风景。韩军老师说语文学科不是举一反三，而是举三反一。如果一位语文教师只是教自己的学生读教材，学生绝对学不好语文。在语文的课堂上，互文性的材料应该更多地进入学生的视野，相关的主题文本越典型，越多，对学生的思想影响就越大。郭初阳的《项链》《父母的心》《愚公移山》等课堂实录，每一课都有翔实的相关文本。学生遇到这样的老师，也就意味着爱上了书籍，爱上了语文。

## 四

对于一篇课文，如果细细挖掘，可以给学生的太多了。贪多求全，结果得不偿失。对于一篇课文，与其面面俱到，不如只求一得。在我看来，语文课堂一节课有一得就可以了。一课一得，得得相连。那样的话，语文能力的提高来得扎实。学习了《火烧云》后，学生无不被作者萧红描写的火烧云的情境所感动。萧红是抓住火烧云的颜色和形状的变化来写的，学生是可以借鉴这种表达的方法的，这就可以作为学生的课堂一得。在《鸟的天堂》中，巴金笔下的榕树是那样生动，巴金是如何写得如此出色的呢？这源于他细致的观察，由远及近，由整体到部分，这就是观察一种植物的方法，学习了这种观察方法就是这一节课的收获。语文课堂需要学生形成好的语文能力，而能力的达成需要每一节课的努力。自然，一课一得是有难度的，更保险的办法是把网撒得大些，知识的密度大些，训练的力度再大些。但奇怪的是，语文课堂的低效率是不争的事实。不如删去多余的环节，凸显学习的核心，学习文本中最有特色的地方，也许反而事半功倍。

## 五

高潮迭起、精彩纷呈的课堂自然是教师的追求。这需要教师精心设计，同时需要教师善于在课堂教学中因势利导。教师之间的区别不在于课堂的设计，更重要的还是在课堂上的因势利导。教师在课堂上要有一双慧眼看到学生的思维的变化，能随机应变，而不仅仅是默念自己的教案，也不是牵着学生的鼻子让他们去心领神会教师的答案，否则就不会有无法预约的精彩。如果没有师生的真感情、师生的多元价值观、教师的临场应变，也就不会有冲突，课堂也就不存在波澜。同样，不能一味地去追求高峰体验，那是一种可遇不可求的境界。

自然，语文课最根本的地方在于上出语文味。语文味道从哪里来——语言文字！教师去个性化的解读文本，师生之间的对话生成，甚至所谓的超级文本链接。如果一旦撤去了语言文字，就是彻底地抛弃了语文。在语文课堂上，学生的朗读、对话、感悟、写作等，归根到底都需要联系具体的语言文字。因此，语文的课堂、语言文字的训练始终是重中之重。离开了语言文字谈语文，语文就什么也不是。咬文嚼字应该成为语文课堂中的一种常态。学生语感的形成是源于对语言文字的敏感和控制，毫不夸张地说，一个人语文素养的根还是在语言文字那里。

# 许国璋、李阳给语文教学的启示

　　长期以来，语文阅读教学担负着传承文明、弘扬国学的重任，占据了大、中、小学师生在校学习的大量时间与精力，然而其结果却令人痛心与忧虑。著名语言学家吕叔湘为此痛心疾首，曾撰文尖锐地指出："十年的时间，两千七百多课时用来学习本国语文，却是大多数不过关，岂非咄咄怪事？"大师的话准确、凌厉，一针见血地指出了我国语文教学的现状。时光飞逝，然而，我国的语文教学，尤其是语文教学的重中之重——阅读教学依然存在着高耗低效的严重问题。造成如此令人忧心的局面有多方面的因素，我们绝不可以简单地将其归结为语文教师的怠惰。在学校的各科教师中，语文教师的辛苦有目共睹，可是语文教学，尤其是阅读教学低效甚至无效的事实又是客观存在着的。问题的真正症结在哪儿？不少一线的语文教师常常这样大倒苦水：语文阅读教学要达到的目标太多了。学习一篇文章，不但要理解主要内容，挖掘体会词句段的深刻含义，而且要辨析文章的修辞手法，学习布局谋篇的写作方法，甚至还要体悟文章含有的生活哲理，发现事物发展的客观规律，感受人文情怀，学习科技、文史知识等等，不一而足。阅读教学到底要教给学生什么？要让学生将一篇文章学到什么程度？对此，许多语文教师不知所措、深感无奈，甚至有些教师略带调侃地说："阅读教学是个筐，什么都能往里装。"

　　再看与语文阅读教学同样为语言类学习的学科——英语学科的教学，其现状又如何呢？1978年，即吕叔湘老先生批评国内语文教学现状惨不忍睹的同一年，随着国家对知识的尊重、文化的渴求，各地学校纷纷复课，英语教学逐渐如火如荼，一支英语学习大军以惊人的速度不断壮大扩充。不容否认，很长一段时间内，国内的英语教学现状同样堪忧。许多中国学生通过小学、中学、大学十几年对英语的学习，还是不大能看懂各类商品的英文说明书，至于张口说英语，更是困难重重，有许多人将此戏称为"哑巴英语"。

高耗低效曾经是国内语文阅读教学与英语教学共同的特征，改革与发展成了摆在二者面前共同的课题。不记得从哪一年开始，一个叫李阳的小伙子闯入了国人的视线，他首创"疯狂英语"学习法，号召人们大声、迅速、清楚地开口说英语，不要害羞，不要怕出错，不要松懈，不停地说英语。他用自己的成功经历告诉了人们学习英语的不二法则，英语是说出来、练出来的。李阳的故事也许只是国内英语教学改革成功的个案，但国内熟悉英语、能说一口流利英语的人越来越多却是不争的事实。单从学校内部来看，英语课堂教学目标的简明、教学程序的分明、教学手段的丰富、课堂气氛的活跃、学生学习兴趣的浓厚，就足以让语文教师称羡。

其实，同样作为对语言的学习，语文阅读教学与英语教学在教学中有许多相通之处。诚然，今天的英语教学依然有许多不尽如人意处，教学弊病也是客观存在，可这并不妨碍我们语文阅读教学向英语教学的成功之处取经、学习、借鉴。

众所周知，《新概念英语》和《许国璋英语》曾经同为20世纪八九十年代在全国畅销的英语自学教材。现如今，历史迈进新世纪，历经岁月的考验，《许国璋英语》除了英语专业的人作为参考外，再也无人问津了，事实上有很多人对它不再有好感，因为它消耗了人们大量的时间却收效甚微；《新概念英语》却仍旧经久不衰，受人青睐。其中的原因，大多数人认为，是编者的不同编排思想决定了它们的不同命运。《许国璋英语》篇幅较长，练习繁杂，特点是重分析、重语法，学习《许国璋英语》要用大量的时间来进行句子的语法分析，语言积累这个环节被忽视了；而《新概念英语》篇幅短小精悍，充满趣味性，特点是重点的词语、句式反复出现，重积累，轻语法，人们学习《新概念英语》往往是整体吸收，甚至背下整篇文章，在不知不觉中积累了大量的词汇，培养了良好的语感。

语文阅读教学应该吸取《许国璋英语》的教训和《新概念英语》的长

处，做到"分析"和"积累"的有机结合。现在的阅读教学还是分析统治课堂。满堂讲和满堂问的本质是一样的，那就是肢解本应属于一个整体的文本，让学生只是孤立地记住一些语言知识和现象。对于分析，不是不要，而是要精当的分析、切中要害的分析、给人启发的分析。分析之后应留下充裕的时间让学生来消化吸收和积累语言。积累是重要的，所有的语言规律都在语言现象里，积累多了，也就自然能字字悟其神。

叶圣陶说："泛读是精读的应用。"成为英语专家的李阳说："精读是本，精读是源，没有精读作为基础的泛读是无源之水、无本之木。"学生有了从精读中得来的"情感""思想""认识""方法"的积累，读课外读物才能游刃有余，得心应手。李阳又说："仅有精读而没有课外大量的阅读做补充，那也是远远不够的。"他还说自己的成功就得益于大量的阅读。因此，语文阅读教学要增大阅读量，要让学生走出教室，走向生活，走向社会，好读书，多读书，不求甚解地读书。当然，不求甚解的最终目的是为了求甚解，只要读多了，理解自然也就水到渠成。人对语言有一种本身的渴盼和依赖。语言是主体，极具情境化特征，它总是和我们的具体生活情境相连。语言就是一种文化代码，语言就是道，掌握和使用语言就是接受一种文化的价值。语言构成的文本同人有异质同构的关系。因此，要强调把语言看成生命主体、生命整体，注重学生对语言的体验和感受，注重情感的真切投入，真正做到主体和主体的对话。如果不将精读和泛读结合起来，语文能力的提高将不可能实现。

许多老师为了提高孩子的成绩，就让学生拼命做题，结果题目是做了很多，学生的成绩却还是在原地打转。"疯狂英语"的创始人李阳曾经也是个被英语教学的"题海战术"折磨过的人，他考英语四级时也不及格。于是他改变学习方法，把词汇、短语、句式抄在小本上，认真记忆，后来开始大声读课文、背课文、复述原著。结果，他的英语能力突飞猛进。他的大声、流利、快速的朗读方式竟然影响了一个时代，这可能是他也没有想到的。

由此可见，题目固然要做，但前提是要读好书。对此，《语文课程标准》明确提出要少做题，多读书。在阅读教学中，应把朗读作为重要的手段和方法。张田若说："我以为一堂课教学成败的关键是是否让学生把书读熟了，用熟读衡量阅读教学很管用。"于永正干脆说："把门关起来，让学生一个一个来把书读好，这才是有效的语文课。"

《许国璋英语》的衰微、《新概念英语》的经久不衰以及李阳的成功等给我们的启示是今天的语文阅读教学需要把分析和积累、精读和泛读、做题和读书有机结合。

# 做 "无为" 的班主任

儿童的教育举足轻重。成长和学习正是儿童的自我世界形成的过程。儿童的成长和他们的世界息息相关，在他们还没有和周围世界形成复杂关系的时候，我们给了他们怎样的教育，他们就会成为怎样的人，自私自利或富有爱心，敢于冒险或谨小慎微，浮躁或安静，幸福感或失败感，情感细腻或粗枝大叶。

从工作到现在一直在做班主任，做了十几年了，我经常会想以后学生会怎样看我这个老师，是恨我，还是感激；是印象深刻，还是一片模糊。同时我带学生的感受也在慢慢变化，这个变化让我对学生有一种越来越深的愧疚感。

一开始带班级，最想做到的是风平浪静，即使有些个性鲜明的学生身处其中，也不要影响整体。初为人师肝火大，眼睛里容不得沙子，带着恨铁不成钢的情怀。后来竟然很快就做到不生气了，方法很简单，每带一个新班时，我会跟学生讲一个故事：一个母亲带孩子到百货商店，经过玩具部，看见一匹木马，孩子一跃而上，前摇后晃，再也不肯下来，那木马不是为出售的，是商店的陈设。店员叫孩子下来，孩子不听；母亲叫他下来，他加倍不听。最后一位聪明的店员建议说："我们不妨把店主请来解围。"店主从八层楼下来后，问明原委，轻轻走到孩子身边，附耳低声说了一句话，那孩子便像触电一般，立刻下了木马，牵着母亲的衣裙逃去。事后有人问店主到底对孩子说了什么话，店主说："我说的是：'你若不下马，我打碎你的脑壳！'"学生是非常聪明的，他们非常清楚老师的用意。我就是店主，当威吓不成的时候，我还会做些杀鸡给猴看的事。这样一来，基本上可以高枕无忧了。因为他们知道老师可不是说着玩的，而是动真格的！

学生也是很清楚老师手里的"大棒"的，他们大都偃旗息鼓，不敢造次。老师就是老师，学生就是学生，这就是我想让学生心里清楚的。我经常为此得意。从没有考虑过我的所作所为是否都合情合理。我只是站在我的角度做了一厢情愿的处理，像是真理的代言人，忘记考虑一下学生的真实感受。我忘记了学生委屈的泪水，忘记了学生敢怒不敢言的表情，忘记了学生失望的眼神，忘记了在路上相逢时学生的畏怯……有一天，我的茶杯不见了，明明是放在教室的桌上的。后来我发现不知道是哪个学生把它放到抽屉里了。有一天，我发现我的教科书也莫名其妙地不翼而飞……这些小小的细节告诉我学生在默默地抵抗，他们不愿意面对这样的老师，也意味着他们对我的所作所为的彻底否定。我慢慢明白了没有完美的学生，没有不犯错的学生，没有毫无缺点的学生，做班主任要懂学生，要有宽容的情怀。

　　我开始尝试另外一种带班级的思路，那就是成为他们心目中的领袖。如何能成为领袖呢？那就是让孩子喜欢上我的课，进而喜欢我这个带班的老师。我精心准备每节课，尽量让课堂精彩起来。确切地说，这个思路有了一定的效果。我先读了大量的童书，然后向学生介绍，再帮他们购买。班级里掀起了此起彼伏的读书热潮。每当我给学生介绍经典的儿童书籍时，我感受到了学生眼中的对老师的真诚敬意。我真的有些陶醉了！我又趁热打铁地引导他们写日记。在学生的日记里，我吃惊地发现了尽管他们是小孩子，但是内心世界却如此丰富。童言无忌，他们用真实的文字宣布我根本不是他们心目中的领袖，而是"喷水壶"（说话唾沫横飞）、"一直不会笑"的人……我也慢慢明白了原来他们不需要领袖，而是作业再少一些就好了，乒乓球台要是在中午也开放就好了，一个月的常规拼比最好能得几次奖，体健课不要总在教室里上……只要公平、合理，他们就满意了。

　　最终，我找到了第三条路。我觉得还是要做严格的老师，但是依靠的是和学生们一起商量好的班规。班级里不需要强权者，也不需要领袖，最需要的是一个好的班规，需要一位有策略的严格执行合理班规的班主任。这个班规要切合学生最基本的利益，让他们觉得班级是个公正、令人愉快的地方。班规由大家来定，无论定多少条，都让全体师生觉得合情合理。

"用哪只手打人的，那只手就失去一天自由""不准在教室里吃东西，否则就要在班级里为大家唱一首歌""不准乱扔纸屑，扔的同学要写 200 字的说明"……诸如此类的形形色色的班级规定出来了。班级里的学生都是班级规定的遵守者和监督者。表面上看有些规定真的是天真可爱，学生却非常乐于接受和遵守。我发现如此一来班主任反而越来越清闲了，以至于有些多余了。小学生们乐于服从的不是强权，也不是领袖，而是公正、合情合理。

# 情绪之流不可断

　　人非草木，孰能无情。人们爱上阅读，有时是在寻找感动，寻找共鸣。一部作品是作者思想、技巧、情感、知识的积累，但最能动人心魄的是情感。看山则情满于山，看海则情溢于海，任何事物在审美的折射中都有了一缕情、一抹色。没有情感之流的作品如干瘪的"枯花"，面目可憎。

　　"情动而辞发。"在文字的背后，读者能感受到作者的喜怒哀乐。读过鲁迅小说作品的人，一定会有一种压抑感，对他所塑造的人物的命运久久不能忘怀。作者在咸亨酒店里笑着孔乙己，在鲁四爷家里听祥林嫂讲儿子被狼吃的悲剧，在鲁镇看到了麻木不仁的闰土……他没有宣泄自己的情感，相反他在节制自己的情感，自己的呐喊、彷徨之情都默默地流动在白描的叙述中，而读者也分明透过冷峻的语言感受到了那颗炽热的心。

　　一部好的作品无需分析，读者循着它的情感之流便能深入作者的心灵世界。由此我想到了课堂教学。文似看山不喜平，我也想说"课似看山不喜平"。语文课上的无味、无趣，那是因为学生未能与文本中的作者心心相印。"披文以入情"，只有触摸到了作者的情感才能体会他的内心世界。学习冰心的《只拣儿童多处行》，就要循着冰心的情感走。她是寻春天的，她在颐和园门口看到了仿佛从魔术匣子里飞出的孩子们就进了颐和园，又在北海看到了成群的孩子在泛舟，游廊边坐着朝气蓬勃的孩子，散发着太阳的气息。最后她在白塔下发现了一株开得正旺的海棠树，迸发着无限生命力。而海棠树边早已聚集了一群活泼天真烂漫的孩子。她灵光一闪，自己苦苦寻找的春天不正是这些孩子吗？只要有孩子的地方就有春天，孩子就是最美的春天。循着这条情感之流，我们的学生就更深刻地体会到冰心对孩子的真挚的爱，就能更好地走进冰心的爱的世界。

《如梦令》是李清照的一首脍炙人口的名作，作为小孩子能理解她的心境吗？带着这样的疑惑我走进课堂。"常记溪亭日暮，沉醉不知归路。兴尽晚回舟，误入藕花深处。争渡，争渡，惊起一滩鸥鹭。"带着学生读了两遍文章，学生就基本知道词的大意了：词人喝多了酒，找不到回家的路了。赶快划船，惊飞了一群鸥鹭。我说："的确，就这点事却让这首词成为经典。这里面有怎样的魔力呢？"学生看我如此煞有介事的样子，也不知道我到底会带给他们什么。"大家先想想词人为何找不到回家的路了呢？"我抛出了第一个问题。"沉醉了嘛，说明词人喝多了！"小惠首先发言。"文中有一个词叫'日暮'，天色已经晚了，所以看路就费力了！"小宇接着说。我点头表示赞同。"大家和朋友喝过酒吗？"我笑着问。大家面面相觑。"那总在一起喝过可乐的吧！"大家纷纷点头。"朋友在一起一定做大家喜欢做的事，大家想象一下，作为词人的李清照在溪亭这里是怎样度过这段时光的呢？""一定是和朋友们吟诵诗词的。""和朋友们唱歌的！""还和朋友们一起欣赏美丽的夏日风光！""还会开怀畅饮……""快乐的时光就这样不知不觉地流逝了，词人虽然很尽兴，却把船划到了藕花的深处，自己迷路了，看来她真的太贪玩了。你有这样因为贪玩迷路的经历吗？"我接着问。学生眼睛里放光，显得挺兴奋的。"有！"小浩站了起来，"我和小睿有次爬山玩就迷了路，我还掉进了山沟里！"全班学生大笑。"后来一个山里的大人把我们带出来了！""你当时的心情怎样呢？""急！""同学们可以想象一下，女词人可能比小浩更急呀，因为……""天已经晚了！"小浩抢着答道。"所以她要快点划船，越快越好，却惊起一滩鸥鹭。这时的她心情如何呢？"我问大家。"吓了一跳！""紧张！""害怕！""惊慌失措……""除此而外，就没有其他的感觉吗？"我有点失望地看看学生们。"也有点高兴！"小晨说，"因为她一下子看到了那样多美丽的鸥鹭！""对呀，这是惊喜呀！迷途上看到的美丽风景！有时美好的风景就在弯路上！"教室里安静了下来，我能感觉学生在默默地想着什么。

一节课的波澜正是文本的情感波澜。教师的煽情不代表课有真感情。只有让学生的情感与作者的情感交融到一起的课才能有真情实感。所以我倒觉得老师也要节制自己的情感，要善于把学生带进作者的情感世界，让他们自己去感悟、感动、共鸣。

# 情智语文的魅力

第一次听孙双金老师的课，他上得是《落花生》一课。孙老师在学生初读课文的基础上提了一个要求："读书贵有疑，请大家默读课文，把不理解的地方画出来，一会儿提出来，我们一起学习。"五分钟后，竟然没有一个学生提问。孙老师笑着对学生说："你们有没有不理解的词语呀？有就提出来，我最喜欢勇敢的同学。谁来第一个举手？"

这时，一个男学生非常小心地举手说："老师，'茅亭'是什么意思？"

"你是班上最勇敢、最聪明的同学，你提了第一个问题，了不起！请大家掌声鼓励！"孙老师把这名学生大大地表扬了一下。

"老师，'新花生'是什么意思？"第二名学生站起来提问了，孙老师又鼓励了一番。

"老师，'开辟'是什么意思？"第三名学生问。

孙老师又启发道："你们有没有不理解的句子呢？"

一会儿，一位女生说："'那晚天色不太好，可是父亲也来了，实在很难得'这句话我不懂。"

"你一下就找到了一个重要的问题"，孙老师把这句话用实物投影展示出来，"我想，这句话我们至少可以提出三个问题。"

一会儿，一位女生说："老师，在我们家里父亲和我们在一起吃饭是经常的事，为什么这家父亲出来'很难得'呢？"

"那天晚上天色不太好，父亲为什么也来了？"又一个有价值的问题出来了。

"父亲来就是为了吃花生吗？他还有什么用意呢？"

……

学会质疑是创新的开端，是启智的关键。爱因斯坦说过："发现一个问题比解决一个问题更重要。"古人云："学贵有疑，小疑则小进，大疑则大进。"语文课程标准要求学生对课文的内容和表达要有自己的心得，有自己的看法和疑问，并能运用合作的方式，共同探讨疑难问题。由此可见，学会质疑问难太重要了。

一开始，这个班级的学生不会质疑，可见学生平时缺乏这方面的训练。孙老师的做法是首先让学生敢提问，他鼓励学生大胆提问，无论提问的质量如何，他都给予热情的表扬和肯定，这样一来消除学生怕提问、怕受嘲笑的心理。正是在这样的鼓励下，坚冰开始"融化"，课堂的气氛慢慢变得活跃起来。

学生敢提问了，这只是敢于质疑的第一步，但是如何能提出有价值的问题呢？学生只是不停地提问不懂的词语。当学生具有思维定式和从众心理的时候，孙老师一边鼓励，一边交给学生质疑的方法，引导学生抓住关键的重点词语和句子。"那晚天色不太好，可是父亲也来了，实在很难得"这句话是文中非常关键的一句，孙老师引导学生多角度、多方位地提问，联系自己的生活提问，不是浮光掠影，而是刨根问底、由表及里。

在学生质疑的过程中，孙老师非常舍得花时间让学生来质疑，让学生经历实实在在的思考提问的过程，而不是一个匆匆走过场的形式。学生经历了一个由不敢问到敢问、由不会问到会问的过程。一个个有价值的问题在孙老师的引导下提出来。孙老师根据课文特点，寻找开读契机，他的循循善诱让人感受到了师生的智慧。

第二次听孙双金老师的课，听完之后，心底油然而生无限敬佩之情。这次他上的是《老人与海鸥》，他的思路很明确，一上课就开门见山地说："今天我们要学会读长文章的方法。"他的上课的思路主要是四个方面。一开始，他让学生来概括文章的主要内容，学生说得不错。接着，他让学生读课文，理清文章的思路。用一个字来概括，学生说的是：喂、谈、送、拌、悼、留。紧接着，他又让学生来研究文章的题目，让学生对文章提出自己的问题，又要学生用个词概括老人与海鸥的关系，要求是四个字的词。学生快速读课文后，用上的词语是：依依不舍、情深意切、相伴相随。这与文章的主题有关。然后孙老师又让学生来找文章的文眼，文眼在文章的重要句子中，学生在阅读文章后认为是情义。老师就让学生来围绕情义深入文本，学生一边读书，一边勾画反映老人与海鸥有情义的地方。在这个过程中，我感受到了情智语文的特色和魅力。孙老师的语言充满魔力，富有激情，诙谐的语言加上机智的点拨，课堂波澜起伏。他抓住了文章的细节处，如老人每天要走多长时间来海边喂海鸥，他为何要把食物放在围栏上，海鸥看到老人的照片是怎样叫的，那叫声似乎在说什么，当我们要拿走老人的照片时，海鸥又是怎样叫的，那叫声里又似乎在说什么。孙老师善于抓住"翻飞盘旋""饼干丁"这样的貌似平常的词语引导学生体会老人与海鸥的感情。情义被开掘后，学生的思维被激活了，情感被激发了，对文章的感受加深了。最后，孙老师让学生写了一个片段，题目是《老人心中飞翔的海鸥》。两个学生写得的确很有文采，孙老师用他浑厚的嗓音读出后，全场一片掌声，全场的老师都被老人与海鸥之间真挚的情谊所感动。

孙老师的课就是用简单的思路来引导学生的，效果出奇好，堪称经典之作。我有时想，孙老师的课的成功秘诀到底在哪里呢？是学生厉害？好像未必。是辅助手段高明？好像也不是，因为他的课件就是一点文字和图片。我想这节课成功的一个重要元素是文本的情感和师生的情感产生了共鸣。孙老师在这节课上带给学生的是真挚的情感教育。

语文课既要有浓浓的情，也要有沉思；既要有真情的流淌，也要有思维的火花。孙双金老师的情智教学就是着眼于发展学生情感和智慧的教学。孙老师着力于唤起学生沉睡的情感，点燃学生智慧的火花，让学生情感更真挚，智慧更灵动。

# 解读文本莫太深

　　读梁衡的《文章要当钻石磨》，了解到钻石的难能可贵之处在于加工打磨。澳洲有矿场，南非有矿场，同样是钻石矿，但南非的钻石远比澳洲的名气大价值高，究其原因，是澳洲的加工技术只能打出四十多个面，而南非的可打出四百六十多个面，面越多，折光就越多，无论从哪个细微的角度看，都能找到光彩夺目的感觉。这样的钻石自然十分珍贵。对于文本，教师的态度也应该如此，文本打磨和开掘的过程就是角度和文本深度跟进的过程。教师深入解读文本是前提，但我们在课堂中如何来引导学生解读文本呢？

　　听完玫瑰老师的《卖火柴的小女孩》，我心中有一个疑问，难道玫瑰老师是想让学生都成为耶稣的信徒吗？玫瑰老师课后说，她对文本的解读的原则是让学生有知识的增长、思维的深入，还有情智方面的落差。玫瑰老师的课可以分为三个层次：体会小女孩所处的现实的寒冷、冷漠、孤独、恐惧、痛苦；体会小女孩向往的温暖、满足、安宁、慈爱、快乐；再次体会小女孩所处的现实的残酷，体会出她的不抱怨、不责备、默默忍受。接着玫瑰老师引用了安徒生的话："幸福就是对清贫的满足、对苦难的承受，上帝和我们同在。"在整个教学过程中，玫瑰老师的教学艺术炉火纯青，师生关系水乳交融，连听课的教师也一起跟着走进了那美丽凄婉的童话世界，但是到了最后，玫瑰老师把学生引到了一个很陌生的世界，那就是基督教的世界。在玫瑰看来，这个卖火柴的小女孩是幸福的，因为她对现实的隐忍和对未来的渴望让她和上帝永远在一起，得到了永远的快乐。在课的最后，教师问了一个问题："同学们，童话结束了，天使飞走了，只留下你们。现实生活中的你们怎么办呢？"学生自然就会说："像小女孩那样忍耐，又对生活充满渴望，就会得到人生的幸福。"

这让我想起上一次玫瑰老师的课《丑小鸭》，她引导学生对文本细读的结果是引导学生做一个心怀谦卑而又充满理想的人，经历苦难，忍受痛苦，然后才能功德圆满。如何来理解这个谦卑呢？玫瑰老师联系到了作者本人，作者虽然获得了巨大成功，但他仍然谦卑。无论是卖火柴的小女孩，还是丑小鸭都带着浓浓的作者自身的烙印。

我总觉得当玫瑰老师向学生点化这样的主题时，学生会有点不适应，说实话，我都有点吃惊，不相信，我不知道学生有怎样的感受。我想，文本永远不属于作者，不属于一个时代和国度，它属于整个时代和人类。每个时代和国度的人都会有自己的理解。将文本细读到一定要让学生抱有怎样的信念，可能未必合适。因为文化的背景不同，要学生信仰宗教和骗他们没有区别。随着年龄阅历的增长，他们的心中会有自己的对卖火柴的小女孩的理解的。学生会在自己的经验上构建自己的精神世界，教师脱离学生生活的文本升华有时是美丽的徒劳。

不能把教师的理解一股脑儿地全强加给学生，也不能为新而新来深度解读文本。一位教师的报告中讲了一个细节，那就是贾岛的"鸟宿池边树，僧敲月下门"。那位老师说："'鸟宿池边树，僧推月下门'是贾岛的好句子，因为自己想到的是不能因为他的敲门影响了鸟。他是僧人，所以强调众生平等。而'鸟宿池边树，僧敲月下门'中也有韩愈的功劳，因为他考虑的是对人的礼貌，对人的尊重。"我想这种文本解读不能强加给学生，因为学生的生活积累还没有到那个程度，这样的解读不适合儿童。

薛法根老师说："在解读文本的时候要将自己当成一个儿童，就会在阅读的过程中产生许多好奇的问题，沿着这些问题，你往往会有许多独到的发现。这样的解读，我们就会发现适合儿童阅读、适合儿童学习的最有趣、最简便、最有效的途径。"很显然，文本解读的程度要适合学生的年龄和心理特征。刘发建老师在谈到对鲁迅的作品的解读时说："不识鲁迅的童心，哪识鲁迅的童文？"《从百草园到三味书屋》中，鲁迅开篇就写到百草园已经卖给了朱家的子孙，而在文章的最后他念念不忘自己所画的一本绣像，似乎一个偌大的百草园远不及一本绣像。细细品味就会发现这本绣像是鲁迅在课堂上偷偷摸摸地背着老师画出来的。即使岁月荏苒，作者也不能释怀。因为他的那颗童心依旧！带着这颗童心，我们就会发现《少年闰土》中的那个有着住在只能看见四角天空的院子里的孩子多么渴望去海边看"跳鱼"、拣"鬼见怕"，到雪地里去捉鸟，到油黄的月亮下的瓜田里去刺猹……带着这颗童心，就会明白《社戏》中那个"鲁迅"为何觉得一生最好看的戏和最好吃的罗汉豆都是在那个皎洁月光、带着水汽的夜晚里。因为这是他美好的童年记忆，是他人生的黄金时代，作者那颗童心没有泯灭！的确，如果一个语文老师没有童心，就很难在课堂里生发出语言文字的魅力。如果我们不愿意蹲下来读一读课文，就很难发现文本中飞扬的童心。

我想无论是西方文学解读文本的一个词一个句的研读，还是东方的咬文嚼字，都应该有一个度。不能没有童心，不能离开学生的年龄特征和生活经验及文化背景。深度解读的前提是以学生为本。

# 细节处见教师的专业智慧

教育是门专业，有了教师的专业化发展才能有高效的教育质量。何为"教师专业化"，顾明远教授提出，对教师专业性问题，国内外有许多研究，归纳起来有这样几点：1. 有较高的专业知识和技能；2. 经过较长时期的专业职业训练，掌握教育学科知识和技能，并经过"临床"实习；3. 有较高的职业道德；4. 有不断进取的意识和能力。概括得简明扼要，我想，现实中的许多一线教师是具备这样的条件的，但真正能做得很好是不容易的，因为教育教学成效是靠一个个教育细节达成的。

我最近在看王晓春老师的《教育的智慧从哪里来》，那上面的案例很多，王老师的分析和对策也比较详尽。姑且不谈是不是能在现实的教育实践中奏效，单是那种对待问题的眼光和思维方法就很有价值了。王老师细致入微地分析了学生的问题，用了科学的态度、科学的方法，在我看来，这就是教师专业化的体现。"发现问题——分析问题——促使学生的成长""看到现象——进行教育——达到教师的目的"，这是王老师提到的教师在遇到学生的问题的两种思路，前一种思路的主线是"问题"，后一种思路的主线是"管理"。有时想来，教师之间的区别也许就在于这两种不同的思维。反思型教师就是习惯"审视自己思维方式"的教师，这样的教师才能成为真正的专业人员。管理型教师注重立即解决问题，粗枝大叶地对待问题，对很多需要关注的细节熟视无睹。当王老师碰到学生的问题时，他会问："1. 孩子几年级？2. 在幼儿园的表现怎样？3. 家长的职业是什么？家庭经济情况怎样？4. 孩子是谁带大的？5. 父母的关系怎样？6. 孩子平时的爱好是什么？7. 孩子平时的梦想是什么……"有了这些翔实的材料后，王老师才分析并且给予对策，往往对策有好几个，然后根据效果进行调整，这才是专业的教育。王老师对医生和教师的职业的区别谈得很深刻。医生走"研究"的道路，老师走"管人"的道路。时间久了，医生就会有自己的"一招鲜"，而老师呢，就成了"教育打工仔"，各自有不同的命运。

再看我们的课堂，热闹、小手林立的课堂就一定是成功的课堂吗？这是我一直疑惑的问题。如果一节课没有安静的时候，就是一场老师和优秀学生的对话秀，那这节课的意义在哪里呢？有一个数学老师接手一个成绩很弱的班级，但是他很快就把这个班级的数学成绩提上来了。别人问他诀窍，他说："这个班级之所以成绩弱，就是因为学生喜欢插嘴。几个学生一插嘴，其他学生就不思考了。"细心的老师会发现，后进生越来越落后的一个重要的原因是优秀学生在课堂上"称霸"，剥夺了后进生思考的空间，他们已经没有思考的余地了，后来干脆就不愿意听了。这与热闹的课堂对话很有关系。课堂教学的对话环节能不能不急着让学生回答，给全体学生，尤其是弱的学生一点时间思考。这就是细节之处，它能体现教师对师生关系的一种理解。对于课堂教学，教师是追求高峰体验的。教师在课堂教学中的幸福感很多时候在课堂的精彩生成上。于漪老师说："老师在课堂上是最美的！"我想也是指沉浸在精彩创造的快乐的那一刻的教师。教师自然喜欢自己的课堂波澜壮阔、惊心动魄，但那是可遇不可求的，也不是任何一节课都会高潮迭起。教师所要做的还是精心设计每一个教学环节，至于这个环节达成如何，那是不能强求的。细节的达成程度和学生状态关系密切。即使是最优秀的老师也有发挥失常的时候。而且我发现不能一味地去追求这种课堂的波澜，课堂也需要默读、沉思、写作。在课堂教学的实践中，一旦学生停下来写、安静地默读、思考，课堂的氛围就会变，变得静如止水，这好像是上课的大忌，但是学生经历了学习的过程，课堂褪去了浮华，显现出了自己的本色，反而比追求亮点的课堂有价值。学生的成长真的是靠一二节精彩的课吗？我想肯定不是。在每一节课中有一点收获，就可以了，这也算是对课堂中学科的一种理解。

教育教学现象是扑朔迷离的，然而经过科学的分析后一定会找到正确的方法。教育教学不需要豪言壮语，不需要煽情，不能蛮干，不能任性，需要的是理性科学地处理好每个细节，因为教师的专业智慧呈现在一个个教育教学细节中。

# 由 "两次感想文" 想到的

今天看到了一组关于日本的阅读教学"两次感想文"的文章，很有感触。应该说我以前一直疑惑的问题在这篇文章中找到了一些答案。在日本中小学里，每篇课文教学都有写读后感的要求。

"两次感想文"的基本程序是：初读课文，交流初读感受，写下要点；深入阅读，形成感想，整理观点。日本的学者认为初读后的感想文单纯、质朴，是完全建立在学生经验上的率真感受，必须给予高度重视和利用。只有这样，才能为下一步的阅读打下基础。没有学生的初读感想的阅读指导，根本不能成为有效的阅读指导。教师以学生的初读感受设计问题教学。日本国语课的读后感一般分两次写。第一次称为"初发的感想文"，属"初读"课文后安排的一个环节。对第一次感想文，有的要求成文，有的不要求成文，只写出提纲、提出问题就可以了，这些问题往往就成为课堂教学的重要依据，日本教师往往以学生在"初读感想文"中提出的问题为线索来设计阅读教学。"第二次感想文"是学生在课文讲读讨论以后写的感想文。这一次写感想文是读写结合的重要作业，也是这一单元学习考查的重要内容，因此要求比较严格。一般要求学生写完后用正式稿纸誊清。初读课文后组织学生交流阅读感想，讲读后再一次组织学生写感想文，已成了日本中小学语文教学必不可少的环节。

现在的教师比较轻视第一课时的教学，有时会草草收场，直接进入精读阶段。原因是第一课时的确很乏味，有位同事说她从来就不上第一课时，太无聊。学生对于第一课时也觉得提不起精神，不就是读书吗？所以真的很少看见有老师以第一课时作为公开课的或者说第一课时上得很精彩的。对于语文课而言，第一课时其实是非常重要的。它是对学生预习的一个检查的过程。对于语文课的预习,我们还没有给予充分的重视。预习是培养学生独立学习能力的唯一机会,学生的自学能力可以体现在预习的水平上。新教育的一项关于预习的科研成果呈现在干国祥的新著《理想课堂的三重境界》中。预习的落实可依据不同的学情以及教师时间的实际在家中完成,或部分放在课堂上完成,让学生依据要求独立学习,以保证预习的质量。事实上,预习应该是教学的重要组成部分,完全可以是课堂教学的一部分。所以预习作业全面针对教学目标,而不仅仅是为教学做一些基础准备。新教育预习作业要求引导学生细读文本,直指重点,让学生带着独立的观点进入课堂。我一直都在想应该在第一课时的某个环节加上一个步骤,那就是让学生说出或者写出自己印象最深刻的地方和自己不懂的地方。说出印象最深的地方就是"读出自己",说出不懂的地方就是"读出疑问"。如果学生在初读课文时能够"读出自己""读出疑问",那么这样的初读会为下一步的精读奠定基础。学生的生活经验、知识积累是不同的,个性也是有差异的。因此他们的初读感受也是有深有浅,有表面的,有本质的。所以教师的精读指导如果没有学生的初读反馈作为基础,很难想象教师会有先见之明,会洞察每个学生的内心世界。我们的阅读课竞赛喜欢让教师借班上课,但教师的备课主要是备教材、教法备学生。备教法的前提是备学生,现在面对的是群陌生的学生,老师的备课难道不是无源之水,无本之木吗?不排除有的老师境界很高,能够随机应变,因势利导,但这毕竟是少数。所以借班上课未必就是科学的。一节课,预习成则课堂成,预习败则课堂败!"第一次感想文"则是预习的成果体现。

"第二次感想文"就是学生把讨论后的感想记录下来。这次感想是读写结合的重要作业,也是考查学生的学习效果的重要内容。教师会将这份作业保留下来,作为今后教学的依据。我们的精读过程非常重视学生个性化的理解,但忽视了一个层面,那就是倾听同伴的观点。课堂上经常会发现学生爱举手发言,但是他们不太愿意听取别人的观点。佐藤学在日本观课二十多年,他提出了一个重要的观点,那就是构筑"倾听的课堂"。佐藤学认为倾听"异向交往"的话语尤其重要。教师在讲台上授课时,不管怎样,总是容易按自己的思路来听学生的意见。与教师的思路岔开的"异向交往"的话语由于是教师难以了解的发言,所以特别容易被忽视。而一旦被教师忽略或排除在外，那个学生就再不会第二次发言了，因为无论谁都喜欢被肯定，而不愿意受到伤害。可以说，倾听"异向交往"的话语非常重要。倾听同伴的发言、结合自己的学习感悟写出的感想文自然反映了自己的学习的效果。学生的"第二次感想文"是学生学得的物化成果，也是教师研究课堂的重要的一手材料。

我觉得把感想文作为教师组织教学的依据和线索是很有价值的。感想文贯穿于整个阅读教学过程，体现了读写结合的理念，每一次阅读过程就是一次练笔的过程。感想文也充分体现了学生的主体性，学生表达的是课堂学习的理解和感受。"两次感想文"带给我们的启示很多。

# 阅读课的三大法宝

今天参加了第三届全国苏教版课堂教学大赛的听课活动，一共听了 7 节课，总体的一个感受是，7 节课非常相似。这些课在教学方法方面给人印象深刻的是引导、体会、配乐诵读。

首先谈引导。《天鹅的故事》是一个感人的故事，尤其是老天鹅破冰的过程是重点。教师如何引导学生来学习这一部分呢？教师直接出示了"腾空而起""胸脯""像石头似的""重重地扑打"等词语，这些关键词语直接出示的一个好处是为进一步体会老天鹅的奉献精神作了铺垫，但如此出现有些突兀，并且它代替了学生的思考。如果教师不直接出示，那么学生要花多少时间才能找到这些词汇，才能配合教师顺利完成教学任务呢？但学生的思考过程会引起课堂的沉闷，也可能会花不少的时间，所以老师就干脆越俎代庖了。引导的痕迹还出现在教师自己标示的红色字体上，虽然教师没有说重点，但红色的字体已经暗示了学生，默默地做了引导。引导的痕迹还出现在教师直接让学生看一部分内容，并让学生说明从这一部分内容中看出了什么。学生在一段话中寻找信息，自然很容易找到答案。从一个普通的一线教师的角度来看，引导的痕迹越重，学生的头脑越容易成为教师思维的跑马场。学生亦步亦趋，完全没有舒展、从容的感觉。《学记》中说："道而弗牵则和；强而弗抑则易；开而弗达则思。"引导学生而不牵着学生走，师生关系才会和谐融洽；引导学生而不推着学生走，学生就会感到学习顺利容易；引导学生而不代替学生达成结论，学生才会独立思考。

体会是学习语文的基本方法。本次耳闻目睹的几乎都是"你体会到了什么""从这段你感受到什么""你觉得这两个词语哪些地方不一样"

之类的问题。《九寨沟》第三段用短短一段文字描绘了"平湖飞瀑""五花海""五彩池";《厄运打不垮的信念》中很简要地写了谈迁重新写《国榷》，就是这样的段落，老师竟然耗了几十分钟让学生谈体会，真有一种刨根问底求甚解的精神。我真的很佩服这些老师和学生，这样短的文字能对话那样长的时间！孙绍振说："在语文课堂上重复学生一望而知的东西，我从学生时代就对之十分厌恶。从那时我就立志，有朝一日，我当语文老师一定要讲出学生感觉到又读不出来，或者认为是一望而知，其实是一无所知的东西来。"小学生的体会毕竟是有限的，谈谈自己的体会也是没有问题的，但教师言简意赅的精讲也很重要，没有必要让学生重复浅显的理解。陈忠实的《青海高原一株柳》是篇理解起来难度很大的文章，那位教师带着学生走进了文本的世界，那是节很让我感动的课，也是一节学生和老师在课文情境中产生共鸣的一节课。但"命运给了它九十九条死亡之路，它却在一线希望之中成就了一片绿洲"这句话是脸上如青海高原一株柳一样有着"生锭铁色"的饱经风霜的陈忠实的人生感悟，教师如何能让如含苞待放的花蕾来和自己心灵相通呢？所以尽管孩子们说得头头是道，我不觉得他们真正体会到了什么。如果真的体会到什么，我也觉得那也是虚假的。叶圣陶在他的教育文集中主张求甚解，他认为就理解方面而言，求甚解是得到一种知识；就运用方面，求甚解是养成一种习惯。这两方面应连成一体。就是说，理解是必要的，但理解后必须能应用。语言文字学习出发点在知，而终点在行，到能够行的地步才算有这种能力。这里的行是养成一种习惯。在语文课堂上，如果过度谈体会，就只是重视了文章的理解，而运用语言的实践被冷落了。

配乐朗读是本次赛课的一大法宝。我想如果《槐乡的五月》《青海高原一株柳》《黄鹤楼送别》等课文如果没有配乐，课堂的亮点不一定会出现。现实的情况是只要配乐一出来，学生和老师声情并茂的诵读一出来，的确很能动人心弦，它的作用就像一道菜中的佐料一样。家常菜中不可能天天用这样的佐料，而且用得多了，吃的人就麻木了。当我听到第七节课又出现配乐朗读的时候，我出现了审美疲劳，我有点坐不住了！

语文课的核心是读和写。周国平说，如果他是语文老师，他就做两件事情：读课外书、写日记。我们为何要那样为难孩子配合我们猜我们心中想什么？我们为什么要为难自己搜肠刮肚地想如何把语文课上得顺风顺水？我想真正精彩的语文老师可能自己首先做一个个多读多写的人，然后引导学生做一个多读多写的学生，这才是语文老师的法宝！

# 由学习"怎么教"想到的

　　吉春亚老师来学校讲学，这是她第二次来讲学。上次来的时候，她带来了非常精彩的阅读课和作文课。这次是学习研讨。吉老师是我非常敬重的老师。张文质老师曾经有句名言："好的老师看上去要比实际年龄年轻。"她就是这样的典型代表。更何况她著作等身，讲座、上课样样精通，走遍大江南北，而且还有难得的好身体。她说自己的身体是北京所有特级教师中最好的，就这一点，我的敬意就又多了一层。

　　她讲了语文课如何定标。语文课如何来定标呢？她觉得有四个依据，课标、单元计划、文路、学路。我十分赞同她确定教学目标的细节的规范。基础目标、能力目标在前，情感目标在后，或者在其中。基础目标要可见、可测、可衡量。目标既要陈述教什么，还有怎么教，也就是说教的方法也要渗透其中。目标定好了，教师不但对教什么非常清晰，而且教的基本方法也清楚。我相信定标不是件非常难的事情。王荣生老师就是站在语文课教什么的角度来写《听王荣生教授评课》这本书的。他对一节课如何定标有更多详细的阐述。

　　对于一线教师而言，更重要的问题是怎么教。吉老师在谈如何达标时，列举了词语教学，阅读教学、细致到段的教学、句的教学，在她看来，恰如其分地设置环节能艺术化地达成目标。比如她讲了一个比喻句的例子，具体的环节是找读比喻句，找比喻词，体会本体喻体，再在文本的环境中来写一句比喻句。从她列举的教学案例你的确能感受到吉老师是能艺术化地达成目标的，而且她的课有浓浓的语文味。她还让教师当场写一个达标的小案例并给予指点。这样的指点非常多，教研员、特级老师、专家都会给予教师指点，但我确信这些指点很多时候效果都不太明显。"怎么教"是很难手把手教的。"怎么教"是个教学方法的问题，体现出个人鲜明的风格。在生活中，我们却能悟到一些与教学方法相关的现象。

曾看过一幅漫画，题目是《只有这样你才肯喝水》，画的是一位爸爸用水枪往儿子嘴里挤水，儿子兴奋地用口来接。漫画挺耐人寻味，同样是水，为何放在杯中孩子就不愿喝，而用水枪就能达到目的呢？内容重要，方法也重要。人们喜欢周星驰的电影，那层出不穷的无厘头让人忍俊不禁。据说他刚出道时一本正经地演戏却一点也不受欢迎。换一种形式大受欢迎，还获得了"喜剧之王"的封号。有人说他的电影不能登大雅之堂，只能是种消遣，没有思想，但我看了他的电影都有些感动，那一张夸张、搞笑的脸的背后有他自己对艺术、人生的理解。当他收敛了笑容，你觉得他的滑稽只是他表达思想的一种形式。他的作品让很多人泪流满面。《少林足球》是多么有创意的一部电影。少林功夫是神秘、古老、中国特色的，足球是大众的、国际的。它们怎么能扯到一起呢？看过这部电影的人一定跟我一样佩服他的才华，他让这些风马牛不相及的东西融在一起，把中国的国粹以一种新形式包装起来，呈在世人面前，让人心悦诚服。你难道能否认他不是用足球把中国功夫顶到更宽阔的天地了吗？这部电影在西方获得成功，何尝不是对国粹的一种宣传呢？谁能说它只是单纯的搞笑呢？

电影表现手法需要创新，同样，教学方法也需要创新。我想很多孩子之所以不喜欢课堂，觉得它枯燥乏味，是因为课堂教学形式太古板了，又一成不变，没有一点魅力。如果善于创新，我想一定会有课堂教学的新境界。

我家屋子前面的山叫求雨山，山不高，树很老，纯粹就是一个晨练的好地方。我观察到一个现象。每天早晨，我几乎看不见年轻人，来锻炼的是清一色的老人。老人是跑不动的，但这并不妨碍他们进行有效运动，倒退走的、舞剑挥刀的、急走的、转呼啦圈的、爬树的、攀藤的……我还算是个年轻人，还可以健步如飞，但锻炼未必就是剧烈运动。只要能达到锻炼、舒展身心的目的，每个人都可以找到适合自己的方法，大可不必强求步调一致。我想教学方法可能就像医生工具箱里的各种医疗器械，就像理发师挂在腰上的那一套齐全的理发工具，只有在特殊的环境中、特殊的情境下，才需要有恰如其分的方法。发根处的绒毛需要用剃须刀，这时候其他的理发工具就不起作用了。方法适用时才能称为方法，其他的时候只能算是个冷冰冰的工具而已。学生的差异的丰富性是毋庸置疑的，因此只用单一的教学方法注定是要失败的。

优秀的教师凭借其深厚的教学理论素养、独特的教学经验、个人品质、能力修养和教学机智，使得教学方法达到艺术的境界，形成了自己独特的教学风格甚至是教学流派。确切地说，一节课的教学方法十分重要。如果教师只是学习名师课堂教学方法的一鳞半爪，显然是在模仿别人，缘木求鱼。你学到了一个名师的一个方法，但你学不到名师的素养。

## 向课堂细节处漫溯

责任的重量

是疏导而不是堵塞

适当的 "惩罚"

语文"激发式导入"的妙处

求精要,求层次,求曲折

向课堂细节处漫溯

看不见的比看见的更重要

身边没有风景

新来的老师给我们的启示

……

# 责任的重量

一

周三的早读，学生们和往常一样在教室里读书。一位低年级同学突然站在教室门口说吴老师要找小王子。小王子好像意识到什么，立即站了起来，温顺地出去了。我看他的神色不对劲，就跟着他下了楼。吴老师站在一年级的教室门口，神情严肃。她一见到小王子就问："你踢了我班的小月？"小王子一脸无辜的样子，理直气壮地说："是她先推我的！""她是班里最弱小的，才几十斤，她推你一下有多重呀！你这一脚踢上去，她怎能受得住呀！"吴老师显得很激动，脸都红了。小王子自知理亏，埋着头，不说话了。吴老师回过头对我说："今天小月家长打电话来说孩子被人往背上踢了一脚，早晨胸口又疼又闷，已经到医院拍片子去了！结果不知道，我现在就是确认一下是不是小王子干的。"听了这番话，我的心情沉重起来。小王子家里的经济情况不好，他的爸爸没有劳动能力，属于政府补助的低保户。他呢，有些不懂事，爱在书上描加菲猫，一到集体演唱的时候，他一扯嗓子，全班就跟着跑了调了，叫人哭笑不得。我示意让小王子先回教室上课，等结果出来再说。

那天上午，我一直忐忑不安。中午的时候，电话响了。吴老师说："小月回来了，还好，没有什么问题。"听到这句话，我如释重负。我带着小王子又来到一年级的教室，见到了长得瘦弱的小月。我把两人带到桂花树旁，学生大都在睡午觉，校园很安静。

"小月，小王子为什么要踢你呀？"我轻声地问。小月一看见高大的小王子，显得有些恐惧。"我要下车，他挡着我，我就推了他一下！"小月的声音很微弱。"他让我过去了，等我快要下车时，他在背后踢了我一脚！""小王子，是这样吗？"我问小月旁边的小王子。"是的，车上的学生说我被一个一年级学生欺负了，所以我才踢她的。"小王子一脸无辜的样子，好像他也是无奈才这样做的。

"那你现在觉得你做得对吗？"我问。小王子瞥了小月一眼，埋着头说："小月家离我家不远，以前还在一起玩过呢。我从来没有打过她。""以前小王子还带我玩过堆雪人、砸雪球呢。"小月一说到玩，声音似乎高了许多。小王子爱玩，大家都知道，能说话的小孩都能成为他的朋友。"你啊，就怕说别人欺负你，结果你却欺负弱小的朋友了！"我拍拍小王子的肩膀，让他抬起头。"那你说该怎么办呢？"我想试探一下小王子。他的眼圈有些红了，对身边的小月说："对不起，我不该踢你！""这样吧！既然你家离小月家不远，今天晚上就和你的家人到小月家去道歉吧！要为自己的行为承担责任！"我看小王子这样的道歉还是比较单薄，即使他现在已经很后悔了。

下午，我给小王子的爷爷打了电话，说出了事情的原委。那是位很通情达理的老人，他立即答应赔偿医疗费用，并且带小王子去小月家道歉。

第二天下语文课，我把小王子拉到跟前问："你们去小月家道歉了吗？"小王子不好意思地点点头。"怎样道歉的？"我迫不及待地问。"爷爷把医疗费付了，我把自己的四本《加菲猫》送给小月了，那是她以前最想要的。"我被他逗乐了。"以后还欺负小月吗？"我笑着问。"不会的，爷爷说要我以后天天带着她回家。"小王子憨厚地笑着，似乎一切没有发生过。

## 二

早晨一进教室，小明和小宇都气呼呼地站在那里，桌子翻了，书也散了一地。

我把两人叫到走廊，问："你们一大早是怎么回事？"

"老师，是小明先把我的书扔到地上的。"小宇先发制人，怒气冲冲。

"不是的，陈老师，我走路不小心撞到他了，他就把我的桌子推翻了。"小明也不甘示弱，显得理直气壮。

"我推了他的桌子，他就打人了！"

"我没有，有人可以作证！"

面对小明和小宇，我不知道说什么好，已经是六年级的学生了，经常为了些鸡毛蒜皮的小事纠缠不清。他们一有矛盾就等着老师来解决，好像老师就是个调解员。

"好了，你们俩已经不小了，以后自己对自己的行为负责任，自己的问题自己解决。"我指了一下教室地上的桌子和书，"你们去收拾一下！"

两人都有点意外，迟疑了一下，都去收拾残局去了。

中午，刚吃过中饭，小晨又匆匆忙忙地跑进了办公室："陈老师，小明和小宇又打架了，小明的头上还有个包呢。"

等我走进教室，两人和早晨的情形有些相似，好像是等着老师来做裁判呢？我看了看小明的头，果然上面有一个包。小明委屈地看着我，好像这次他是真理在握，都是小宇的错。

"小宇，你带小明到校医室去检查一下，看有没有问题！"我克制住自己的情绪，平静地说。

"老师，我手上还有两道抓痕呢。"小宇伸过手让我看，他的手上有一道抓痕还挺深的。

"你们两人的事自己解决！"我的语气很坚定。

两人都有点失落地走出教室。过了近半个小时，两人回来了。小宇的手上已经贴上了创口帖，小明的头上也涂上了紫药水。

"医生怎么说你头上的包的？"看着小明的头，我真有点哭笑不得。

"医生说不要紧，就是会疼好几天，用个熟鸡蛋揉几天就好了。"小明有点泪丧，他觉得这次吃了亏了。

"陈老师，你能给我爸爸打个电话吗？叫他……"小宇带着恳求的语气对我说。

"你自己回去说吧！"我打断了他的话。

小明本来也似乎想讲点什么，看小宇吃了闭门羹，也就不说话了，两个人下午都是一副忧心忡忡的样子。

第二天早读课，我把两人叫到走廊里，问："昨天的事你们俩怎么解决的？"

"我妈妈买了一盒子鸡蛋送给小明了！"小宇连忙说道，似乎如释重负，"老师，昨天是我不对，我不该抱着小罗去撞小明。"

"我也不对，我不应该扔你的笔袋，把你的钢笔弄坏了！我跟爸爸说要赔你一支新的，他答应了。"小明的头上的包似乎真的大了些，不过讲话倒是出奇通情达理。

我笑出声来，问道："你们的家长批评你们了吗？"

两人对视一笑，都没有说话，看来也是受教育了。

"如果你们能换个角度多为别人想一想，你们就会成为真正的好朋友了！"

学生需要宽容，海纳百川，有容乃大，但宽容之后还需要承担责任。责任是沉重的，反省也会是深刻的。让学生为自己的过失去道歉，去弥补，去付出，甚至去承担义务，何尝不是一种有力的教育呢？管理学生不是统治学生，而要他们学会自治。学生应该是一个能够自治的人，而不是一个要别人来管理的人。放手把权利交给学生，让他们自己的事情自己解决，学生会感受到责任的重量，进而懂得理解、宽容。多一点"自我管理""自我批评""自我教育"，学生会慢慢学会自省、自律、自治。

守护教育的本真

Shou Hu Jiao Yu De Ben Zhen

# 兑现自己的承诺

一

已经是六年级的学生了，小裴还是像个顽童，钟爱玩具，而且这段时间他太痴迷了。"老师，小裴又买卡了！他上写字课时还埋着头玩呢！""老师，小裴在玩'粘手'，上课时都粘到科学老师的裤子上了。'粘手'被科学老师没收了！"更糟糕的是，不光是他一个人，不少学生也开始跟着他玩玩具了，有星火燎原之势。

周三班会课，我一走进教室，就发现地面上有很多水，原来学生在玩水气球，把水灌进气球里，手一用力，就是一摊水。看着到处是水迹，我有些生气。我说："同学们，今天我们班会的主题是'告别玩具'。大家在下面讨论一下在学校玩玩具有哪些坏处。"学生对这个话题感兴趣，讨论得很热烈。

小明说："买玩具要花掉很多零花钱的！"

小惠说："打卡太不卫生了，手上会有很多细菌！"

小凡说："玩悠悠球会伤到眼睛的！"

小伟说："上课玩玩具分散我们的注意力，影响我们的学习。"

大家七嘴八舌地说着，只有小裴自始至终没有发表自己的想法。我说："其实玩玩具也不都是坏处，它也能让我们学到知识，但在教室里玩玩具很不合适。今天老师就给你们提一个要求，以后可以在家里玩，不可把玩具带到教室里来玩，否则就没收！"

第二天中午，几个学生飞奔到办公室告诉我班级里的闹钟坏了，原来是小裴在教室里玩小弹球，一下砸到闹钟上，估计他也没有想到会砸得这样准。我也没有过多跟他理论就没收了他的小弹球，叫他把闹钟带回去让家长换个新的。我问还有谁带玩具的，结果小浩的玩具被收了，他生气得半天不说话，小钱被收上来一支玩具枪，小丽被收上来一个小球。

没过几天，我一进教室，就有学生说："老师，小裴今天带了个小车来！下课还玩呢。"小裴神色紧张，忙说："那是我弟弟的，他放在我这里的。"我说："那我可不管，老师说过的话要兑现的！"那是个很崭新的精致小车，看来是刚买的。

班里风平浪静了一段日子，学生带玩具到班级的现象少多了。可是小裴似乎是个例外，不时有一些小玩具被没收上来。老师们开玩笑说，他可以成为玩具的总司令了。最后一次，他不知道从哪里弄了一个超级变形金刚。当他跟着我进办公室时，眼泪都流出来了。我打开柜子，里面放的几乎都是他的玩具。我不动声色地把他心爱的大个金刚侠放了进去。

"陈老师，我没有在班里玩。"小裴看着我把柜子锁起来了，有些傻眼了。

"但是我说过叫你们不要把玩具带进教室里的。"我心平气和地说，"老师说过的话总要兑现吧！"

从那以后，班级里就再没有学生带玩具到班级里了。学期末放假那天，我把小裴留在办公室，打开柜子，对小裴说："这是你的玩具，鉴于你最近的表现一直很好，你拿回去吧！"

小裴一下没有反应过来，愣了半天神才说："谢谢老师！"

我拍拍他的肩膀说："不过，你要记住，要在家里玩，可不能下学期再带到学校来了！"

小裴不好意思地笑了，懂事地点点头。

## 二

四年级分了班，同事指着小园的名字对我说："你呀，遇到她有你好受的。作业从来不写，课文从来不背！不过，她会'双飞'，体育比赛倒是不错！"我听了没有在意，心想一个四年级的学生会差到哪里呢。

同事的预言没错，她的学习热情连三天都没有，作业写得没有办法改，课文也是从来不背。星期五，第一次月考，她竟然只考了 32 分。拿着她的试卷，我的脑袋一片空白，她的作文竟然只有两行字。

晚上，我把小园叫到办公室。她似乎已经意识到什么，显得有些紧张。

"你知道你这次考试得了多少分吗？"我把试卷摆在她的面前。

她看了一眼，脸上几乎没有表情，看来已经习惯了。

"你前面的基础知识还有背诵部分怎么错得一塌糊涂？如果你每天按照老师的要求听写20个生词，背好课文，哪里能错这么多呢？"一提到她的背书，我就气不打一处来，她的家长从来都不签字。"你的家长从来不听你背书？"我问。

小园迟疑了一下，怯生生地说："我妈妈是哑巴，爸爸平时不在家！"

我心里一惊，觉得自己太粗枝大叶了，就问："那你平时可以背给同学听啊。"

"他们不愿意听我背，都觉得我背不了！"小园显得有些难过。

"那你的作业总可以自己写吧！"这个看似简单的问题看来不简单，我说话越来越没有底气了。

"我开始是写的，可是老师都不改，所以我也就不写了！"她的眼睛里有一丝绝望的神情，这让我很不安。

我心里又一惊，她说的是实话，开始我也是改了几次她的作业，但是真的没有办法改，就放弃了。

我很想知道她以前作业的情况，就问："以前老师改你的作业吗？"

"老师开始也是改的，后面也都不改了！"她低下头盯着试卷。

"小园，你看这样好不好：以后你就到老师这里来背书，老师也向你保证每次作业都认真批改！但是你也要争口气，每次都要完成学习任务，能做到吗？"我说的时候声音有些激动。

她疑惑地点点头，要把试卷拿到书包里。我随手把试卷折起来，放到抽屉里，对她说："以前的，都不算！"

小园在后面的学习中出奇主动，我发现她是渴望跟其他同学一样的。她背书很卖力，背得也很熟练。不过批改她的作业是件令人痛苦的事，一般的做法是找对的打钩，再在后面给简短的评语来鼓励，再找来辅导。小园也松懈过，但是我没有给过她放松的机会。后来对的地方越来越多了，就把错的地方找出来订正。我也时刻提醒自己，对小园的每一次作业、每一次背书都要严格把关。她的自信心在增强，尽管分数还是不尽如人意，但是她的进步是明显的。

四年级的最后一次月考，我在教室里报分数："小园，67 分！"同学们都惊讶地看着她，她拿着试卷，面无表情，坐回自己的座位的那一刹那，我看见她嘴角边露出了难得的微笑。

"去食去病，不可去信。"严格要求学生，教师不能"食言"，一个小小的承诺的兑现，往往蕴含着巨大的教育力量。"言必信，行必果"，同时手握一把真诚、心藏一片热忱，"理解"和"默契"就会在师生之间传递。只有人格才能影响人格，只有性格才能养成性格。"学高为师，身正为范"，学生考察、模仿着班主任，班主任"己不正焉能正人"。以身作则、率先垂范远胜于一切说教。

# 是疏导而不是堵塞

一

小森是我的学生，一位得了重病长期用药已严重伤了身体的不幸孩子。他在家中治病好几年，然后从三年级直接上了六年级，在班里比其他孩子大三四岁，长相丑陋又古怪，让人敬而远之。他的家人是因他在家没人管才送他来的，不指望他学到什么。他就像墙头上一茎没根的草，没人敢招惹他。他经常一人坐在那，沉默不语，不知在想什么，在积蓄什么。

"老师，小森骂我是白痴。""老师，小森下课把橱窗玻璃弄碎了！""老师，小森玩窗帘把窗帘扯掉下来了！"当小森惹的麻烦越来越多时，我意识到这个孩子的问题越来越严重。

周一，跟往常一样，学生交上了周记，我读到了小森的周记。那是一段奇特的文字："眼睛你要擦亮，记住我的模样，表情不用太紧张。我是小森，我专心学习的侧面还是蛮好看的。黑板是吸收知识的地方，只是教室的阳光，那颜色我不太喜欢，没有操场的自然。为什么成绩比较好的在隔壁班，还有考卷答案。我刚好不会计算，没关系，继续努力。为什么上课举手很难，每天都遇上敌意的目光。等待机会将要打倒对方，这种结果不要，这虚荣的骄傲。这日子很好笑，我其实都知道，你只是想炫耀。我永远做不到，你永远赢不了。在乡下寻找花香，为什么这么简单你做不到。坐着车厢朝着南下的方向，为什么这种速度你追不到。鸟飞翔，穿过这条小巷，为什么这么简单你做不到。你的目标这么简单你追不到，不好笑，不好笑……"

我不知他怎么写出这些文字的，但这一定代表他的心声。于是我想找小森谈谈。

下午，第一节写字课。我把他带到荷花池旁的台阶上坐下，小森面色苍白，也有一丝不安，他看着池中的荷叶默默无语。毕竟是深春了，水草葱绿，几个花骨朵露出了头。

"小森，这文章写得真好！"我把他的周记拿了出来，翻到了他的周记。"不过，老师不太懂有些句子的意思，想问问你。"

他的眼睛突然有了光，脸上多了些表情。

"老师不明白教室里的阳光为什么没有操场的自然呢？"我皱着眉，显得不理解。

"老师讲的我听不懂，我想到操场上玩，那里有意思，我喜欢体育课！"小森轻声说。这也难怪，他除了能听懂一点语文课，其他的课简直就是听天书了。

"'为什么上课举手很难，每天都遇上敌意的目光。'哪些人对你有敌意呢？"我笑着问。

"我想举手回答问题，但是老师和同学都觉得我是在捣乱，觉得我好笑，其实有的问题我能回答出来！"小森显得愤愤不平。

小森似乎也看出了我的诚意，说话的声音响了起来："平时我就一个人坐在后面，大家都不理我，有的同学经常露出看不起我的神情，好像我是个傻子，我真想跟他们打一架！"他的眼圈慢慢红了，看来是积蓄了太多的委屈。

"我从来没有出去玩过，上次春游，全班就我一个人没有去，吃的东西都买好了，我在家哭了一天呢。"小森泪水涟涟，今天他终于可以把苦水倒出来了。

春游的事，我是知道的，因为他身体的原因，学校决定不让他去，但是我真的没想到春游对于他如此重要。

听着小森的倾诉，我觉得已经没有必要再问下去了。他是个孤独的孩子，他太需要关爱和认同了。小森离开办公室时，我摸摸他的头说："你放心吧！老师明白了！下次一定带你去秋游！"

下午我就把小森的座位调到前面，和活泼善良的小伟坐在一起，尽管他的个头有些高。我又私下做学生工作，发动几位班委课后主动找小森玩，找他聊天。我和其他科目的老师商量，多给小森发言的机会。老师们表示理解，对他也很同情。孩子们毕竟是善良的，慢慢地，小森融入了这个集体，和他交往的同学越来越多。他变得开朗起来，怪异的行为也慢慢地没有了。这次秋游，经过努力，学校同意他可以参加了。几位同学为他服务，替他拎包、提水。他非常兴奋，带着一大包吃的，到处分给同学，如果谁不要，他急得眼泪都要流出来了。

## 二

"陈老师，我的笔套丢了！呜……"周一的课间操时间，我刚要走出办公室，小帆冒冒失失地闯进我的办公室来，她泪眼婆娑，满肚子委屈："老师，这可是新加坡学生送给我的礼物。我一直都没舍得用呢！下课的时候，我听同学说可能是小赵拿的！""可能？你有证据吗？"我虽然很同情小帆，但是也不能轻易冤枉另一个孩子啊！听我这么说，小帆哭得更厉害了："不是的，他从来没有那样的笔套，他家里条件不好，父母不可能为他买的！""这事可不能乱说，别人有个同样的笔套不一定就是你的，说不定你的丢掉了。你先去把这事告诉广播室的老师，那里经常会有失物招领，说不定会有同学捡到你的笔套。"我安慰小帆。看着小帆哭着走出办公室的背影，我决定找小赵来谈谈。

小赵是位很不错的学生。他性格活泼，成绩好，爱发言，就是上课有时控制不住自己的嘴巴。这次新加坡学生来班级交流，他和新加坡的学生成了同桌。活动结束后，大家交换了礼物，他也得到了新加坡学生的礼物，不过的确不是笔套。

中午放学后，我单独把小赵找来。我问："你有没有捡到一个笔套？班里有位同学丢了，很着急。有同学说好像看到你捡到一个这样的笔套。"他语气坚定地说："那个笔套是我自己的，是外公帮我买的。""那你告诉我这笔套多少钱买的？在哪能买到呢？"我步步紧逼。他支支吾吾地说他外公没有说，神色很慌张，显然是个说谎的蹩脚角色。"那我就问问你的家里人吧！"我有些生气，边说边拿出手机假装要打电话。这时候，他害怕起来，手足无措，开始流眼泪了，看来他已经知道事情的严重性了。我拉着他的手坐下来，平心静气地说："很多孩子小时候也有过拿别人东西的经历，也有过说谎的时候。只要能主动认识到自己的错误并改正错误，就仍然是个好孩子。你可以换一个角度想一想，别人要是把你喜欢的东西占为己有，你会怎样想呢？你的心情会怎样呢？"他一直保持沉默，不停地擦着眼泪，不过还是不愿意承认笔套是他拿的。我看时机已经差不多了，就说："如果是你拿的，明天你就把那个笔套放到老师办公室的抽屉里。你放心，老师会替你保密的。相信你是个懂事的孩子。"他听了，眼里突然有了一丝亮光，点点头，默默地走了。

第二天早晨，我打开抽屉，里面果然放着一个笔套。第一节语文课下课，我把小帆叫来，告诉她有一位同学在校园里捡到了一个笔套，交到广播室里了。小帆就风风火火地跑去了，回来后欣喜地喊到："陈老师，太好了！我的笔套真的找到了！"看着她欢欣鼓舞的样子，我的心里绽开了一朵小花！

事情就这样过去了，小赵上课依旧积极发言，声音依旧洪亮。在偶尔的眼神交汇里，我们彼此心照不宣。

学生是涌动着无限活力的生命个体，教育学生有时需要变堵为疏，变禁为导。其实这"疏导"是一种理解、一种关爱。它往往是温馨、沁人心脾、润物无声的。"轻管重导""欲擒故纵""因势利导"难道不是一种人性的教育管理吗？疏导如一股暖流，融化了师生间的隔阂，呵护了学生心灵方寸之地的尊严。有时开启智慧的大门，教育的芬芳会扑面而来……

# 适当的"惩罚"

一

星期二下午，语文组的教师都在办公室里批改试卷。

"陈老师，请问一下，你班的这个学生叫什么名字？"王老师在统计学生考试的成绩，说着，他递过来一张试卷。

"那还用说吗？肯定是小浩的！"我接过来一看，果然是他的试卷。他的书写让人没法看，整个试卷龙飞凤舞。小浩是个很淘气的孩子，他是学校的短跑冠军，写字也跟跑步一样飞快。我把书写的重要性跟他讲过多次，也让他每天跟着字帖练习，但是他不愿意坚持。更过分的是面对批评，他根本就不在乎。

课间，我拿着试卷来到教室。学生都围了过来。

"这是谁的试卷啊？"大家议论纷纷，"写得真草啊！"

"这个啊，我也不知道是谁的试卷，所以我才拿来问问你们。"我看见小浩也在人群中，故意这样说。

"你们觉得这个字写得像哪个书法家的呀？"

大家面面相觑，不知道老师葫芦里卖的什么药。

"草圣林散之！"小晨大声说，他家就住在林散之纪念馆旁边，"反正我一个也不认识！"

大家听了哄堂大笑。小浩有些急了，但又不好意思承认是自己的。

"大家来鉴赏一下，找找能认识书法家的几个字，再判断一下是我班的哪位书法家。"

大家都围了过来，小浩坐不住了，连忙挤过来说："老师，是我的！"

他显得很尴尬，两手不停地搓着手。

"是你这个大书法家的呀！那你告诉大家你认识几个字吧！"大家都能听出我在讽刺他。

小浩站在那里急促不安，眼睛盯着试卷，估计他也找不出多少个自己认识的，其他学生都捂着嘴笑。

"小浩，要是你能把字写好，那猴子也能当书法家了！"说着，我气愤地把他的试卷扔到他的手上。

小浩愣愣地站在那里，泪水在眼眶里直打转。

"有能耐就把字写好，写出来给大家看！"我丢下这句话，就头也不回地离开教室。

写字完全是态度问题，字的改变往往就是态度的改变。小浩开始认真地练习写字了。我和美术老师商量让他参加了学校的毛笔字书法班，一个星期两次。我知道，我那句话深深地刺激了他。他在书法班里是最勤奋的，暑假里还参加了校外书法辅导班，他是要争这口气！很快，他的书写与之前大有改观，作业的书写判若两人。第二学期的艺术节上，他的两幅毛笔字作品竟然被选中展览在学校的橱窗里了。

艺术节活动那天，我把学生带到橱窗前欣赏书法。"哇！这是小浩的书法作品！"小晨大声喊道，许多学生都围了过来，有的还发出"啧啧"的赞叹声。"小浩这次真的成为书法家了！"有的同学拍着小浩的肩膀说。小浩不时回头看我是不是也在看书法。

回到教室，我走到小浩身边对全班学生说："小浩的确很了不起，他将来会成为一个书法家的。老师今天收回自己说过的话，并向小浩道歉。"说着，我紧紧握住小浩的手。全班响起热烈的掌声，小浩显得有些腼腆，不过他的眼神里充满了自豪！

## 二

"小江，这个月的伙食费你交了吗？"周一晨会课上，我正在核对学生交费的数目，忽然发现少了一个学生。平时我都不记学生的交费名单，因为学生很自觉。而这次却出了错，似乎是小江没有交。

"陈老师，我交了，是我妈妈在办公室里交给你的，我亲眼看见的。"

守护教育的本真

小江面不改色地说。他是位成绩很优秀的学生，头脑灵活，上课爱发言，是学校的护旗手，并且是班级黑板报的负责人。他平时跟爷爷奶奶住在一起。

回到办公室，我还是很疑惑，想不起来小江的妈妈来过学校。于是我给他的妈妈拨了一个电话。他的妈妈的回答是："他爸已经给小江了，要他自己交。两人做生意很忙，一个月才能回家一两次，哪有时间到学校呢?"我说可能是自己弄错了，叫她不用急。等我再次把小江叫到面前询问时，意想不到的情景出现了。他一把眼泪一把鼻涕地说："我妈妈的记性一点不好，她是忘记了，在家里她也这样!"

我心里凉了半截。这事看来不是那样简单。我意识到如果找他的家人来，结果可能不可收拾了。我笑笑说："可能是老师弄错了，老师的记性也不好!"

事情就这样冷了下来。接下来的日子，我和小江的关系变得微妙起来。上课他像往常一样积极举手发言，我就装着没有看见。慢慢地，他也似乎意识到了什么。每周一次的护旗手我也临时换了一个学生，这可是学生们羡慕的工作。因为我说过只有品学兼优的学生才能担此重任，小江显得有些尴尬，不过其他学生没有看出来。

一来二去，小江有点沉不住气了，有次他主动找我说："陈老师，班里的黑板报该换了!""不急，这个月还没有完呢。"我轻描淡写地说，"对了，我差点忘了，上次美术老师跟我说，小宇的美术功底很好，我想下个月让他来试试。"听了我的话，小江的脸色变了，显得很失落。不过，我还是装作没有看见。

又是一个周一的早晨，我刚进办公室，小江也跟着进来了。

"陈老师，这是上次的伙食费!"他满脸通红，把钱放在桌子上。

"你不是交了吗?"我故作惊讶地问。

"昨天爸爸妈妈回来，我跟他们说了，前面的钱订了《数学大王》和《科学探索》。"他低着头，不敢看我的眼睛，"这是他们昨天给的钱。"

"爱看书是好事呀! 不过可不能欺负老师记忆力不好啊!"我完全是开玩笑的语气。

"我其实是想得到里面的小玩具，因为只要订画报就能跟着发几个蜘蛛侠。"小江的声音更轻了，好像没有勇气说出来。"昨天爸爸骂了我一顿，妈妈都哭了。他们说我没有出息，骗自己的老师。"

"你能主动认识到错误很好，老师跟你们说过，千金散尽还复来，名誉失去难挽回。所以你要记住这次教训呀！"我拉拉他的手，他的手心上都是汗。

"我妈妈说今天要来向你道歉的，但是又说不好意思。"

"好了，你不是已经道歉了吗？回去早读吧！"

小江埋着头跑出了教室，我还能感觉到他羞愧的表情。

小江出了教室后，我给他的妈妈打了一个电话。他的妈妈显然很不自在，一再道歉，一再强调要对他严格要求。我说："我们共同努力。孩子犯错是难免的，小江一直是不错的，他是学校的护旗手，班里的黑板报出得可好了，相信他将来会做得更好！"

## 三

今天春游，学生们都很兴奋。全班分成了8个小组，每组6个人。我们的原则是一切行动听指挥，千万不要掉队，回来评一个最优小组。学生喜欢秋游，老师却紧张，好在学生已经五年级了。可是意外的事情还是发生了，最后一站是科技馆，等学生们鱼贯而出到停车场集中的时候，忽然发现小曹不见了，她是这组的组长。车要往回开，却缺一个人。我急忙跟教数学的李老师往科技馆这边赶，可是整个科技馆有四层楼，数不清的人在里面活动，找小曹真是大海捞针！40分钟过去了，也没有发现她的踪影。正当我心急如焚的时候，李老师来电话了，说小曹被一位工作人员带到了停车场。我悬着的心终于落了地。

坐在车子里的小曹显然哭过，现在还惊魂未定。全班的同学，尤其是她那小组的同学对她心存抱怨。大家都不说话，车开动了，整个车厢的气氛沉闷。

"小曹，你刚才是怎么回事？"我控制不住自己的愤怒。

"回来的时候，我发现妈妈给我的一百元钱丢了，我去找了。"小曹吸了一下鼻子，显得很过意不去。

"但是你应该跟老师说一声呀！如果迷了路，走丢失了，那怎么办？"

我觉得她还是太莽撞，一想到我早晨跟学生反复交代的，就觉得窝火。

"我当时也太急了，妈妈给的钱我一分钱没有舍得用就丢了，就忘了跟同学说了！"小曹整了整背包，语气里充满了愧疚。

小曹平时是个好孩子，能歌善舞，活泼开朗，可她今天的表现真让人不敢恭维，其他同学都好像不愿意理她。

"一百元固然重要，但是自己的安全更重要呀。"看着她懊悔的样子，我又不忍心多责备她，"就是丢了，也没有办法找回啊！"

"我刚才找不到你们的时候，心里特别着急，真的比丢了一百元钱还急呢。"小曹不好意思地摸摸头，"是我糊涂，一百元钱给我放到了包的小口袋里了，根本没有丢！"

话音刚落，车里的学生就叽叽喳喳起来，看来大家觉得小曹的经历有些滑稽，有的同学都笑出声来了，我的心情也放松下来，车厢里的气氛不像刚才那样沉闷了。

"你要知道大家都为你着急呢，坐在这里等了 40 多分钟，你说该怎么办。"我笑着说。

小曹不知道老师这话是什么意思，坐在那里不知所措。

"为大家唱首最拿手的歌！""为大家跳个舞！"学生活跃起来，纷纷嚷着。

小曹犹豫了一会，说："好吧！我给大家唱支歌，名字叫《幸福拍手歌》，不过你们要拍手呀！"

"假如感到幸福你就拍拍手，假如感到幸福你就……"随着大家的节拍，小曹唱起甜美的歌，大家也跟着唱了起来。

一曲唱完，大家热烈鼓掌，都不肯罢休，还要她再唱一首。小曹一口气唱了好多首，《编花篮》《金扁担》和《找春天》……车厢里的独唱最终变成了大合唱，连开车的师傅都被感染了，说我们今天的春游好像刚刚开始。

"玉不琢，不成器。"教育学生也需要适当的"惩罚"。"讽刺"会成为压力，压力会成为学生面对未来和自我超越的动力。适度地让学生去"忍辱负重""承受误解""痛而后快"，他们会长得更结实！教育学生要以人为本，以事为本。故意"冷漠"也是一种策略，给学生留足了面子，也让学生明白生命不可能从谎言中开出美丽的鲜花。有时老师可以独辟蹊径，"以静制动""视而不见"甚至是"难得糊涂"，这也是一种教育管理的智慧。学生需要适当的惩罚，但是需要被尊重。换一种方式来惩罚学生，"路留一步，味让三分"，这样的惩罚是美丽的。惩罚其实也可以让学生得到享受、快乐、满足，只要寓褒于罚，寓爱于罚，寓美于罚。

# 严在左，爱在右

## 一

小梦是在五年级上学期转过来的，她上课总爱瞪着一双大眼睛，但完全心不在焉，她有时在课堂上打瞌睡，显得有气无力，甚至老师喊她回答问题时，她半天才缓过神。我也严厉地批评过她，甚至也罚她站过几分钟，但是似乎没有任何效果。对于上课、写作业她似乎是在应付，没有一点兴趣。于是我决心去她家家访一次。

一个周末的晚上，当我站家小梦家里的时候，我的心情立即沉重起来。这是一间不到二十平方米的房子，比较零乱，此时只有小梦和她的姥姥在家。小梦正坐在小凳上写作业。

"你是小梦的老师吧？"小梦姥姥连忙招呼我坐下。

"小梦的爸爸妈妈呢？"我一坐下来就问。

小梦眨着眼睛，似乎要哭出来。老人似乎也变得沉重起来，一副欲言又止的样子。"老师，你可能还不知道，她爸爸在她七岁的时候就去世了。她妈妈也很快就改嫁了！"

小梦坐在那里一声不吭，我的问题勾起了她的伤心往事。老人似乎觉得找到了一个可以倾诉的人，接着说："这孩子命苦呀！人家不愿意养她，她的爷爷奶奶也不愿意养她。怎么办呢？我不能不要她呀！哎……"

此时的气氛的确很压抑，我心里跟着酸楚起来，很想缓和一下气氛，就岔开话题说："小梦在学校的表现还是不错的"。

"小梦也说老师对她不错。她是个懂事的孩子。早晨三四点钟我和她外公就去扫马路了，她一个人在家的时候，经常觉得害怕，睡不着，我们也没有办法呀！没有退休工资。"老人觉得自己很对不起外孙女，说话时不时怜爱地望着小梦。"她自己一个人煮早饭吃！有时给她几块钱买早饭，她却把钱攒起来又还给我了！她也不肯坐公交车，每天都是步行回家。"

听着老人的话，我的脑中浮现出小梦的艰辛生活画面。天已经暗下来了，我忽然觉得小桌前默默无言的小梦是个可爱的孩子。

老人好像忽然想起了什么，问道："老师，小梦在学校没有犯什么错吧！"

"没有，没有，小梦在学校的表现太好了！"我连忙说，"她是个非常坚强的孩子。"

小梦看了我一眼，这是我第一次感觉她的眼睛很有神采！

走出小梦家时，我的眼里含着泪水，对小梦的所有抱怨灰飞烟灭！天已经完全黑了，满天的繁星很美丽。

自从那次家访之后，我和小梦之间忽然有了一种默契。她上课、写作业也显得卖力起来，我再也没有批评过她，只是偶尔用眼神暗示她。她的表现也越来越好，尤其是上课的精神面貌完全判若两人。平时我更在意的是她早饭吃了没有，觉睡得好不好，坐公交车了没有。我不时地送她课外书籍，这是她最乐意接受的。五年级的六一儿童节上，她被评为全校的"进步之星"。

## 二

今天，学校每学期一次的读写大赛的结果揭晓了，我班的小珊获得了一等奖。高年级只有三名学生是一等奖，她就是其中的一位，并且她还要代表学校参加市里的作文比赛。这的确是个惊喜，因为她平时的写作一般，这次完全是一次重大突破。虽然得奖了，领奖台上的小珊却依旧很腼腆，手上的奖状都不好意思举起来。

晨会课下课，我去教科室拿出了小珊的文章，读写大赛都是自愿报名参加，我还不知道她写的内容。我一边走，一边看。文字非常优美，字迹娟秀，洋洋洒洒三张纸。我心里暗喜，这真是一匹黑马呀！看来平时让学生读书写日记有效果了。我刚下楼梯，小黄拿着本书神秘地朝我走来："陈老师，小珊的作文是抄《课课通》的范文的，我亲眼看见的。"她是小珊的同桌，是个爱打小报告的人。说着，她还把书上的文章给我看，题目是《可爱的家乡》。我素来也不喜欢告密者，但是这事比较严肃，因为小珊的文章还要送到市里评选。"好，你把书给我看看。这事不弄清楚不能跟其他同学说，知道吗？"我接过小黄的书叮嘱道。

进了办公室，我仔细地对照文章，果然一字不差，刚才的得意全没了。小珊是个内向敏感的孩子，平时说话连个声都听不见，总是喜欢坐在那里看课外书。平时表扬表扬不到她，批评也批评不到她，看来她太渴望得到老师和学生的赏识了，可是走错路了。

中午放学后，我借口帮小珊修改作文把她留在教室里。她本来就是个敏感多疑的孩子，已经从同桌小黄身上觉察到了蛛丝马迹，坐在那里早已显得惴惴不安。

"小珊，这次你能主动参加读写大赛，老师真的要表扬你！"我笑着对她说，"这说明你是积极要求进步的！"

小珊也笑了笑，很不自然，好像在那里等着我批评。

"小珊，你这次作文的字写得真的太漂亮了！"我拿出她的三页稿纸，翻着看，"这是老师这学期看到的最漂亮的字！"

"老师，我都抄了三遍呢！"小珊有点意外，听到我的夸奖，她的眉宇间舒展了一些。

"这说明你的态度是非常认真的，你平时读得书很多，老师觉得你的作文能写得特别好！你要相信你的能力！"我没有一丝批评她的语气。

小珊不好意思地低下头用手拨弄着衣角，看来她已经意识到我知道她作文抄袭的事了。

"你马上就要代表学校参加市里的比赛了，老师相信你能获奖！"我充满信心地说。

"老师，这篇作文——"小珊欲言又止。

"我们可以一起改呀！"我几乎是打断了她的话。

听了我的话，小珊抬起头，暗淡的眼神里充满了希望。

离交作文的时间不到 10 天，我和小珊都做了最大的努力。她的作文说是改，其实完全是另起炉灶。我俩在一起前后一共讨论了五次，改了五次。每一次修改，小珊都非常认真，没有一点懈怠。每一次修改后我都会给她赞美、鼓励。当小珊把满是工整字迹的稿纸交到我的手里时，我有一种预感，她这次一定行。

十二月底，结果出来了。小珊的作文是全市二等奖。校长亲自给她发了奖状，她站在领奖台上，面对着全校师生的掌声，依旧很腼腆，但是小手把奖状举得很高、很高!

教育一个学生，首先要尽量地先多了解他，"视其所以，观其所由，查其所安"，然后尽量地多尊重、关爱他。严在左，爱在右，走在生命的两旁，随时播种，随时开花。教育学生离不开赞美，人类本质中最殷切的要求是渴望被肯定、被关注。用放大镜来照学生的优点，可以有力地转化学生的缺点。送上"良言一句"，编织一个"美丽谎言"，播一个"希望的种子"，学生会变得更加自尊、自信、自强。

# 吹泡泡的小罗

　　小罗是我刚接手的班级的学生，虽然他已经是四年级的学生了，但乍一看上去就像一年级的学生。全班最弱小的他在每天中午吃饭时拿着大铁盒子"冲锋陷阵"，经常是第一个打上饭。在食堂窗口前，他总想知道有什么饭菜，但他个子太矮，他只好踮起脚，伸着脖子，一双机灵的眼睛转得如觅食的老鼠一般。他买到饭菜后就坐在自己的座位上大嚼大咽起来。有天下着雨，小罗在洗饭盒，我走到他身旁。小罗一看是老师，连忙让开，害羞地笑着，淋湿的头发贴在额前，像只狼狈的小麻雀。我忽然觉得这个孩子真的很不容易，这样弱小，天天大清早去等校车，中午排队吃饭、洗碗……要知道，很多城里的孩子到了初中还是由父母接送，还在大人怀里撒娇呢。后来，我遇到小罗原来的班主任时总喜欢跟她聊聊小罗，也慢慢从邓老师那里知道他入学早了几个月。一入学，邓老师就发现他身体弱，学习习惯不太好，很快成绩就跟别人差了一截。他的爸爸又是疼爱，又是气愤，没太多的耐心，小罗为此没少受委屈。一年级结束的时候，他就被列入后进生的行列了。我听了这些，一股怜爱之情油然而生。我忽然有了一个想法，下决心要改变这个学生。

　　一天，借中午吃饭的时间，我坐在了小罗身边。小罗端着他的大饭盒吃着饭，依旧带着腼腆的笑容。我很随意地问了他一些家里的情况，他说爸爸是造桥的，平时很少回来；妈妈是纺织厂里的，每天也是起早贪黑，工作挺辛苦的。看着这个无邪的孩子，我笑着说："其实我看出来你是很不错的孩子，相信你能成为更优秀的学生，信吗？"小罗愣了一下，眼里闪出惊喜，同时狐疑地点点头。

　　但我很快发现，小罗可真不是"省油的灯"……

穿着黄色格子衣的小罗活像一只小蜜蜂。一下课，坐在第一排的他就飞奔了出去。"打卡""攻城""贴人"，短短十分钟会让他忙得不亦乐乎，他像只蜜蜂一样飞来飞去，有时玩得连厕所都忘记上了。而且他还喜欢惹是生非，不过，"蜇人的小蜜蜂"总是伤着自己，因此，先来告状的总是他。他喜欢把自己当成受害者，并要我来做裁判，似乎我是他背后的一棵大树。即便他告状挨了批评，还是希望老师能站在他的一边。

这一次小罗一天打了两次架。上午小云跳绳的绳子无意碰到他，他就动手打人了。下午别人在下棋，他硬去掺和，乱动别人的棋子，结果就和小雷打成一团。

"陈老师，小雷把我的手抓破了！"下午第一节课课间，小罗飞奔到办公室，一脸愤怒，上午也是他来说小云打他的。我一看他的手，果然有一道抓痕，好在不重。

"你先说说自己有没有错？"看着他一副真理在握的样子，我笑着反问他。

他挠挠头，有些不知所措，说："小雷抠我的手！"

"遇到事情先想想自己有没有做得不好的地方。"我继续说。

"我动了他的棋子。"他有点不好意思。

"如果你不先动他的棋子，他也不会抓你呀！"我笑着说，"以后要勇于承认自己的错误，这样才能和大家相处好！对不对？"

"你们已经是小学生了，我相信你能自己处理好的。从今天起，自己的纠纷自己来处理，好吗？"

小罗显然听出老师没有站在他一边，还给了他如此忠告，不知所措地揉揉手出去了。

望着他的背影，我知道该让他学会为自己的行为负责任了。

课间，"小蜜蜂"乖了许多了，打人的动作没有了，也不来告状了。虽然他下课依旧非常活跃，但是似乎懂得适可而止了。

小罗的抽屉里有许多黏糊糊的东西，水球、塑料人、卡片……东西被

守护教育的本真
Shou Hu Jiao Yu De Ben Zhen

收上来好多次，但是野火烧不尽，春风吹又生，他似乎还处于玩玩具的年龄。我在班级里开了个中队会，大家讨论了把玩具带到学校的坏处，浪费父母的钱、不卫生、危险、影响学习……弊多利少，大家统一认识后，我就在班级里声明：再带这些东西，全没收掉。小罗似乎总是后知后觉，依旧带了许多玩具到教室，自然全被没收了。

有一次他带了一把精致的"大刀"，当看到我拿走他那个宝贝时，他的眼泪都要流出来了。

我装作没有看见。晚上放学了，他在办公室周围转悠。

"你为什么不回家？"我明知故问。

"陈老师，那刀能还我吗？"他一脸哀求。

"老师平时不是一再说明不许带玩具到学校吗？"

"我妈妈刚给我买的……"他很难过地说。

"只要以后不带到学校，我会还给你的！"我信誓旦旦地说，"你能做到吗？"

他点点头，有些不情愿。

事后，我给他的妈妈打了电话，果然是他妈妈给他买的生日礼物。我劝她平时少给孩子零花钱，也少给孩子买这些玩具。

自从小罗的"大刀"被没收后，他还真的不带玩具到学校了。我在班级里表扬了他多次，看他努力地控制自己，我喜在心上。感觉时机成熟，我把他喊到办公室，"大刀"又回到了他的手中。

"以后可不要再带这些玩具了！"我笑着说。

小罗眼神里满是感激，使劲点点头。

走廊里的那一小块保洁区归他清理，过去每次都需要我提醒一下他才会去拖。检查卫生的老师常说："你们班的走廊颜色怎么总是那么深呀！"只要天一阴，小罗就会跑过来问："陈老师，今天就不用拖地了吧，天要下雨了！"但自从"大刀"事件后，走廊里的"那张脸"干净了许多，即便是下雨天，他也照常去拖地。

三

小罗的字写得如枯草，我一直怀疑他的笔有问题，后来给他换了支，结果还是那样。更怪的是只要他一写作业，笔就没油了，他在那里使劲甩，白墙上一片蓝"雨点"。我就让小罗和几个写字不太好的学生一起多练练字，没想到他不仅不愿意练，干脆作业也不交了。

一天，小罗没写好作文草稿，还有一些作业没写。我怕他回家忘了，就叮嘱他说："试卷别忘了让家长签字，作文也要写好呀！"说完还担心作业有点多，怕小罗会有压力。不过第二天就发现我"多虑"了——小罗什么作业也没写，快活如神仙。我佯装生气地说："作业没写，今天中午不要吃饭了！"中午到食堂吃饭，却怎么也不见小罗。难道他真的不敢来吃饭了？我赶紧到教室，他正在那里埋头写作业呢！我只好带他到学校的服务部里买些吃的。

唉，小罗写字慢如蜗牛，无论考试或作业，只要他做好了，全班肯定都做好了。怎么办？

到了四年级，雪上加霜的是小罗的英语非常差，上课跟不上老师的节奏，记单词特费力，更不愿写英语作业，一考试只有三十来分。无奈，英语老师只好经常进教室向他要作业。小罗依旧是招牌式的动作，仰起头，嘴里含着个泡泡，一副无辜的表情。后来他做了件让英语老师彻底绝望的事，自己也彻底解脱了——他把英语老师特意给他的新单词默写本变成了上厕所用的纸，用他的话来说，那纸很软！实在令人哭笑不得。

## 四

四年级结束了，小罗的行为习惯有了些变化，但成绩依旧不理想。语文数学刚刚及格，英语依旧是三十来分。五年级报名时，小罗和他爸爸出现了。小罗的爸爸很激动，因为他刚到校长室申请给小罗留级，没通过。一旁的小罗耷拉着脑袋，一声不吭。他爸爸觉得没尊严，很无奈地对我说："儿子太不争气，我在老师面前觉得矮了一截！我知道如果基础太差了，就像桥的基础没有造好，被渔船都能撞翻。他基础不好，以后想学也学不下去啊。这我有经验，我读书时就是这样。你们老师见的学生多，就像医生看病一样，见得绝症的多了也习惯了，可我就一个孩子呀！"

看来他真的很在乎儿子的成绩。校长解释了教育部门早已规定不允许无故留级了，但他怎么也不理解，仍然坚持。

"陈老师，你就给我说说情，让他留一级吧！说不定成绩会好起来的！"

"我不要留级！"小罗突然喊道，小脸憋得通红，扬着眉毛，一副斩钉截铁的样子。

小罗的爸爸一下愣住了，估计从没见过小罗这阵势。小罗如果作为留级生留下，包袱显然是轻了，但他未必因为留了一年会有多大的改变，更有可能会自暴自弃，更加厌恶学习。因为小罗在内心深处最惧怕成为别人嘲笑的对象。"现在的制度确实不允许留级，不是说情不说情的问题。再说，小罗挺聪明的，他不愿意留级，说明他愿意好好学，我相信他会赶上的。"我把信任的目光投向了小罗，他非常感激地看了我一眼。尽管我心里对小罗没底，但只能这样说。"强扭的瓜不甜呀！孩子大了，要相信他！"旁边的老师也附和着。小罗的爸爸看老师都这样说，只好作罢，并说把孩子交给我了。

我给小罗报了名。出办公室时，我拍拍他的肩膀说："下面看你的了！我可是向你的爸爸保证过的！"

## 五

新学期一开始就军训，小罗兴奋极了，但他很快发现军训不是上体育课。教官很凶，用小罗的话来说，教官属于游戏中的"残酷的敌人"。第一天上午小罗走路左右脚不分，被教官训了好几次，到中午问题更严重了。

"陈老师，小罗不听教官的话，跑回教室了！喊他吃饭也不来！"我刚进食堂，班长小晨就气喘吁吁地跑来说。

我来到教室，只见小罗一人坐在自己座位上，心事重重的。

"你怎么不吃饭呢？"

"不想吃！"小罗一见到我，眼圈红了，就像见到了救星。

"教官对你太狠，受不了了？"我笑着问。

"不是的，我去盛汤时，教官叫我不要吃饭了！"

我猜想，以小罗的性格，肯定是我不在时他做了什么错事。

"你有做错的地方吗？教官不会无缘无故这样做吧！"我盯着小罗的眼睛，"跟别人争舀汤的勺子了？"

"小艾不给我拿勺子，还推了我一下。"

"你按照秩序来的吗?"

他一声不吭,他的头发浸透了汗水,贴在额前。看来是不守秩序了。

"我朝里面吐了几个泡泡,教官就叫我不要吃饭了!"

小罗的绝招就是吐泡泡,养兵千日,用兵一时,没想到用到这个地方了。

"教官做得对,要是我也会叫你不要吃饭的!"听了他的话,我也被激怒了。

"你吃不到饭,别人也就不要吃了吗? 你觉得教官做得不对吗?"

小罗眼里闪着泪花,说:"同学们都说我不对,都让我不要吃饭了!"

"难道大家说得不对吗? 要是人人都像你这样,干什么只想到自己,别人怎么喜欢你? 你要别人都让着你的时候有没有想到要谦让别人,要礼貌待人?"

小罗一声不吭,但满脸愧疚。

这时,班长跑过来了说:"全班都在等小罗呢! 教官要全班的人到齐了才开始吃饭。"

"走吧! 全班在等你呢。"

小罗立即拿起他的饭盒,跟着班长飞快地跑了。

后面几天的军训,小罗在军训时仍然问题不断,不过,中午吃饭的时候,他已经主动为同学分汤了。吃饭前全班要唱一支歌。"日落西山红霞飞,战士打靶把营归……"小罗扬着脖子使劲唱,老远就能一眼看到他。

## 六

这学期,小罗犯错的次数明显少了。只要班里有一点风吹草动,他就会立即向我汇报:哪几个同学把讲台的铁腿弄坏了一个,哪个同学把闹钟弄坏了,哪个同学从家里带了一百元钱,哪个同学买玩具了,哪个同学早晨来没有擦窗户……事无巨细,比我还细心。

小罗竟成了我的"卧底"了。要知道,我可从没有要他这样做。我知道这是他感激老师的一种方式。我夸他对班级负责任,同时也告诉他要多看到同学的优点,学习他人的长处,自己要努力少犯错误,做个好学生,人人都会喜欢他。他开始对我的话言听计从,有次我看见他一大早在白桦树下玩，就提醒他不要来得那样早，他还真的不早来了。我让字写不好的学生每天练一张字，五年级以来，他竟然是唯一一个坚持天天写的。我组织全班同学到当当网购书，他一下选了三本，课余时间坐在那里煞有介事地读了起来。家庭作业只要遇到不会写的，他就会空着，老师们说他的作业"窟窿"最多，但这总比不写强多了。他基本上能按时交作业了，偶尔不交，批评他时，会显得愧疚，也会立即补好。头脑灵活的他数学进步最快，第二次考试就得了 80 多分，让数学老师大吃一惊。在班级里，我大张旗鼓地表扬了他，他受宠若惊，看来受表扬的次数太少。我把这个好消息也告诉了小罗的爸爸，他爸爸还有些怀疑。小罗的确在一点点改变。

寒假前区里语文统考，小罗得了 87 分，达到班级的平均分。发成绩单那天，天下起了大雪，小罗的爸爸打电话说雪下得太大，小罗就不来学校拿素质报告书了。我告诉他小罗这次参加区里的语文统考成绩很不错，80 多分呢！电话那头沉默了一会儿后传来了爽朗的笑声。结果，那天不但小罗来了，他爸爸也来了，脸上是难得的笑容，对我表达了难得的信任和友善。

寒假里，小罗还得到了一个去新加坡的机会。这次活动被称为"福娃之旅"，是新加坡菩提小学的家长提供的资金。学校要求每个班级推荐优秀的学生，我和班里的老师商量后就把这个机会给了小罗。新学期，小罗的想法是新加坡的孩子能用两种语言说话，他一定要把英语学好。

……

不知从什么时候开始，像小螃蟹一样吹着泡泡的小罗不见了，取而代之的是认真学习、遵守纪律、活泼开朗的小罗。

蒙台梭利说："教育学生，应该学会在观察的同时耐心等待。"小罗的问题是他的早期教育缺失造成的。小罗本质上是个善良的学生，有较好的潜质，问题也是暂时的。无论在学校还是在家中，他都缺乏自信，内心的脆弱使他总是很无助。在学校里的诸多不良表现其实是他遮蔽脆弱和自我保护的表现。只有让他感觉到老师和同学对他的关心、期待和友善，他的学习态度和行为习惯才会改变。尽管变化很缓慢，但改变就是成功。教师所要做的是用信任和耐心等待花开！

# 热爱生命的教育

　　小伟自二年级就成了"后进"生，我接这个五年级班时他还不太会读书，不会计算，回顾一下他的以往表现，可谓劣迹斑斑。他曾在体育课上追卡车弄伤了脚；他在课堂上胡搅蛮缠，让新来的老师无法上课；为了不写作业，他扬言要跳楼……一个本应活泼可爱的孩子，为何在生命的起点活得如此沉重苦涩？一番细致调查后，我了解到这个"后进"生的产生有许多深层次的原因。小伟的父母关系不和，素质较低，不能言传身教。由于未形成好的习惯，小伟的成绩一塌糊涂。小伟外表邋遢，不讲卫生，让人敬而远之。家庭的放任自流、老师的责备、同学的鄙视过早地拔掉他自信的根。人有怎样的思维就有怎样的情绪，有怎样的情绪就有怎样的行为，有怎样的行为就有怎样的结果。在小伟的幼小心灵中，他认为没人可信赖，周围没人看得起他，他被贴上了"差生"的标签，丧失了上进的动机，情绪不稳定，行为怪异，在自暴自弃中积下了太多的委屈，他的刁蛮只是脆弱心灵的一点无力挣扎。

　　我与小伟的第一次谈话让他有点受宠若惊，他谈了对父母的失望、同学对他的冷漠，还说有位老师说过，如果小伟能及格，他就跳楼了。我对他的遭遇表示同情，也理解他的所作所为，我们约定从上课认真听开始做起。后面的几天，他收敛了一些。美术老师陈老师也敏锐地发现了他的细微变化，就表扬道："小伟，老师发现了你变了，上课认真听了，作业完成得太棒了，老师相信你会越来越好。"一连好几天，小伟天天在画画，一下课，他就找美术老师，其实他的画画得很一般。我知道他是在用心感激老师，这根救命稻草让他看到一点曙光。我因势利导让他管全班的标志，他做得特别认真，尽管有同学不服气，但看见老师的情感天平向他倾斜，他的态度有了改变。有一天下课，小伟走到我跟前说："老师，我想练字，因为你说我的字写得丑。"小伟的变化已经开始！

狄尔泰说："人是精神生活和心理物理生命的统一体。"人的心理与生理间、智力与非智力间相互依存，相互制约。人的生命是多方面、多层次的整合体。要使个体全面发展，就要有完整的教育。宇宙潜能蕴藏在幼小的生命中，得不到赏识和爱的生命缺少水分和阳光，精神残疾带给孩子一生痛苦。教师的功利主义伤害了多少学生的心灵。教育只追求知识技能，那只是开发其中的一种智能，这种教育也是不科学的。只有关注学生完整生命的教育，让生命和谐发展，才是民主、个性的教育。每个孩子都蕴藏着巨大的潜能，需要我们善于开掘，多一分期待，多一鼓励，多一分宽容，要让学生想成为一个好人，要让他竭尽自己整个心灵的力量显示自己是个优秀的学生。教师要小心翼翼地保护好学生的自尊心、自信心，那是他们成长的根，是生命和谐发展的基石。

一天下课，班长慌慌张张地跑来，说小林在割手指。当我赶到教室时，我看见她坐在座位上面无表情，手指上划了一道口子，正滴着血，我立即带她去包扎。当问明原委后，我大吃一惊，原来她与班委吵了架，越想越气，竟割了手指。"那你为何不跟老师说呢？""班委是你选出的，你不会帮我的。"我不禁想起她写的一篇习作，在作文中她提到，她妈妈对她管得太严，她一回家就被监控，她妈妈稍有不如意的地方便对她拳脚相加，她有时真不堪忍受，有时想把妈妈杀了，然后再自杀。她表面看上去一言不发，然而心中的不满情绪如沉睡了很久的火山，随时一触即发。

在家访中，我了解到小林的妈妈尝够了没文化的苦，一心想让小林读好书，有个好前程。这种过度关心适得其反，恶性循环差点酿成悲剧。我与家长进行了沟通，我劝家长调整心态，急躁是错误的，相信她，鼓励她，让她有好的心情比什么都重要。父母应做孩子的朋友，与孩子的关系要融洽，要让孩子感受到父母的爱。多次与家长联系后，我发现小林的古怪性格好了许多，成绩虽没有大进展，但心情好了，身边的小伙伴有好几个。最近一次班会课上，她参加了《竹筒声声》的舞蹈表演，穿上了自制的苗族服饰，拿着一根竹子，在欢快的音乐声中蹦跳得有模有样。

马斯洛的需要层次理论告诉我们，人的最高追求就是自由，实现自我的价值。小林的人格缺陷正是由于心灵太压抑，产生了不安全感。认知失真导致低水平自尊，进而没有交往、友谊、归属感、思想偏极。英国心理学家对精神气电现象进行科学测定，结果显示，当一个孩子受到夸奖肯定时，因疲劳而下降的热量曲线立即上升；相反，当他受到责骂嘲笑时，热量曲线会明显下降。不管父母抱着多大的期望、多么急切的心情，为了孩子好而抱怨数落他，结果都将事与愿违。一个孩子的成长如果离开了自由的时间和空间，就意味着失去心灵的自由。心灵太压抑，生命就会枯萎。每个孩子就像黄山的奇松，千姿百态，构成生命的奇观。盆景固然美丽，但人工的删剪、扭曲已让它失去了生命的本色，人们在惊叹它的美丽时也会替它惋惜。它的根在哪？它有机会长成参天大树吗？我们不能用对待盆景的方法对待孩子，而应该用对待根雕那样因势利导，顺其自然，即使平凡，也要让它呈现最本质的一面。生命如潺潺流动的小溪，如果一开始就不欢畅，它能流多远、多久呢？

巴尔赛尔士说："一无所知的人什么都不爱，一无所能的人什么都不懂。什么都不懂的人是毫无价值的，但是懂得很多的人却能爱，有见识，有眼光……对一件事了解得越深，爱的程度也越深。如果有人以为，所有的水果都同草莓一样成熟，那他对葡萄就一无所知。"

老师应该学会爱学生。爱是一门艺术，它需要掌握这门艺术的人有这方面的知识并付出努力！

# 语文"激发式导入"的妙处

于漪老师说:"课的第一锤要敲在学生的心灵上,激发起他们思维的火花,或像磁石一样把学生牢牢地吸引住。"而这重要的课堂"第一锤"应该就是"新课导入"。新课导入得法,短短的几分钟,不但能活跃课堂气氛,激发学生的学习兴趣,而且能帮助学生理解课文的内容,明显提高课堂的教学效率。课堂教学的新课导入是一种教学艺术,不但需要融趣味性、知识性、思想性于一体,而且需要采用符合教育学、心理学等学科规律的巧妙方法,而这巧妙的方法需要依据课文内容和学生的学情来定,其核心是导入的启发性和感召力。

古人云:"知之者不如好之者,好之者不如乐之者。"俗话说:"兴趣是最好的老师。"激发兴趣则是导入的重要方式,而巧设问题则是激发兴趣的关键所在。

上《卧薪尝胆》时,我在黑板上画"王"字的象形字图案,让大家看。学生有的说:"像个鱼钩!像一个鱼刺!"有的说:"我觉得像个镰刀!"我夸奖了学生的想象力,接着说:"你们看到的这个图案在古代其实是一种叫'钺'的兵器,谁拿着它谁就有权利,后来这个字就成了权利的象征。春秋战国时代,有这种权利的人叫'王'!今天我们要学的课文中就有两个'王',同学们知道是哪两个吗?"学生说:"吴王和越王。"我接着问:"你们知道他们的真实姓名吗?"学生回答:"吴王夫差,越王勾践。"于是我引入正题:"课文讲了吴王夫差、越王勾践之间的故事。同学们,他们两个原本是什么关系?后来又发生了什么变化呢?下面请大家读读课文,想想这个问题。"

兴趣是对事物喜好或关切的情绪,是人们力求认识某事物和从事某项活动的意识倾向。它表现为人们对某件事物、某项活动的选择性态度和积极的情绪反应。兴趣在学生的学习实践活动中具有重要的意义，可以使学生集中注意力，产生愉快紧张的心理状态。美国心理学家布鲁纳说："学习最好的刺激乃是对所学知识的兴趣。"的确，兴趣是最好的老师。

让学生与文本对话、唤起学生学习语文的兴趣非常重要。一个象形字"王"如一块石头激起千朵浪花。"猜一猜"让课堂的气氛轻松了；"想一想"让学生学习的兴趣浓了。教师再引导学生深入理解"王"的权力的含义，从而引出文中的两个"王"，不仅让学生初步了解了文章的主人公，而且还激发了学生学习文本的欲望。上课伊始，一个有趣的问题能让师生、生生与文本对话，让学生走进文本，让文本走进学生心里，从而进行语言、思想、情感的交流，让阅读教学成为一种有效的双向对话的过程。

问题产生疑惑，疑惑产生需要，需要是产生学习动机的基础，而问题则来源于教学问题情境的创设。

教学《狼和鹿》时，我出示"狼"的图片问道："同学们，我们来认识一位朋友，说说你对它的了解。"有的学生说："这是狼，它很凶猛，长得像狗，牙齿锋利，很可怕！"有的学生说："我听过《小红帽》的故事，知道它是个坏东西，不但吃兔子，而且连小孩子都吃。"有的学生说："我读过的童话里，经常有狼，它凶狠，还狡猾，它会像狗一样摇尾巴！我讨厌狼，它不是我们的朋友。"

我出示了另一张鹿的照片，说道："看来同学们一点也不喜欢'狼'这位朋友呀！那我们再来认识另外一位朋友吧！"学生们看了似乎很喜欢。小王说："这是鹿，我在动物园里见过，长着角，样子很漂亮！"小瑶说："鹿只吃草和树叶，我还喂过小鹿，它很温顺，还舔人的手呢！我见过没有长角的鹿，妈妈说雄鹿的头上才长角！"

学生看了两张照片，都挺喜欢鹿的。于是我把"狼"和"鹿"放在一起，学生情不自禁地说起来。有的喊道："狼会把鹿给吃掉的，狼那样凶残，鹿很可怜！"有的说："我想小鹿会非常聪明，它会和狼战斗的！"有的说："在童话故事里，狼和鹿也可能会和平相处的。"对于学生的议论，我没有给予回答，我知道学生对于它们的命运非常关心。于是我说："同学们真的非常聪明，'狼和鹿'这个题目引出大家这么多想法。狼和鹿到底发生了怎样的故事呢？我们今天就一起走进凯巴伯森林，看看这里的狼和鹿到底发生了什么故事。"

古人云："学起于思，思源于疑。""疑"是学生思维的火种。陶行知说："发明千千万，起点是一问。"问题意识是学习的起点，是向前探究的动力。疑问是激发兴趣、启发思维、发展智力的重要手段，是培养学生自读能力的重要手段。导入新课的时候创设情境、设置悬念就可从一开始就紧紧抓住学生的注意力，让学生在心理上形成阅读期待。"狼和鹿"会发生怎样的故事呢？"狼"在学生心目中是不可能被当成朋友对待的，而"鹿"似乎是人类天生的朋友。学生的这种认知与情感恰好和课文的内容产生了一种反差。这个命题蕴含着丰富的问题情境，可以诱导学生产生强烈的学习热情，很快就把学生带到了课文的情境中。学生的问题预测都在情理之中，但是文章的故事却是意料之外的。这种阅读冲突会给学生带来巨大的落差，为学生进行积极的文本探究创造了一个良好的开端。

任务是行动的目标，目标是行为的向导。有了任务也就有了行动的方向，而只有学习者满怀激情去学习，才能完成学习任务。

教学《詹天佑》时，我出示"京张铁路顺利竣工"的图片，对学生们说："同学们，1908 年 8 月，中国第一条完全由自己的工程师设计施工的铁路干线京张铁路顺利竣工了！这样一个消息震惊世界，给饱受帝国主义欺凌的中国人民以极大的鼓舞，每一个中国人都感到扬眉吐气。一转眼一百多年过去了，当年的那位令每一个中国人骄傲的工程师至今活在我们每一个人的心中。竣工的那一年，如果有一家影响力很大的报纸评选'感动中国人物'，你准备怎样为詹天佑写颁奖词呢？你想不想参加呀？"学生们都说"想"。有些学生举手想说。我接着说："先不要急！同学们对写好颁奖词有没有好的建议？"小王说："我觉得需要深入研究，把文中詹天佑最令人感动的地方勾画出来。"小惠说："我认为要在自己感触最深的语句旁写上自己的感受。"小蓉说："文章中有些地方还可以用简笔画来画一画，动手演示一下。"小张说："大家还可以参考一下自己课外准备的詹天佑的材料，这样会更完整。"

学生们一下子说了许多读课文的方法，我说："这些建议非常好，下面我们就一起穿越时空，回到一百年前，一起经历詹天佑经历的艰难，一起去书写这份颁奖词！”

从心理学的角度看，没有脱离情感的认知，也没有脱离认知的情感，学生的学习过程总是伴随着学生的兴趣和情感。情感教学就是从激发学生的情感入手，以积极情感为动力，促进学生的认知水平不断提高。赞科夫说："教学法一旦触及学生的情感和意志领域，触及学生的精神需要，这种教学法就会发挥高度有效的作用。"

"感人心者，莫先乎情。"课堂导入时，"感动中国人物"颁奖词的设计活动让学生对于主人公的情感一开始就未成曲调先有情。学生情感的激发为学生心灵接受洗礼奠定了一个情感的基础，更有益于学生对文本的理解。新课导入时，教师寻找课文内容和学生生活的最佳结合点，使课文走进学生的内心。詹天佑造京张铁路虽然离我们的时代很远了，但是他的故事至今为人们所熟知，他是位感动中国的巨人。用报纸征集"感动中国人物"这样的方式导入新课，还原场景，让学生亲临这个现实、生活化的情境。教师再让学生带着目的和方法与文本对话，为学生创造了一个最佳的学习情境。

俗话说："良好的开端是成功的一半。"新课的导入，如弹琴者定音、歌唱者定调，关系到整个演奏和演唱。董政枢说："好的开头，有如春色初展，鲜花含露，叫人钟情。"只要精心设计，采取"激发式导入"，一定会生成精彩有效的课堂。

# 语文阅读教学应有点模糊性

　　阅读是一种由很多因素组成的复杂的智力活动，又是十分个性化的行为，阅读并非简单还原作者的原意，而是对作品的再创造。不同的学生对同一个作品形成不同的理解，这是十分正常的现象，但现在我们对于这种阅读教学中的模糊性缺乏理智的分析和应有的宽容。以教师为中心的教学观让学生在阅读过程中处于被动，忽视学生的年龄特点，课堂教学死抠章句，照搬教材中的标准答案，抑制了学生的创造需要和联想空间，扼杀了学生思维的灵性。在这个呼唤创新的时代，我们应正确对待阅读教学中出现的模糊性。

　　《燕子》这篇课文写了燕子的外形特点，飞行轻快以及它休息时的静态美。课文第二段大篇幅地描写了春天的景色，这是否多余？为何要写春天的景色？我向学生提出了这些问题，学生的回答非常精彩，有的说："小燕子是春天的使者，小燕子飞回来了，春天也回来了，所以要写春天的景色。"有的说："小燕子是春天的精灵，它需要一个美丽的春天作为它活动的天地。所以要写春天的景色。"有的说："春天不能少了轻盈的小燕子，但小燕子更离不开美丽的春天。"还有的说："红花还要绿叶配，写春天是为了衬托小燕子的美。春天越美，小燕子就越美。"

　　横看成岭侧成峰，远近高低各不同。这些见解是思维的火花，是学生独特的感受和体验，他们仁者见仁，智者见智，体现出不同的趣味。如果这时搬出一个标准答案，那该多么索然无味。新课程标准提到，语文课程的丰富人文内涵对学生的精神影响是深广的，学生对语文材料反应是多元的。阅读过程是学生教师之间的文本对话过程，是学生的个性化行为。课堂不是一个人的独白，应是双主体的交流，是师生之间、生生之间、师生与文本之间自由开放弘扬个性的对话。阅读要珍视学生独特的感受。要努力实现思想与思想的碰撞、情感与情感的交融、心灵与心灵的接轨。康德也说："模糊观念比清晰观念更富表现力。"因此我们不能把课本教材当作金科玉律，也不能让学生被动地成为知识的容器，而应该用平等的心态与他们对话，尊重他们个性化的理解。这种模糊理解更有益于拓展他们认识的深度和广度。

学习了《最大的麦穗》这一课，学生难以理解"追求应该是最大的，但把眼前的一穗拿在手中，这才是实实在在的"这句话。我便让学生联系生活以及经验来理解。一位学生说："我有位叔叔读完大学出来找工作，开始找了一个岗位不满意，接着花了很多时间也找不到更好的工作。最后回头发现，原来的那个岗位也没了。"另一位学生说："我读过一个故事，一只猴子上山玩，先看见了玉米，便掰玉米；看见了桃子就扔了玉米摘桃子；看见了西瓜便扔掉桃子摘西瓜；最后看见了兔子便扔掉西瓜去追，结果一无所获。我们可不能像猴子那样。"还有的学生说："我读过《渔夫和金鱼的故事》，那位老太婆先向金鱼要了一个小木盆，接着要木房子，然后要做贵妇人，要当王，最后要做海霸王。金鱼不能忍受了，老太婆最终又回到原来的生活。老太婆太贪了，连个小木盆也没得到。"

学习了《山谷中的谜底》这课后，我问学生："你能联系生活实际，谈谈你对'弯曲不是倒下，而是为了生存和更好的发展'这句话的理解吗?"学生甲："刘备三顾茅庐，卑躬屈膝，最终感动了孔明。孔明为刘备立下汗马功劳。刘备为了国家的兴旺才委屈自己。"学生乙："勾践为了东山再起，卧薪尝胆，甚至为夫差喂马。最后，勾践收回了领土，取得了胜利。勾践忍辱负重是为了国家的生存。"学生丙："蔺相如为了国家的稳定局势，处处让着廉颇，委曲求全；廉颇深受感动，向蔺相如负荆请罪。蔺相如不是怕廉颇，他是为了国家的发展。"

这些事例让学生很好地理解了这个中心句，同时没有一点说教的生硬。心理学研究表明，人的心理有清晰的一面，有难以描摹的一面，会出现"只可意会，不可言传"的现象。北京大学的王富仁教授认为，感受和表达不是一回事，理解的表达不出来，这也是正常现象。当学生阅读时，言不可尽意，还要依靠自己的生活和体验，设身处地去补充还原，这也造成了理解的模糊性。当学生不能清晰地深入理解文本信息时，教师要容忍模糊，采用学生喜爱的方式来理解，获得形异而质同的理解。失之东隅，收之桑榆。

有一次听一节公开课，教师上的是《长征》，在讲到"金沙水拍云崖暖"时，教师这样解释："'云崖暖'指的是这里的气候比较恶劣，据文献资料反映，红军是在皎平渡这个地方渡江的，这地方自古就以酷热闻名。《三国志》记载，张岱将军曾率军在此渡江，结果1500人热死。《西游记》中的火焰山据说就在附近。因此，这句不是讲金沙江水流太急了，急流把云崖都拍得发暖了，而是指这里的环境太恶劣，是诗人避开正面直叙而表现出的一种革命乐观主义精神。"不可否认教师在这个教学环节下了一番功夫，但教师用自己对教材的深挖掘代替了学生的理解。学生的阅读应是从模糊状态中获得的一种独特的体验，教师把一句话从整体中游离出来，再做"解麻雀"式的分析，显然是越俎代庖了。

儿童的年龄特点是记忆力优于理解力，我们也应降低理解的要求，不求一步到位。同时语文学习具有习得性，积累是学好语文的重要途径。"积沙成塔""熟读唐诗三百首，不会作诗也会吟""读书破万卷，下笔如有神"，这些古人的学习经验也告诉我们积累的重要性。好读书，可以不求甚解。儿童的记忆力处于全盛时期，教师对于那些儿童难理解或不必理解的可以先放一放，容忍模糊，待以后来消化，应花大力气引导学生广泛读书，多积累。虽然当时儿童的感受很朦胧，但随着人生体验的丰富，感受将会逐渐清晰起来。

语文阅读教学的模糊性不是颠倒黑白，不是浮光掠影，而是原则性与灵活性的统一。容忍模糊性不是不要精确，相反，适度的模糊性是为了获得真正意义的精确。同时，语文阅读教学的模糊性也是由语文学科的特点和儿童的心理特点决定的，我们应有点模糊的情怀。

# 培养语感的途径

语感是一种语言心理直觉，是人们在长期的语言实践中所形成的一种心理能力。英国学者皮特·科德说："语言学习者最终能够学会许多我们没有充分描绘而未曾教和无法教给他们的东西，那真是我们的大幸。"未曾教和无法教的那些基本素质正是长期积淀在心中的语感。一位学生的语言功底、智力水平、思想品格、审美趣味等诸多因素通过语感表现出来。因此，语感的培养是语文教学的根本。

吟咏是心、眼、口、耳并用的一种学习方法。吟咏先出于口，再入于声，然后了然于心。正如宋代朱熹所说："凡读书，须要读得字字响亮，不可误一字，不可少一字，不可倒一字，不可牵强暗记，只是多读遍数，自然上口，永远不忘。"吟咏是我国传统培养语感的重要方法，在现在的教学中仍必不可少。苏教版教材中有很多美文，是适合吟咏、培养语感的好材料。如在学习《夹竹桃》时，学生在听录音和反复自由朗读中，便会渐渐领略到院子中夹竹桃的"宛如雪上有火，火上有雪"的奇妙有趣，月光下夹竹桃的"花影迷离""叶影参差"的朦胧美以及它的可贵品格。学生在吟咏中能充分感知语言的优美，领略文章的韵味。

古诗的特点是有鲜明的节奏美。古诗的吟咏要能读出高低、强弱、缓急，读出它的节奏感和韵律美。如教师在《村居》的吟咏中这样指导学生："草长莺飞/二月天，拂堤杨柳/醉春烟。儿童散学/归来早，忙趁东风/放纸鸢。"学生在吟咏中会慢慢进入诗的意境中，领略到初春的生机勃勃和儿童的天真快乐。

文字是有温度的，有生命的，有动感的。传达文字生命动感需口诵心惟。正如叶圣陶所言："吟咏时讲究所得的不仅是理智的了解，而且是亲切的体会，不知不觉之间，内容与理法化而为读者自己的东西了，这是最可贵的一种境界。"

品味，其实是一种语感分析，即能体会出语言的语境意义，诸如辨析词语的感情色彩，揣摩语言的隐含意义。这里的品味不是指语言表面的特征，而是对语言的一种感悟。学生的这种感悟能力是在语文实践中形成的。教者要善于开掘教材中的关键性词句，让学生来体会、感悟。如《夹竹桃》中的两句话："夜来香的香气熏透了整个的夏夜的庭院，是我什么时候也不会忘记的。""你站在它下面，花朵是一团模糊；但是香气却毫不含糊，浓浓烈烈地从花枝上袭了下来。""它"指的是夹竹桃。"熏"和"袭"用得各有妙处，"熏"强调的是香气弥漫、长久，"袭"强调的是来势猛、香气浓。两个词在句中各得其所，贴切地反映出夜来香或夹竹桃香气的不同特点，不可混淆。

《泉城》中写珍珠泉和趵突泉的两个地方也有值得推敲品味的传神之处。"珍珠泉在泉城路北。泉池约一亩见方，清澈见底。泉水从地下往上涌，好像一串串珍珠。在阳光的映照下，那珠串忽聚忽散，忽断忽续，忽急忽缓，仿佛有一只神奇的手把它们拎到了水面上来。""一个开阔的方形泉池，差不多占了大半个公园，池里的水很清，游鱼、水藻都可以看得清清楚楚。泉池正中有三股比吊桶还粗的清泉，'咕嘟咕嘟'从泉底往上冒，如同三堆白雪。"这里的"涌"字和"冒"字各自体现出了珍珠泉和趵突泉的不同特点。"涌"字表现出了珍珠泉泉水的生命力，串串银色的水珠自水底翻涌而上，体现出了泉水的神奇和美丽。"冒"字体现出了趵突泉泉水的流出量大而且力度大，能让人更深刻地体会到"咕嘟咕嘟"的动态美和"如三堆白雪"的形态美。

要想学会品味语言在语境中的本质意义和它在特定情境中的感情，需像咀嚼橄榄一样来反复品味，久而久之，便会提高语感分析能力，便会逐渐敏锐地洞察语言，完整捕捉话语的要点。

吕叔湘说："凡是行为习惯都是通过多次反复实践养成的。"语文阅读和习作都是一种行为，必须实践才行。语文是实践性很强的课程，培养语感的重要途径也是实践。

在作文教学中，教师要能充分利用教材特点，让学生学习每篇范文里的观察方法、表达方法，并联系学生的实际情况，每课学一点，每课练习一点，一课一得，得得相连。如《广玉兰》作者观察广玉兰的方法是从远处闻到了它的幽香，再从近处局部地观察它的花瓣的洁净高雅、花的形态各异、叶子的油亮密集。由远至近、从整体到局部就是作者的观察方法。再如在《石榴》这课中，作者以优美的文笔写出了石榴的颜色变化，青绿色，青中带黄，黄中带红，一半儿红、一半儿黄；描述出石榴形状的可爱，"像小喇叭""像咧开了嘴""像笑破了肚皮""像玛瑙般的籽儿一颗颗紧偎在一起"。这里对颜色、形状的表达非常出色。让学生学习这种观察方法和表现方法，再进行片断练习，往往会有立竿见影的效果。如果坚持下去，学生会变得敏于观察，善于描绘，工于想象，在实践中真正提高语感能力。

《全日制义务教育语文课程标准（2011 年版）》中明确要求学生具有独立的阅读能力，注重情感体验，有较丰富的积累，形成良好的语感，可见语感能力之重要。教师在语文实践中引导学生学会吟咏、学会品味、学会应用，就能很好地培养学生的语感。学生具备了良好的语感，在阅读时内心就会入境入情，达到"语语悟其神"的境界，也会自觉注意学习文章的表达方法并实践。

# 在文本疑点、热点、难点处因势利导

学生是语文学习的主人。语文学习应该激发学生的学习兴趣，培养学生自主学习的意识和习惯，为学生构建良好的自主学习情境。教师是学习活动的组织者和引导者。教师应创造性地理解和运用教材，灵活运用多种教学策略，引导学生在实践中学会学习。阅读教学中的疑点、热点、难点是发挥"双主"作用的支点。教师要善于在疑点出以疑促思，热点处趁热打铁，难点处点拨升华。

在阅读教学中，学生是阅读的主体，但阅读是否有效，取决于教师是不是善导。何为"导"呢？指导？开导？引导？辅导？钱梦龙老师说最好的"导"应该是因势利导。"导"必须从学生的读的实际出发，学生的阅读基础、阅读心理、阅读思维流程在阅读过程中都呈现一定的"势"。顺势而导，师逸而功倍；反之必师劳而功半。阅读教学应该开始于识"势"，展开于善"导"。

在学习苏教版第十册《三借芭蕉扇》时，一个学生说："孙悟空三借芭蕉扇，可他没有一次是借的，这个题目不对。"我觉得很有趣，问道："那三个'借'可以换成什么呢？"学生显然对这个问题非常感兴趣。一名学生说："第一次孙悟空钻进了铁扇公主的肚子里，在那里又踢又跳，硬要铁扇公主交出扇子，铁扇公主也不得不交出来，所以我觉得第一次叫'逼扇'。"另一名学生说："第二次孙悟空变成了牛魔王的模样，混进了铁扇公主的洞府，然后又用花言巧语把扇子骗了出来，所以第二次可以叫'骗扇'。"还有学生说："第三次孙悟空与牛魔王混战，硬是要抢扇子。铁扇公主看牛魔王实在不是孙悟空的对手，只得把扇子交了出来。第三次可以叫'抢扇'。"站在学生的角度考虑，这三个分析还真的合情合理，但他们还不明了是非。

于是我接着问："每一次较量你能感受到孙悟空是怎样的人呢？他为何要扇子呀？"一名学生说："孙悟空表现得有勇有谋、大智大勇。"另一名学生说："孙悟空是为了当地的老百姓和唐僧能顺利西行才这样做的，他做得是好事。"还有的学生说："我想还是用借好，因为他是为正义才这样做的，而且用完后又还给了铁扇公主，所以题目叫三借芭蕉扇是对的。"

在学习苏教版语文第五册《第八次》时，一名学生提出了一个非常有难度的问题："布鲁斯王子第八次打仗就胜利了，这与蜘蛛第八次结网成功不是有点巧合吗？"我觉得这个问题提得好。于是我问："那同学们觉得如果布鲁斯王子第八次失败了会怎么样？会不会失去信心？"大家讨论了一会，有的说："我想他会接着来第九次，他不会失去信心。"有的说："我想布鲁斯王子从蜘蛛身上找到了勇气，即使失败再多几次，他仍会坚持战斗的。因为他一定想人不能不如蜘蛛呀！"有的说："我觉得布鲁斯王子从蜘蛛第八次结网成功受到了启发，蜘蛛一次又一次从头干起，从不灰心，所以布鲁斯王子如果第八次仍失败，他也不会放弃的。"听了学生的发言，我深切感受到一个疑问的价值。我说："所以第八次就是一个关口，只要过了第八次就会明白只要不失去信心和勇气，就一定能成功。"

学起于思，思源于疑。朱熹说："读书无疑者，须教有疑；有疑者，却要无疑，到这里方是长进。"爱因斯坦也说过："提出一个问题远比解决一个问题更重要。"引导学生学会质疑问难是自主探究学习的关键。质疑可以使教师的教学更有的放矢，可以引导学生深入理解课文，可以促进学生主动探究，敏于发现，可以激活学生的思维。没有自己的问题，就永远没有创造。质疑让学生由"听众"变成"演员"，由被动接受的"容器"变成主动获取知识的"探索者"，培养了学生主动学习、独立学习和学会学习的良好素质。的确，学贵有疑，小疑则小进，大疑则大进。

学习苏教版第十册《天游峰的扫路人》时，学生对这位天游峰的扫路人能否成为百岁老人非常关心，这个问题成了一个争论的问题，所以意见自然不能统一。有的说："天游峰这里空气清新，景色宜人，老人每天都在劳动，坚持扫天游峰，他心情舒畅，性格开朗，应该能成为百岁老人。"有的说："老人每天要扫天游峰，那么多石阶，太辛苦了。老人还要自己种菜、挑水，生活上要自己照顾自己，怕是年岁不饶人。"还有的说："但老人是豁达、开朗、自信的，自己认为肯定能成为一位百岁老人。"我说："三十年后的事我们不得而知，但老人对待生活的这种乐观、自信的态度却是我们要学习的。"

教师要随机应变，而变得是否有巧思关键在于"机"的把握。热点是学生最感兴趣的地方，热点能紧紧抓住学生的注意力，老师要善于点拨，让学生展开讨论，学生就会尝到发现真理的乐趣。德国教育家第多惠斯说："教学的艺术不是奉送真理，而是发现真理。"因此，老师要善于引导学生对感兴趣的热点发表看法，引导学生深化对文本理解的深度与广度。

学习苏教版第十一册《螳螂捕蝉》时，学生对少年在王宫花园里到底有没有看到螳螂捕蝉、黄雀在后一幕的问题产生了疑惑。当我提出这个问题时，大家的回答也是众说纷纭。有的说："少年在王宫里一连转了好几个早晨，鞋子都湿了也不介意，这说明他在等人。"有的说："少年手里的弹弓只是个道具，好向吴王说明他是在打鸟。"有的说："少年跑到王宫花园，因为这里能多一点机会见到吴王。"有的说："少年在花里根本没见到螳螂捕蝉、黄雀在后这一幕，他只是用这个故事劝说吴王不要攻打楚国。"学生在思维碰撞中很快统一了认识，那一幕是少年虚构的，于是我说："对，少年在王宫花园里并没有看到螳螂捕蝉这一幕，这只是少年的精心安排。少年是一位勇敢、智慧的人。"

教学的效率跟学生的投入、参与程度成正比，这是一条重要的教育规律。但难点是学生深入理解的绊脚石，教师要善于因势利导，利用难点将学生导入一个生动、活泼的境界。学生一旦全身心进入了"角色"，他们的智力潜能将得到充分释放，能不断迸发思维的火花，使他们有可能完成超过他们能力的比较困难的问题。

在阅读教学中，要充分尊重学生的主体地位，承认学生的知识、能力、情感、兴趣对教师的制约作用。教师只有顺其势而导，不能逆其势而行。教师要善于把学生引导到最利于他们认识和发展的境界中去，要善于开掘教材中的疑点、热点、难点，再因势利导地点拨、启发，引导他们讨论、感受、发现，渐渐地教师就能由"扶翼"而逐渐撒手，学生会自奋其力，自能读书。正如叶圣陶先生所言："教师当然须教，而宜尤致力于'导'，导者，多设方法，使学生逐渐自求得之，卒底于不待教师教授之谓也。"

# 求精要，求层次，求曲折

　　课堂提问是每节课使用最频繁、最熟悉不过的教学方法。陶行知说："发明千千万，起点是一问。智者问得巧，愚者问得笨。"精彩的提问绝对不是信手拈来，而是经过深思熟虑才生成的。精彩的提问能激发学生的兴趣，锻炼学生的思维，有效进行语言训练。

　　《三顾茅庐》写的是刘备求贤的故事，反映的主题是尊重人才。如何来切入这样的一个主题呢？可以用一个问题来贯串：从哪些地方能看出刘备的诚心诚意呢？学生围绕这个问题，从文中刘备的语言、动作、神态整体感受刘备的诚心诚意，从与兄弟张飞、关羽的人物对比中看出他的诚心诚意，从"恭恭敬敬""轻轻""快步"等词语体会到刘备对人才的尊重，认识到诸葛亮出山后屡建奇功是刘备的诚心诚意换来的。本课用一个大问题来统领全文，教师、学生、文本之间的对话生成就在"刘备的诚心诚意体现在哪里"这个问题上展开。去隆中前刘备怒斥张飞；在隆中刘备冒着风雪寒冷在草堂台阶下耐心地恭候；出了隆中后，刘备说他和诸葛亮的关系是如鱼得水。贯串全文的正是刘备的诚心诚意。

　　《只拣儿童多处行》写的是冰心在颐和园里寻找春天，最后她发现只要有孩子的地方就有春天，儿童就是春天。本文可以从题目入手，围绕"只拣儿童多处行"来提问：你看了这个题目后有什么疑问呢？课文中哪些句子直接写了冰心奶奶"只拣儿童多处行"呢？冰心奶奶为什么要"只拣儿童多处行"呢？请同学们再读课文，寻找重点词句品味。这些问题串起来，使得整个教学整体化，教学更紧凑，效果更好。

　　万绿丛中一点红，动人春色不需多。钱梦龙老师在他的《导读的艺术》中提到，课堂教学中要找到一条最少迂回，最经济的捷径来达成目标。提问要围绕、指向教学内容的核心点，尤其是关键词句，即在一个点上具体落实教学内容。因此要善于在课文中找到一个执"一"御"万"的问题，善于做"减法"，使教学环节简明，路线清晰。找到这个"主攻"目标，其他的"外围"目标、"常规"目标都可以辐射到这个主攻目标上来。教师在整个教学过程中就像一名导游，领着学生一步步进入本文，教师随即指点，要言不烦，课堂教学就有了实效。

《荷花》是叶圣陶先生的佳作，而其中的一个神来之笔"白荷花在这些大圆盘之间冒出来"值得细细推敲。我问学生觉得哪个句子写得美，大家觉得"白荷花在这些大圆盘之间冒出来"中的"冒"字用得特别美。我接着问学生"冒"字还可以换成别的什么字。"长出来！""钻出来！""伸出来！""露出来！""窜出来！"我让学生用心读读前后几句话，体会一下怎样长出来才可以叫"冒出来"。一位学生说："使劲地长出来才算是冒出来。"另一个学生说："争先恐后地长出来才算是冒出来。"我问："我们能体会到荷花的一种什么样的情态呢？"学生回答："兴高采烈的！""痛痛快快的心情！""激动的心情！"我打开课件，对大家说："这就是从挨挨挤挤的荷叶之间生机勃勃地冒出来的白荷花。白荷花冒出来以后，仿佛想干些什么。如果你是白荷花，你想说什么？请你们先自己写，写完后交流！"

一个学生说："我是白荷花，你们瞧我长得多美丽。"另一个学生说："我从这些大圆盘之间冒出来，我想深深地吸一口新鲜的空气。"还有位学生说："我是一朵美丽的荷花，穿着绿色的裙子，我想看看外面的精彩世界。"一个"冒"字不但让白荷花活了，而且使白荷花变得更美了，这是一种生机勃勃的美。最后我让学生再来读一下这句话。

问题的预设需要体现一定的层次性。钱梦龙说："先问一些比较易懂有趣的问题，让学生尝到解决问题的乐趣，然后逐步加大难度。这样，学生就好似登山一样，过了一个高峰，又有另一个高峰在自己的面前了，于是他们登山的兴趣会越来越浓，课堂气氛会越来越活跃。"

学习如登山，需要拾阶而上。我围绕"冒"字，连续问了四个问题，引导学生进行四个层次的训练。先是找字，再来替换"冒"字，接着体会"冒"字，最后想象写话，训练的难度循序渐进，一次比一次增大。

欲穷千里目，更上一层楼。因为提问有层次性，所以这个教学环节有了"一锅出"的效果。王荣生老师说："'一锅出'要求把语文教学的多项任务巧妙地统一在一个教学环节里面，而不是几个方面各行其是。"在这个过程中，学生的语言得到丰富，思维得到训练，写作能力得到锤炼。白荷花美丽的形象也逐渐在学生的心中丰满起来。

《理想的风筝》是苏叔阳为自己老师写的一篇文章，在文中表达了对老师的怀念之情，浓墨重彩地叙述刘老师乐观、自信、坚强的品格。如何让学生在感悟刘老师的人物形象时也能走进苏叔阳的内心精神世界呢？"'春天又到了。柳枝染上了嫩绿，在春风里尽情摇摆，舒展着自己的腰身。连翘花举起金黄的小喇叭，向着长天吹奏着生命之歌。而蓝天上，一架架风筝在同白云戏耍，引动无数的人仰望天穹，让自己的心也飞上云端。逢到这时候，我常常不由自主地想起我的刘老师，想起他放入天空的风筝。'同学们，作者写春天，为何要填一个'又'字呢？"我问学生。大家认为作者一到春天，一看见风筝，就会想起刘老师。我问："大家了解作者苏叔阳吗？"学生面面相觑，摇头。我告诉大家："苏叔阳的作品很多，他很有成就，但他的生活道路很不平坦。1994 年正值创作高峰期，却不幸患了癌症，他做了肾癌手术，切除了左肾。2000 年新年，癌细胞转移，又做了肺癌手术，切除了右肺。生病期间，他不断写作，写了 200 多万字的作品。他在作品中这样写道：'不管我多么衰弱，只要生命的火炬还在烧着，我就会走，哪怕是爬行一样也要挣扎。'听了这些，你有什么感受？"大家觉得他很坚强，很乐观，不惧怕病魔。于是我说："这是多么坚强的人，是生活的强者，而这一切都来源于刘老师对他的影响。苏叔阳受到了刘老师怎样的影响呢？请同学们读课文思考。"

本节课如果一开始就直问刘老师是个怎样的人，这就显得笨拙，学生的兴趣不高。变换一下提问的角度，让思路"拐一个弯"，从问题的侧翼寻找思维的切入点，反而能激起学生的学习兴趣，也让学生将作者苏叔阳和刘老师的精神世界融合起来。

曲径通幽处，禅房花木深。欲廓其清，故问生惑。直来直去的提问索然无味，也妨碍学生思维的发展。"山巅可览胜，曲径能通幽。"如果我们用"曲问"的方式，寻找学生兴趣和文本的深度结合点，琢磨提问的角度，提出新颖的问题，课堂就会有充满探究性。

# 向 课堂细节处漫溯

## 一、支老师的教学机智

支老师的课总会是让人趣味盎然，如浴春风。支老师教学《晏子使楚》一课的导入就让人眼前一亮。

师：今天这么多老师来听课，你们紧张吗？

生：不紧张。

师：不紧张？好，那谁敢到黑板上写几个字？（学生无人举手）

师：你们不是说不紧张吗？（有一个学生举起手）

师：好，你过来。我就喜欢勇敢的孩子！（学生走上来）请你把今天要学的课题写在黑板上。（学生写字，但"晏子使楚"四个字写得大小不一，台下学生哄堂大笑）

师：你们别笑，也许他这样写是有所考虑的。我们今天学的这一课的主人公是谁？（生答"晏子"）所以嘛，他把"晏子"两个字写得很大！（众笑）你讨厌不讨厌楚王这个人？（生答"讨厌"）所以他把"楚"字写得最小！（众笑）

这一段导入让学生在笑声中理解与顿悟，这不仅与支老师风趣个性的课堂语言有关，更多与支老师的教学机智有关。

当学生不敢上黑板写的时候，他积极地鼓励学生，鼓励学生积极参与课堂、表现自我。

当学生写得不好的时候，他巧妙迂回地给学生足够的尊重，让全体学生都有足够的心理安全感，让学生知道在课堂上是可以大胆各抒己见的，是自由的。这种心理暗示无疑能激发学生的主动性和学习的热情。

学生的字写得大小不一，支老师把字的大小不同和文章的情感联系在一起，虽然学生没有这个意思，但是这种机智的渗透不仅化解了学生的尴尬，而且点明了对文章人物的认识。听支老师的课，你无法推测出他下一步要做什么，而且经常会出现令人始料不及的设计或场面。也就是说，每次听支老师的课都会有新意，支老师每一次讲同一篇课文都会有不同的教法，从无固定的模式，似乎"无法无天"。篇篇不同，次次出新，语语难料，机智迭出，诙谐幽默，这恐怕就是支老师的教学充满着诱人魅力的原因了。

## 二、挖掘空白，练在实处

师：现在，请你写一段符合人物心情的环境描写，以"清晨，乔伊醒来……"开头，要用上"一切都会好起来的"这一句。

生快速写作。

师：同学们写得很投入！现在我们来交流一下，相互学习借鉴。谁愿意第一个来？

生：清晨，乔伊醒来，看到熟睡中的妻子，那样安详，那样美丽。他看了看里屋，桌子是旧的，橱柜是旧的，窗帘也还是旧的，心里感到一丝不安。（师：三个"旧的"衬托出家境贫寒）他轻轻地下了床，吻了吻妻子的脸颊。一转身，看到旧书桌上的那些钱和那张写着"在我困难的时候有人帮助了我，现在我也想帮帮你"的纸条，心里感到阵阵暖意。他快步走到窗前，"唰"地一下拉开了窗帘，灿烂的阳光立刻照进了小小的里屋，连同乔伊的心，都被照得亮堂堂的了。（掌声）"一切都会好起来的！"乔伊这样想着……

生（继续）：雪花落在了他的脸颊上，他感到阵阵凉意。抬头一看，两只可爱的小鸟站在枝头戏耍，蹦蹦跳跳，积雪便纷纷扬扬地飘落下来，落在他的脸颊上。（师：原来雪是这样"下"的）即使是下雪的寒冬，小鸟依然快活，我为什么就不能快活些呢？（众掌声）

这样一个读写结合的环节体现了教师对语言文字表达的重视。语文教学的责任是发展学生的言语智能，核心任务是"培养学生正确地理解和运用祖国语言文字的能力"，既要正确地理解语言文字蕴含的思想感情，更要准确地理解语言文字的表达形式及其内在规律。在平时的学习中，学生经常会出现"只会意会，不会言传"的现象，那是因为学生的思维只停留在理解语言的层面上，没有学会运用语言。吴忠豪老师将只能理解的语言称为"消极语言"，把能运用的语言叫"积极语言"。学生要想把消极语言变为积极语言，读写结合就是一个非常好的训练环节。

好的文章往往蕴含着好的表达方法，阅读教学并不仅仅要学生理解内容、品味意境，而要学生更好地感悟写法，体会如何表达更加形象、有表现力。《爱之链》中的环境描写具有烘托人物心理、突出文章主题的作用，在结尾处留下了一个环境描写的空白，教师引导学生借鉴前文的环境描写的写法，根据结尾处的人物感情基调，选择恰当的景物，作了合理想象的描写。学生的描写非常精彩，非常有创造力。三个"旧"字，反映了主人公的落魄处境，但清晨的阳光照亮了屋子，也暖了主人公的心，让他重新鼓起了生活的勇气。既让学生学会了用环境描写衬托人物心情，凸显文章主题，也让学生加深了对文章主题的领悟。教师寻找并创设的这个读写结合点，让学生的语言潜能得以开发，让阅读教学和作文教学融合起来。

## 三、留下空白，绕梁余音不绝于耳

干国祥老师执教的《渔歌子》非常有创意，一直为其他教师所称道。干老师在课的最后设置了一个环节，这个环节给人的感觉是课虽然上完了，但学生对生活的思考似乎刚刚开始。

干老师让学生选择自己心目中的渔夫（两种渔父的表征意义出现在屏幕上）：

优美恬静和谐　　VS　　清冷孤寂高寒

逍遥自由快活　　VS　　孤苦坚毅卓绝

学生犹豫着选择，有的选第一个，有的选第二个，但总是不能确定下来。

干老师说："你不要忙着选，我告诉你，中国的思想，其精髓有两个字，一个是'儒'，一个是'道'，所以你不要忙着选。这两首诗都是好诗，这两种'渔父'都是我们所欣赏的，我这道选择题恰恰不要你选择，要你在你的生命里把这个'渔父'和那个'渔父'全都吸收进去。"

最后，干老师将课件上所选的南通著名画家范曾先生所作《渔父图》

一幅幅播放出来……

精神的唤醒、精神培育、精神构建是语文教育应有的理想和追求。干老师对于文本的解读很深刻，他将《渔歌子》中的张志和和《江雪》中的柳宗元的精神世界准确地呈现在学生面前，本文的丰富内涵让学生汲取了精神营养。

学生的价值取向有时会和其体验存在矛盾，此时，学生会对两种人生的价值观莫衷一是，这是正常的，因为学生的人生经验还不能达到甄别的高度。尽管如此，张志和的逍遥自在和柳宗元的积极入世的精神元素还是深深地触动了学生的心灵。干老师处理这种矛盾的方法是留下空白。萨特说："阅读是一种被引导的创造。"个体的差异和文本对话会有差异，刘勰在《文心雕龙》中说："才高者苑其鸿才，中巧者猎其艳辞，吟讽者衔其山川，童蒙者拾其香草。"每一个学生都会在以后漫长的人生旅程中无数次遇见《渔歌子》和《江雪》，也会不断诠释重塑着心目中的渔夫。干老师在课堂上完成了价值引领的任务，却没有成为布道者，这是他的教学智慧所在。

干老师的这节课的结尾真的可以成为继课堂高潮之后的又一个精彩。"编筐编篓，贵在收口。"作为课堂的收场，干老师让每一个学生运用自己的头脑独立思考，释放自己的情怀，去阅读生命，去感悟生活，去辨别人生的价值，去构建人生理想，紧扣题意，深化了课堂的内容。在整个教学过程中起到了独特的作用，犹如咀嚼干果，品尝香茗，令人回味无穷。

## 四、敲在学生的心灵上的第一锤

聆听了贾志敏老师的《推敲》，他的课堂导入让人耳目一新，引人入胜。

师：我们的祖先真聪明，发明了火药、指南针，还创造了许多有趣的文字。比如，"木"字在以前这样写（教师画"木"）。再如，这个"休"字表示一个人正靠在树木边上；还有"步"字，上面指鞋子，下面也是鞋子，两脚跨出去，不是一步吗？

师：汉字有意思，词语更有意思。如"左右"一词，怎么理解？（生举左手，再举右手）但如果将词语放到句子里，"我左右不了你"，意思就大不相同了。再比如说"东西"一词，哪些是东西呢？

生：语文书、教棒、粉笔……

师：老师是东西吗？

生：你不是东西。

师：这不是骂人吗？

（生众笑）

师：你看，汉语是多么有生命力呀！就连外国人也觉得汉语特别有意思。再如"斟""酌"，本来都是表示"倒酒"，但两个字放在一起就表示"研究"的意思了。

师：再看一个"推""敲"。如果你要推门，（生演示）需要手向前发力；如果你要敲门，（生演示）需要用手去撞击，但"推敲"在一起时就表示"斟酌""研究"了。

师：今天我们就来学习《推敲》这篇课文。

课堂教学的新课导入是一种教学艺术，需要融合趣味性、知识性、思想性。

贾老师新课的导入重在一个"趣"字。教师教得有趣味，学生自然学得主动、活泼、有趣。贾老师导入新课并没有急着出示课题，而是和学生谈有趣的中国汉字，从象形字"木"谈到会意字"休"，感受汉字的奇特；从词语"左右"谈至"东西"，感受汉语词语的多义性。学生学得兴致盎然，个个跃跃欲试，课堂气氛慢慢活跃起来。学生不仅学到了语文知识，还感受到了语言的魅力。在谈了"斟酌"这个词语之后，贾老师很自然地过渡到文章的主题——推敲，可谓水到渠成，不露痕迹。

贾老师新课的导入还重"情"。课堂上，情趣化的教学语言让教师和蔼可亲，学生能深切地感受到贾老师对汉语的一种情愫，还能感受到老师和他们之间的默契，这为课堂教学的有效展开奠定了基础。

新课的导入如弹琴者定音、歌唱者定调，关系到整个演奏和演唱。短短的几分钟，贾老师不但能活跃课堂气氛，激发学生的学习兴趣，营造了其乐融融的教学氛围，而且能帮助学生切入课文的主题，让人受益匪浅。

## 五、基于文本，超越文本

孙建锋老师的《最大的麦穗》是一节精彩的课，尤其是其中一段师生之间的教学对话值得慢慢回味。

师：读了几遍课文后，你们基本上明白了文章所讲的道理。如果让我们从不同的角度欣赏《最大的麦穗》一文，譬如"大学者苏格拉底教育学生有什么独到之处，他的弟子如此学习对你有什么启发"等，带着这样的问题再次与课文对话，你们肯定会有更多"美丽"的收获。

生：孙老师，我认为苏格拉底的教学并不是完美无缺的。课文中写了他的弟子们"也试着摘了几穗，但并不满意，便随手扔掉了"，从"随手扔掉"可见他的弟子不够爱惜粮食，从而也可以说明苏格拉底的教育有疏漏之处。

师：你敢于向权威挑战，精神可嘉！掌声鼓励！

生：我认为文中苏格拉底的第一句话是自相矛盾的。"你们去麦地里摘一个最大的麦穗，只许进不许退……"所谓"最大的麦穗"，一定是有比较而产生的，"只许进，不许退"就导致弟子们没有办法进行全方位的比较，那么，这个"最大的麦穗"是没有办法找到的。所以，这种提法的本身就是自相矛盾的。

生：从中也能看出苏格拉底的弟子们有些太听话了，不敢怀疑老师，盲目行动，最后落得两手空空。

师：这些问题，我课前也没有想到。你们不迷信书本，不迷信权威，有自己的见解，的确了不起。

现代课堂教学的理念提倡不唯书、不唯上、不唯权、只唯实。在传统课堂上的学生的眼中，课本是神圣的、无可挑剔的，小学生将课文看成"金科玉律"，孙老师的课堂打破了这种陈规。

当第一个学生对权威苏格拉底的教学提出了质疑时，孙老师毫不吝啬自己的赞美之词，充分肯定了学生的见解，并且让其他学生鼓掌鼓励这名学生。正是因为受孙老师这种态度的影响，第二个学生才会说出自己对苏格拉底的话的看法，第三个学生才会接着说出"苏格拉底的弟子们也过于循规蹈矩"的看法。学生阅读课文时，总是利用个体先前的已有的知识、经验和个性化的情感去推断、感受文本，当然，几位学生的结论有不大成熟或不够完善的地方，但是学生能超越文本，敢于怀疑，敢于批判，敢于质问，这是很难能可贵的。

阅读教学是一种对话，是学生、教师、文本之间的对话过程。学生调动自己的知识、情感、态度、需要、价值观和生活经验与文本展开对话，产生带有主观色彩的感受、理解和体验，往往会超越文本，充满创造的色彩。孙老师的这一教学细节告诉我们，引导学生阅读对话就是要让学生有"横看成岭侧成峰，远近高低各不同"的视野，学会用自己的头脑去思考，善于倾听不同的声音，接纳不同的观念，拥有宽广的胸襟和敢于批判的勇气。要想培养学生的创造意识和创新能力，要基于文本，也要超越文本！

# 千万别说我骗你

有次李政道接受采访，记者问："在您的学术生涯中，您觉得苦吗？"记者本以为李政道会大倒苦水，诉说自己在学术道路上的艰难跋涉。李政道却说："没有啊！那是件令人快乐的事！"记者愣在那里。这一回答显然出乎他的预料。这位诺贝尔奖的获得者竟然没有感受到一丝一毫的做学问的苦。

记者有一种奇怪的思维定式，他一定要人们相信学习是苦的。学习一定苦吗？似乎我们的文化总是在暗示学习太苦了。我很小的时候，好不容易有了一个有皮包着的笔记本，一直把它当成珍宝，不舍得用，家里来客人的时候还要拿出来炫耀一番。有一天，我忽然发现笔记本的扉页上写着："学习如逆水行舟，不进则退。"我一边因为笔记本被写上了字而怒火中烧，一边又对那几个字充满敬畏，觉得这一定是有学问的人写的。后来家里人告诉我，那题字的人是村里的会计——村里唯一一个口袋里插着钢笔的人。那歪歪扭扭的一行字的确是有效果的，因为它让我深切地感受到学习是件苦差事。想学习好吗？那就一直去苦吧！

"学习是苦的"这种暗示后来在老师那里得到了更充分的发展。我很快就看到了更多有关"学习苦"的故事。"凿壁借光""囊萤映雪""闻鸡起舞""负薪挂角""以荻画地""头悬梁，锥刺股"……就这样，"学习"被逐渐地妖魔化。

先是让孩子们觉得"学习"是妖怪，接着就要孩子们用精神和意志去战胜它，鼓励他们苦中作乐，"痛并快乐着"。人的精神意志的威力确实无穷，但是让人去做一件很痛苦的事并在痛苦中寻找快乐，那可能吗？

有首歌唱道："昨天所有的荣誉，已变成遥远的回忆。勤勤苦苦已度过半生，今夜重又走入风雨。我不能随波浮沉，为了我挚爱的亲人。再苦再难也要坚强，只为那些期待眼神。心若在梦就在，天地之间还有真爱。看成败人生豪迈，只不过是从头再来！"前半段的确让人感动得流泪——苦心经营的堡垒瞬间土崩瓦解，只剩下亲人无助的眼神、生活的艰辛和迷茫。无论是谁，都能感受到这种恐惧。可是，一个生活很难有着落的人还谈什么梦想？如何人生豪迈？谁又能轻飘飘地说一句"只不过是从头再来"？这难道不是一种非正常化的讴歌吗？

小学语文教材中有一个故事：两位旅行家在一个山谷发现山谷的北面只有雪松，南面各种树都有。原来，北面的风雪大，而雪松有一种特殊的弹雪的本领让它能生存下来，其他的树因为没有这个本事，就只能丧命了。教材由这个故事引出一个道理：弯曲不是倒下，而是为了更好地生存和发展。而我想说的是，人如树，树如人，各有各的秉性。雪松正好能生存在这里，是由它的秉性决定的。我们不能由此说雪松是所有树的楷模。同样，我们也不能强求所有人在灾难面前都"弯曲"，都忍辱负重。不是还有"宁为玉碎，不为瓦全"的吗？

另一个具有"欺骗性"的故事讲到，玄奘法师在法门寺修行，发现身边的能人非常多，于是就有了想到小寺庙修行的念头。方丈得知后，把他叫到"生命的林子"中，先让他看一棵"鹤立鸡群"的树，那棵树长得躯干盘曲，只能做柴烧了；方丈又领着玄奘到一个长有许多树的林子，那些树因为要吸收阳光、争着向上，所以都笔直地生长，皆成为栋梁之材。我百思不得其解的是，既然都需要阳光，为何先前那棵大树得尽天时地利，反而只能当柴烧？尽管阳光未必充足，那些挨在一起长的树反倒都成了栋梁。这不是有点滑稽吗？有的人经过考证，甚至指出玄奘法师不太可能在法门寺修行。不知道这个写《生命的林子》的作者是不是在忽悠人？

在《扬子晚报》上看到了人们对《最后一课》的批判。原来，阿尔萨斯本是独立小国，17世纪被法国并吞。阿尔萨斯人的母语本是德语，而且在法国大革命之前，当地学校一直用德语教学。而法语才是外来入侵者强加给阿尔萨斯人的语言。所谓的"最后一课"，只是都德在普法战争期间为大力发扬爱国主义精神的艺术编造。由于被当作反抗"文化侵略"的典型，《最后一课》的主旨广为人知，我们也总是想当然地认定普鲁士人是"入侵者"。

启发式教学的最终目的就是让对方明白自己的心意，最后和自己完全站在一起。问题是，一定要别人和你的想法一模一样吗？而你又能保证自己所说的就一定正确吗？

# 看不见的比看见的更重要

　　曾在《扬子晚报》上看过一则故事，一头小象被用铁链系在树上，它拼命挣扎，使出了浑身解数也无济于事，看来想获得自由不可能了。小象最终放弃努力，甘心居于一隅，不再有非分之想。转眼多年过去了，小象已是庞然大物，力大无比，它可以轻而易举地把树连根拔掉，但可悲的是，巨象没有这种意识，它低估了自己的能力，对自己强大的力量熟视无睹。它滑稽地生存在狭小的空间里，与树为伴，固执习惯地认为它的判断是准确的，它的头脑是清醒的。

　　一个同事在聊天时说起，他的外婆是个爱唠叨的人，甚至不给别人插嘴的机会。所以他的母亲也是如此。他现在很怕回家，不是翅膀硬了，不孝顺了，而是对母亲的唠叨有点恐惧。他的母亲总是把电视上看到的、报纸上看到的、大街上道听途说的内容作为教材对他进行人生教育，今天说早饭不能吃冷的，过一天又说烫的东西也不能吃，不能带孩子多上街，医院的门诊部，生病的孩子们排成队了……这种教育会持续整个过程，让人头疼、生厌，但又不得不听。他的母亲还有一个特别的习惯，那就是每次炒菜都会留一些在菜篮里，基本上是枯了、蔫了再扔。这点也是母亲继承了外婆的衣钵。耳濡目染，习惯成自然，这位同事也是办公室里最招人烦的家伙，只是他不知道。

　　习惯的强大威力怎样夸张都不过分。好的习惯形成了，就是一种好品质；坏习惯形成了，就是一种缺点。我接手的一个班级，四十八名学生中，习惯好的成绩都不差，成绩差的习惯都不好。有四位学生考试从未及格过，他们上课就像"糊涂仙"。他们的眼神告诉我他们一个字也听不进去，他们写的作业告诉我他们每天回家都是"两袖清风"，在课堂上什么知识也没有学到。别人的"房子"越盖越高，他们连块"砖瓦"都没有呢，但学业不好并没影响他们的心情，下课了，他们还是神采飞扬，面对老师的批评充耳不闻。他们已经习惯了不听课，不写作业，习惯老师了的批评。他们暂时落后最重要的原因是没有养成最基本的学习习惯。从表面上看，有部分学生上课也听，作业也写，人也机灵，但进步不大，究其原因他们只是在应付学习，得过且过，不就是字不认真吗？不就是不愿思考吗？不就是读书时是小和尚念经吗？他们只能说有一些学习习惯，离形成好的学习品质还有距离。遇到这类学生，老师会这样敷衍家长："孩子挺聪明的，就是不肯干。"阿德勒认为习惯不好的孩子追求一种心理平衡，那就是他们会把自己学业上的一无所成归结为自己"懒""态度不好"等，潜意识里认为如果自己努力了，一定会非常出色。家长、老师也为孩子在习惯上开脱，这恰好迎合了孩子的心理。

张文质老师在谈到孩子的成长时说："母本很重要，范本更重要。"我们都知道习惯的重要性，但父母、老师的范本作用是非常大的。父母在不知不觉中将自己的习惯带给了孩子，并产生深刻的影响。一个孩子在入学之前有没有好的习惯直接影响了他的学习效果。孩子入学之后，老师的范本作用接着发挥重要作用。如果老师不能在低年级让学生形成好的习惯，就很难指望学生的坏习惯到高年级得到改观。

叶圣陶在他的教育文集中很少提到"能力"这个词，而出现频率最高的关键词是"习惯"。他说："废书不观，搁笔不写。尽在那里问什么阅读方法、写作方法，以为一朝听了方法就把事情解决了，好习惯就养成了。这是不可取的。"其实好的习惯就是能力。指点只是个开始，要想技能、技巧在受教育者身上生根，接下来必然要下一番功夫，督促学生多多练习。习惯成自然，能力才能形成。习惯是养成的，学生要想养成好习惯，离不开父母老师的"范本"作用，也需要他们的严格要求。等到好习惯养成了，也就不用老师费太多心了，好习惯是学习的"保姆"。

看不见的比看得见的更重要，苹果看得见，但营养看不见。同样一个人，看不见的比看见的更重要，人不可貌相就是这道理。一个学生要有健康的体魄，还应有好的品质，而要想有好的品质，就应从好习惯开始。

# 身边没有风景

　　城里人来到乡村，呼吸到了清新的空气，看到了如画的风景都有种神往，甚至有种冲动，如果能住在这该多好呀！那该是一种怎样悠然自得的神仙生活。可农人日出耕作，日落而归，面朝黄土背朝天，从未觉得诗意，从未对身边的风景有过任何感慨。当他们劳累时像雕塑一样坐在土地上吸袋烟时，你会发现他们是自然的一部分。农人进城，那是另外一番景象。川流不息的宽阔马路让陈焕生们进退两难，闪烁的霓虹灯让他们目眩，他们会神情专注地盯着每一位从面前经过的人。城市的文明让他们流连忘返，觉得自己白活了，他们下决心要让下一代成为城里人。可城里人厌倦了漫天的灰尘，还有灰色的心理，希望有一眼清泉在自己生活中流过，让生命有新的感受。春天来了，乡村的孩子们坐车去城里一日游，迎面而来的是一辆满载着城里孩子的游车，他们是来乡村踏青的。人人厌倦了身边的一切，身边没有风景。

　　爬山的人总觉得自己登上的这座山不是最高的，不愿坐下来，还要登上更高的，但"会当凌绝顶，一览众山小"的那种感觉总是找不到。何不坐下来好好欣赏一下身边的一草一木，你会发现风景就在身边。可我们会欣赏吗？

　　没见过海的人做梦都想见到海。我当初第一次到青岛的时候，还没下车就想回家了。因为我在车上已经看过海了，曾经在图画上看到的大海是那么蓝、那么宽阔，让人浮想联翩，而真的站在大海前却没有看到它有多么美。我想人们爱上旅游，爱上探险，就是因为奇异的风景让人耳目一新，麻木的神经、疲倦的眼球在旅行过程中得到暂时的舒缓。真让他在草原、风景区、荒漠住上一年半载，他也会叫苦不迭地喊着要回去。因为那里根本不适合长久居住。

王小波在《欣赏经典》中写了这样一个故事。有个美国外交官，20世纪二三十年代在莫斯科呆了 10 年。他在回忆录里写道：他看过 300 遍《天鹅湖》。即使《天鹅湖》在芭蕾舞剧中是无可争辩的经典之作，看 300 遍也太多了，但身为外交官，有些应酬是推不掉的，所以这个戏他只能一遍又一遍地看，看到后来他有点吃不消。头几十次去看《天鹅湖》，这个美国人听到的是柴可夫斯基优美的音乐，看到的是苏联艺术家优美的表演，此人认真地欣赏着，不时热烈地鼓掌。看到 100 遍之后，观感就会有所不同，此时他只能听到一些乐器在响着，看到一些人在舞台上跑动，自己也变得有些麻木了。看到 200 遍之后，观感又会有所不同。音乐一响，大幕拉开，他眼前是一片白色的虚空——他被这个戏魇住了。此时他两眼发直，脸上挂着呆滞的傻笑，很快，进入梦乡，就这样如痴如醉，直到全剧演完，演员谢幕已毕，有人把舞台的电闸拉掉，他才觉得眼前一黑。这时他赶紧一个大嘴巴把自己打醒，回家去了。后来他拿到调令离开苏联时，如释重负地说道："这回可好了，可以不看《天鹅湖》了。"

王小波在文中还说："经典作品是好的，但看的次数不可太多。看的次数多了不能欣赏到艺术——就如《红楼梦》说饮茶：一杯为品，二杯是解渴的蠢物，三杯就是饮驴了。当然，不管是品还是饮驴，都不过是物质存在的方式而已，在这个方面，没有高低之分……"

《庖丁解牛》中的庖丁对解牛的体会是："我开始宰牛的时候，眼里所看到的是完整的牛；三年以后，不再能见到整头的牛了。现在，我凭精神和牛接触，而不用眼睛去看，视觉停止了而精神在活动。依照牛的生理上的天然结构，击入牛体筋骨缝隙，顺着骨节间的空处进刀。'哗啦'一声，牛的骨和肉一下子解开了，就像泥土散落在地上一样。我提着刀站立起来，为此举目四望，为此志得意满，然后把刀擦抹干净，收藏起来。"但我敢说庖丁对于解牛肯定厌倦透了，没人看他解牛时，他也会有职业懈怠。他的解牛已经从物理现象到了艺术阶段，最后竟然到了哲学层面。就像那个看《天鹅湖》的外交官，所看到的就是物质的运动而已。"手之所触，肩之所倚，足之所履，膝之所踦，砉然向然，奏刀騞然，莫不中音，合于《桑林》之舞，乃中《经首》之会。"这不是他自己的感受。文惠君像欣赏艺术一样看庖丁解牛，但如果叫他天天看，他就会把庖丁杀掉！

　　再美的作品、再好的文章，对于它的鉴赏都应该是适可而止的。所以你想《霸王别姬》中的程蝶衣一辈子就演一个角色，他真的是乐此不疲吗？这也是他最终精神崩溃的一个原因吧！即使再经典的作品，我们也要正确对待。要孩子背唐诗，如果是没有节制，最后肯定是孩子一听到唐诗就呕吐。身边没有风景，这不是教育生活的一个道理吗？

# 长大后当驯兽师

今天带学生春游，地点是珍珠泉。这里是孩子们非常喜欢的地方，但是孩子们喜欢的不是美丽的冒着如珍珠一般泡泡的泉水，也不是泉水深处的神秘的龙头。他们感兴趣的是老虎、狮子。学生来过这里不止一次，但是乐此不疲。老虎、狮子似乎是孩子天生的朋友。

偌大的平台上，即将是动物表演，学生们的情绪也沸腾起来。今天，我对这些司空见惯的动物表演突然有了一种别样的感觉。眼前这些东北虎真的很乖，十几头大老虎被三四个驯兽师牢牢控制着。先是滚球，再来钻火圈，走梅花桩，然后是一起满地打滚，打滚的时候，有一只老虎不服从，驯兽师走过来用棍子指了指，那老虎就顺从地翻倒在地。我见过动物世界中生猛的老虎、狮子，它们可是森林之王、草原之王。当它们在广阔的草原上奔跑的时候，你会被这种生命的奇观所震慑，会对它们充满敬畏。它们敏捷、狡猾、凶猛、强悍，它们主宰着自己的世界，连人都深深地惧怕它们。而眼前的这些老虎，温顺、安静、疲倦、暮气沉沉，它们一停下来，最喜欢的动作就是往地上一瘫，那架势就完全是一副过一天是一天的模样。

我不知道这些驯兽师在这些动物的身上做了什么，但我看见他们一手拿根棍子，另一只手上拿着肉块。每当动物做得令人满意时，会得到一块肉；每当动物做得不好的时候，棍子也就跟上去了。"我管理学生，一手拿着鞭子，一手拿着肉。"脑中闪过一位老师讲过的话，我突然发现这句话是那样的精辟。不要说人，就是世界上力量最大的动物也能被管理好。瞧，眼前的这些东北虎不就是这样吗？其实，只要有一只不服从，那就是另外的一种情形了。驯兽师也真有一套，它们就是不敢越雷池一步，对纪律遵守得特别好！它们一定是嗅不到了草原的气息，看不到了辽阔自由的天空而沉沦为只为一块肉而唯命是从了。

驯兽师真的是名副其实，他们是兽的老师，他们的工作就是让这些生猛的野兽变成了家禽，让它们按照人类的意志生活，按照人类的观念来做事。

当孩子们看见猛虎穿过火圈时，现场一片惊呼、掌声。惊呼、掌声、肉，连缀在一起，让人难以分辨。你能想象出老虎第一次钻火圈的情形吗？你能想象它经历了怎样的学习过程吗？你能想象得出它是怎样成功的吗？你能想象出它的老师是怎样对待它的吗？总而言之，它已经不是老虎了！

回来的路上，孩子们仍然兴奋不已，在车厢里议论着老虎的精彩表演。身边的小惠突然对我说："老师，我本来是想当老师的，现在我的理想是想当一名驯兽师。"坐在前面的小晨说："都是老师，不是一样吗？"大家全笑了。

在孩子们的笑声中，我想起王小波在《一只特立独行的猪》中描绘了一头猪。这只猪不愿意服从人类给它的安排，它要按照自己的方式生活。它健壮、勇猛，知青们都对它关爱有加，敬佩至极，就连作者也要用"猪兄"这样的称呼。它生活得很惬意，吃饱了到附近的村寨溜达散心或晒太阳休闲。它还喜欢模仿各种声音，学汽车响、拖拉机响，学得竟然都很像。总之，它活得非常潇洒，完全不受人类的束缚，完全活出了自我！最终，人类还是觉得它会闯祸，影响了生产，要灭了它。它却非常智慧地与人类周旋，从枪口下跑入原野，由一头家猪变成了长出獠牙的特立独行的野猪。

在校园里，我们很难看到特立独行的学生。校园里弥漫着一种"怕"的文化，学生一进校园，即便在家中再强悍，也会变成乖孩子。即使有少数有棱角的孩子，也很快就被磨平了。易中天在谈到中国的教育时说老师们一直在做"毁人不倦"的事，他甚至认为中国教育最大的罪过是"把人脑子搞坏了"。他的观点虽然有些偏激，但是我们的教育的确有时候在泯灭学生的天性，有时候老师的角色如驯兽师一般，让他们变得温顺、服从。

看幼儿园孩子上课，幼儿要坐笔直，教室里要绝对肃静，校外站队要成直线，课堂不准做小动作，不准插嘴，搭积木要按照图纸来搭，画画要依葫芦画瓢，甚至上厕所也是统一时间。老师的口头禅是"坐好"，孩子一听到这话就立即能做到，像小动物一样听话。那么多鲜活的生命被严肃的气氛控制住了。我们的教育理念是管理出质量，纪律严明是学校教学的精髓。当我们听课时，看到笔直的坐姿时，仿佛看到的是抽象的学生。过分强调纪律和行为习惯，以摧毁学生个性为代价，换来听话的学生，却让孩子的人格得不到全面发展，变得亦步亦趋。英国哲学家怀特南说："教育要培育神圣的智慧。"评价一种教育是否有价值，就看能否培养有智慧的学生。愚蠢的人对别人是种危害，自己也不会幸福，智慧是不能当技能传授的，而需要相应的土壤。

人如同瓷器一样，小时候形成一生的雏形，幼年少年时，最初的意识像江河水的源泉，活泼而又无拘无束，只要一点力量就可改变方向。被给予什么教育，便成什么样的人。

# 新来的老师给我们的启示

一

"用什么标准来衡量教师的工作"虽然是个老掉牙的问题，可是新来的老师真的被评价折腾得够呛。他们最需要的就是公平。

先看班主任的工作，如果你遇上一个学生比较听话的班级，那么你可以高枕无忧，因为大凡这样的班级一般风平浪静。如果你遇到一个班级里有几个"性情古怪"的学生或是几个"胡搅蛮缠"的家长，相信你在一段时间内都会心神不宁，尽管你不缺乏工作的真诚。一位刚工作的同事曾说："要是上班时被车子撞一下就好了，这样我就可以在家休息了，再也不用见那些学生了。""没有教不好的学生，只有不好的老师。"陈鹤琴的这句话是对的，但我们的新教师还没有那样的教育智慧。我亲眼见过这样的情景：一位新班主任带着学生去操场参加升旗仪式，一个学生用手抓着前面一位同学的衣服，那个学生不情愿，而那个像木瓜一样的孩子在众目睽睽下就是抓住对方不放，两人纠缠着。班主任生气了，上去拉，而那个孩子仍然我行我素。这惹得全场师生一片哗然。班主任很难过，之后他就对校长说："我不能带班主任了，男教师没有母爱，只有父爱，父爱就是打人，不好！"我也亲眼看见过新来的教师和家长争吵，甚至大打出手。孩子在家长的眼中是个宝，但老师在这些家长的眼中连草也不是。遇到这样的家长，教师的情感会变得很脆弱。可以这样说，如果你的运气不好，撞上了这样的学生、这样的家长，你的班主任工作就很难有成绩。比较有意思的是一般新来的教师总会有这样的"待遇"，外来的和尚念最难的经，这是大家心照不宣的事实。有些人还认为这是考察新来教师的能力的一种方式，但却不知道，新来的教师对环境不熟，对学生的特点不清楚，对家长的品行摸不着，往往是在烂泥塘里挣扎着，不知所措。这时候，情况往往越来越糟糕。

再看教学，如果一位校长说："这位老师带班不行，学生成绩又没有搞上来，所以工作能力不行。"这样的话，我觉得这样的话是让人怀疑的。教育教学是个整体，没有一个好的班风、好的学风，怎么能有好的教学成绩呢？不开花，就能结果吗？一个学校要分班，一个班只能有五十人，这样分出来的一个班就让一位新老师来带。结果是这位人生地不熟的老师是个冤大头，分流出来的成绩弱的、习惯差的、家长不配合老师的全集中在一起了，真可谓是百年不遇。这位新老师起早贪黑，付出比其他班级的老师多几倍的时间，结果仍然是全年级最后一名。家长有意见，学校有想法，新来的老师也怀疑自己是否是教书的材料。学校的评价是"工作没有效率"。只有苦，没有果，一连起来就很有意思——苦果。

一个学校能公平地对待新来的老师，那一定会是个让人向往的充满人文关怀的学校。如果一个老师被别人不公平地对待，就不能指望他来公平地人道地对待学生、对待自己身边的每一个人！

## 二

教师和学生的关系在实习教师身上体现出一种很有趣的现象。毫无疑问，学生是喜欢实习教师的。首先，实习教师真诚地投入、死心塌地地付出，这是学生喜欢的因素之一；其次，实习教师真正地尊重学生，对每一个学生都是平等的，会特别关注那些平时被老师冷落的学生，凡事会公正地处理。实习教师刚刚开始工作，会毫无保留地付出。同时，也会在工作中真正体现出教育的民主。我觉得真正的美好人性的教育在实习教师那里淋漓尽致地体现出来了，但是这只是昙花一现，对于学生、实习教师，都是如此。当实习教师真正走上工作岗位，当他全心付出却一败涂地时，就会发现教育不是自己想象的那样。真心、激情、民主不能解决问题。我一直觉得这是一个奇怪的现象。为什么我们的学生能够屈服于严厉的管理，屈服于严厉的老师，却不能接纳一位单纯真心付出、热情追求管理民主的老师？你如果问家长希望孩子的老师怎样，对方会不假思索地回答："要严的！严师出高徒！"如果你问学生是否希望自己的老师严格要求，他们也会说："严好，这样我们才能学好呀！"碰了壁的老师不是傻子，自然会借鉴他人的经验，找了对付学生的方法，一旦对了，学生也就会偃旗息鼓，乖乖就范，但我总觉得，找到了对付学生的方法时，教育其实已经远离了学生的心灵。就像万玮老师的《班主任兵法》中的班主任故事，你觉得那是在塑造学生的心灵吗？那是在使出浑身解数管学生，而学生就是服这样的老师。这种怪现象的根源在教育之外。

我们往往过分夸大了教师的在教育中的作用，教师虽然是专业做教育的，但是所起的作用却不是决定性的。一谈到教育，就不能不谈到家庭教育，就不能回避社会文化。学校的教育最终是在一个制度的框架下维持秩序，学生毕竟生活在一个现实的语境中，同环境那张大网相比，教育只是大网中的一个结，所以不可以过分地夸大学校教育的作用。对"教师是灵魂的工程师"这句话我个人觉得这只是一种赞誉。灵魂，那是人的心灵的方寸之地，塑造学生灵魂的首先是他们的父母，最终是我们的社会，当然老师也在努力。如果一位老师想通过个人力量来改变整个班级的学生，进而影响学生的一生，那需要付出非同寻常的努力。因为他所要面对不仅仅是学生，还有我们整个社会的文化和制度。

# 改变课堂，改变学生

    虽然现在做了老师，仍然对自己过去的老师念念不忘：或感激，或气愤，或怜悯，或挂念……也喜欢和同事们聊记忆中的老师，奇怪的是记忆中形象真正高大的老师似乎凤毛麟角。我无意神话老师，毕竟老师就是一个普通的人，拿一份微薄的薪水，做一份平凡的事，但同时教师又毕竟是特殊的职业，工作中的点滴却会永远留在学生的心灵深处。

    实事求是地说，现在的普通老师有尊严吗？这真的是个问号。当然，名校里的教师是有尊严的。因此，即使有的名校待遇并不高，工作格外辛苦，也会"师满为患"。人们渴望获得社会的认可和尊重。人最需要的是做人的尊严，这毋庸置疑，但一些普通教师似乎显得灰头土脸，这自然是自己的一个感受。在不同的学校里，不同的教师有不同的价值观，也许有的教师从来就没有想过要在教师这个岗位上有所作为，或许他们一边教书，一边在另外的领域收获成功，这另当别论。

    说真的，我越来越觉得当老师很累。这个累来自职业本身的劳累，更重要的是精神的焦虑。如果你想得到社会的认可，你就得有好的口碑。你要想有好的口碑，那你就得业务好。业务好表现在哪里呢？要会上课，要会写文章，要会提高学生的考试成绩。很显然，上课是很重要的。课上得好，那是需要磨炼的。我们经常发现参加赛课的同事都会说一句话："下次打死我，我也不赛课了！"但是奇怪的是下次只要有机会，他们还是趋之若鹜。那意思就是生命不息，上课不止，奋斗不止。一上课，就得去备课、研讨、试上、再研讨、再试上……可以暂时停下手头的一切工作，可以不理会自己班级的学生。这的确是件折磨人的事情，但是似乎教师所有的尊严就在那里了。

我们对于教师的评估基本上是制度上的评估，这有其局限性。地域有差别，机会有多少，资源有多有少，教师在专业发展上所能达到的高度有许多制约条件，真不是"心有多大舞台就有多大"，而是平台有多大就能走多远。我们社会对教师的尊重程度是和制度的评估成正比的，因此，普通教师哪里能在制度的评估中占优势呢？

在张文质老师的文章里看到这样一句话："真正好的老师，只有来自尘地的荣誉！"这是很让人感动的一句话。因为当教师为那些纸片印成的荣誉奋斗的时候，是不是已经忽视了自己真正的职业使命？老师真正的荣誉是谁赋予的？是与自己每天朝夕相处的学生！

一个老师即使是学富五车，妙笔生花，但是不去改变自己的学生，只是让学生在一种自然的常态中日复一日、年复一年，那教育的力量在哪里呢？如果教师抱着听天由命、顺其自然的态度来对待那些需要改变的学生，那就是一种教育的不作为。孩子的命运掌握在教师的手里。教师抱着改变学生的教育观来工作，那才是真正的教书育人。

名师的课堂教学当然令人敬佩，但是名师毕竟很少。如果读名师的课堂教学实录，就会发现名师的课堂智慧是不能复制的。那是一个打造精美工艺品的作坊，有很多的细节是反复打磨出来的，自然美得让人目眩。现实的家常课堂没有这样的条件，也无需那样华美，我们需要的就是改变。多读书，好的书籍能改变我们的思想；多研究同行常态的教学案例，看自己同行的课堂案例，研究网络上那些常态的课堂案例，在我看来，这也许比研究名师的教学案例更有价值，也最终能改变我们的课堂。

做教师的都希望体现自己的价值。我想，教师的价值最终还是在现实的土壤里生成的。改变一个学生就是一个教育的故事，改变一节课就是一个课堂教学的故事，当这些故事连缀起来的时候，那才是教师真正的全部尊严所在，那也才是真正地为自己而教！

在苏霍姆林斯基的书里见到了许多默默无闻又卓尔不群的教师。一位数学老师能让她的学生都爱上数学，她能引导学生读一百多本关于数学方面的书籍；一位历史老师通晓几国语言，每位见到他的家长都会向他脱帽行礼；还有那位用一辈子时间来备一节课的历史老师，他的课迷住了成年的教研员。他们都在努力改变自己的课堂，改变自己的学生，这些难道还不能体现教师的尊严吗？让自己的学生迷上自己的课堂，爱上自己的学科，得到学生、家长、同行的认可，教师就有了尊严！

# 要深刻，还是要胸襟

　　儿子马上就要上初中了，暑假里我翻了翻初一的语文课本。我发现小学六年级的课本和初一的课本有着天壤之别。是小学课本的编委出了问题，还是中学课本的编委出了问题？六年级和七年级之间的鸿沟是硬挖出来的，学生能自然地跳过去吗？七年级的语文课本一下子就把学生当成成人了。六年级的孩子其实已经比较成熟，但他们读的课文比较浅显，而七年级的孩子虽然比较成熟，但不至于能读那么多深刻的文章，那是成人的思维写出的文字。小学结束了，是不是就意味着童趣也结束了，要开始学会深刻了？其实这种担忧是多余的，因为在小学这个阶段虽然教材浅显，但是检测的时候却异常深刻。

　　有一种很有趣的现象是，在小学阶段，有些孩子的阅读能力不强，倒不是这个孩子的资质不佳，而是这个孩子还比较孩子气。因此他在应试的时候，他回答问题时总会和老师有些出入，但有些孩子在试卷上写出的答案就是老师心里想的，而且惊人的相似！你该如何来面对这种现象呢？学生对语文材料的反应是多元的，老师该尊重学生的独特体验。现实的情况是老师阅卷时会有比较固定的答案，学生的答案稍有不同，就会被认为不对。越是成绩优秀的学生，往往越是在性情和思维上接近成人；越是成绩优秀的学生，越是过早地学会了深刻。但学生毕竟是学生，我们不能培养太深刻的学生。有一次听全国经典语文课堂的公开课，一位师大附小的学生站起来回答问题，第一句话是："沉默啊，沉默，不是在沉默中死亡，就是在沉默中爆发……"听课的老师立即给予雷鸣般的掌声，我却觉得这孩子在玩深刻，确切地说是被老师教得太深刻了。

　　语文课程标准中规定小学生读课外书要达到接近200万字。语文课能促使学生形成良好的个性和健康的人格，能让学生形成积极的人生态度和价值观。我觉得专家对语文课程的目标定位充分肯定了语文课程的价值。现实的问题是我们给孩子提供了非常丰富的优质课程资源了吗？我们在考查学生时用了科学的标准吗？优秀的人文书籍能影响学生的精神世界。多读书是好事，其实一样关键的还有书的选择。让小学生读四大名著等以成人为中心的书籍，我觉得非常不妥。因为那完全破坏了孩子的阅读的胃口，就像把苹果树种在有毒的土壤里。小学生是不可能真正喜欢四大名著的，因为那完全是成人的世界，太深刻了。一个孩子听一群成人讲话，他是听不懂的。他们充其量是看到了一些光和影，听到了一些人与事，不太可能真正和里面的人物有共鸣。成人希望孩子读这样深的书大多是徒劳！与许多优秀的童书相比，我们还更愿意让学生多背诵古代诗歌、经文，多读古代的文学作品，那样会变得深刻，写出深刻的文章。喜欢写作文的学生很少，写文章对于他们来说是场磨难，尽管他们真的腹中有笔墨，也不乏瑰丽的辞藻。学生为何如此难于下笔成文呢？其实原因很简单，因为写出的文章要有所谓的深刻意义，同时还要符合成人的心思，不可偏颇。正如王小波说的那样，中国的文化中弥漫着一种暧昧的文化。这是学校教育、家庭教育影响的结果。小学生已经学会了心里想一套、嘴上说一套、写起来又是一套。让他们把自己的真实想法写出来，那是冒险呀！他们的双重人格阻碍了让真情实感落笔成文的勇气。他们更愿意写一些迎合成人意愿的"伪圣化"的有深刻意义的文章。

现在的语文教育重视学生的学业成绩，但显然语文素养和语文成绩是两回事情。只要一个学生能掌握教材中的知识点，能写点中规中矩、不咸不淡的文章，成绩终究不会差到哪里去的。学生语文成绩好并不意味着学生喜欢这门学科，也不意味着老师的语文教育是成功的。

知识是容易获得的，但胸襟是难于培养的。我的一位朋友，快四十岁了才学外语，二三年自学英语，通过了六级考试，考取了中文的研究生。这并不意味着他喜欢英语、从英语学习中得到了快乐。语文是门有魅力的学科，可以深刻地影响学生的心灵，我觉得培养学生的胸襟才是语文教育的最大价值，但我们太过于看重学生的成绩而忽视了语文教育的真正价值。

有位专门从事文学研究的教授看了自己孩子的小学课本异常愤怒，教材中许多作者是喜欢说假话的，但他们的文章竟然堂而皇之地编入了教材。教材中还有许多文章被修改得面目全非，学生竟然还要字斟句酌体会作者的情感世界。让学生把自己的全部精力放在啃这些食之无味的东西上，而把真正的世界文化经典丢掉，不是南辕北辙吗？何为培养胸襟，就是能徜徉在人类伟大的经典作品里，沐浴人性的光辉，继而在自己的心灵深处培养美好的人类情感。孩子真正收益的书籍是《吹牛大王历险记》《帅猪的冒险》《小飞侠》《夏洛的网》《安徒生童话》……这些经典数量众多，但我们却非常缺乏，因为我们的传统文化中素来缺少童心，缺乏真诚，缺少爱孩子的真心，也没有以儿童为中心。读这些书籍对孩子的心灵非常有益！如果我们给予孩子过多虚假的语文教育，凡事动辄都要讲深刻的意义，就很难让孩子在这虚假的土壤开出真实的情感花朵。

没有真诚，哪来胸襟呢？没有胸襟，哪来真正的深刻呢？

## 做反思型教师

本色教育

做反思性的实践家

教育前辈们为何没有职业枯竭

谁的教育目的

培养一个健康平凡的孩子

教育不能离开实践

……

# 为感动而读

人为何要去阅读，特别是有份固定的职业后，还要去阅读。我想阅读可能是为了更出色，也可能是因为太无聊。如果要问我为何阅读，我会毫不犹豫地说："为了感动。"

我想对阅读的嗜好和赌博、吸烟、玩电脑游戏是一样的，我从来没有觉得去阅读就是要去干一番大事业，阅读其实就是一种消费。毒品是一种消费，文化也是一种消费，而且是非常受欢迎的。

如果有充足的时间，我愿意喝浓茶，看闲书。每个周六，我从学校回家时，都会到马路边的地摊上去看旧书。那位戴着眼镜似乎很落魄的年轻人对我很友好，因为我从来没让他失望过，每次都照顾他的生意。他显然是位爱书的人，竟然连罗素的著作都了如指掌。我很想买本《青铜骑士》，他也竟然脱口而出："穆旦翻译得最棒。"我从那里找到了许多版本很老的书籍，版本越老，价值越高，这是他说的，我深信不疑。我不知道他为何要在地摊上卖书，他完全有更好的赚钱方式。我猜想可能就是因为他太喜欢读书，读书让他穷困潦倒，但他仍然乐此不疲。我的一位同事有次红着眼睛冲入办公室，那架势像找仇家，结果他拉开一位同事的抽屉抓了一大把香烟，头也不回地又冲了出去……难道读书就没有这种境界？

对于苏童的小说，我明明知道故事情节是假的，但还是被深深地吸引。苏童对于人物对话竟然不用引号，他就是要读者一口气读完他的文字。读过他的大部分作品，故事我大都忘了，但是喜欢他流畅的文字，喜欢那些艳丽的文字带来的刹那间的感动，就像途中蓦然见到的亮丽风景，带给人一丝丝轻轻的抚慰。读贾平凹的文字就像是在小院里独自品一口浓茶，我觉得他的作品同样不是以情节取胜，而是原汁原味的文字。他的文字半文半白，很有嚼头，他从来不让你嚼别人嚼过的馍，就是让你喜欢他的文字所带来的浓厚的生命气息。读完他的文字，你能感受到一些人物默默地坐在那里温婉地流着眼泪，四周是朦朦胧胧的美丽轮廓。读张贤亮和张爱玲时，就会完全被他们的文字的故事情节所打动。一个又一个丰满的人物形象呈现出来，人物的爱恨情仇夹杂着对生命的感慨、无奈、希冀，给人留下深刻的印象。我想张贤亮和张爱玲可能是流着眼泪写完作品的，因为他们的故事总是让人泪流满面。读得流泪了，就是最好的阅读。

本以为枯燥的教育著作是不能让人感动的，但是完全不是这样。真知灼见会让人感动，不期而遇的思想共鸣会让人感动，人物心理奥秘的揭示会让人感动。我从来没有期望去读懂教育作品的精髓，只希望那些角落里的片言只语突然出现时我为之一振，那就足够了，就像渴望在大海中畅游的人无意中被一滴海水滴在脸上，他感受到了海的味道、海的滋味，幸福了一会儿，就满足了！看了阿莫纳什维利的《学校无分数教育三部曲》，我就在想阿莫纳什维利这位大学者跑到小学里搞无分数学校是不是有点浪费，他一干十年却让人肃然起敬。那十条箴言，我忘得差不多了，只是记得儿童不需要分数，而是需要温柔之心，需要信赖，需要人道。有时记住一句话就够了！

看了夸美纽斯的《大教学论》，我就想夸美纽斯是教育家，更像哲学家，他可能是所谓的教育哲学家。看了马卡连柯的《教育诗》，我就想原来马卡连柯也会打人，而且效果不错！不过马卡连柯的心态真好，在那种地方，遇到那种持刀犯罪的流浪儿，他也能用心去教育。他是用诚心去教育，因此才有瑰丽的诗篇。不过马卡连柯也有冲动时候，学生犯错误，他却气得要朝自己开枪，这是什么教育。多亏身边的学生眼疾手快！

看了洛克的《教育漫话》，我就想的确是什么样的教育出什么样的人。人是玉，人是陶土，就看你怎么雕，就看你怎么捏。看了《叶圣陶教育文集》，我就想，这语言真干净利落。叶老您不该反对读古文，因为您这么漂亮的书面语言源于您深厚的旧文学的功底。我也疑惑叶老为何提得最多的是语文习惯，而很少提语文能力，莫非在他看来语文习惯就是语文能力？看了魏书生的《班主任工作漫谈》，我就在想是不是因为魏老师是特级教师，又是全国知名学者，他的人格魅力影响巨大，所以他的学生才对他唯命是从，坚持不懈地自学成才。看了李镇西的《爱心与教育》，我看到了苏霍姆林斯基的影子，我又一次有流泪的冲动。不过我还是在想，李老师跟学生一起吃火锅，一起打牌，还煮鸡蛋给学生吃，这种"过分"的交往过了学生关，能过同事关吗？……

阅读让人如穿行在林间小路中，奇异的"旅行"会带来短暂的"轻柔""深情""微妙""敏感"，让人变得痴迷不悟……

做反思型教师
Shou Hu Jiao Yu De Ben Zhen

# 读《韩军与新语文教育》

　　韩军的外表和他的文字是不和谐的，当初我看到照片上的韩军，就觉得他是位儒雅的书生，但一读他的文字，就觉得他有魄力、胆识过人。我读语文教学方面的书籍，更多地是想让它给我带来一些教学的技巧，解决一些实际的教学问题，但韩军的新语文教育带给人的不是课堂教学的雕虫小技，而是整个语文教育思想的重建。其实每个实践者对于语文教育都带着自己的理解。人的实践离不开自己的思想。韩军对语文教育的理解值得一读！

　　在韩军看来，中国现在的语文教育存在的问题是伪圣化和技术化。中国的学生有一个圣化和升华的情结。这是语文教育长期浸染的结果。事实上，我们以政治为本位的语文教育已经让学生形成了一种政治本位语感。学生精神的萎靡化和萎缩让最有人文精神的语文教育失去了优势，成为扼杀学生个性和创造力的屠刀。我想起我的中学时代，有一次，爱好文学的学生给自己的文学组起了一个名字，叫"月亮地"。校长知道后，就说："这是什么名字，在月亮地干什么？一点也不光明磊落。"现在想起来，在校长的头脑里，在月亮下的人可能都有小资情调，是不圣洁的。个人语言、个性语言在语文教育中很难存在，因为语文教材订制了统一的公共话语套子让师生共同使用。这种伪圣化的语文教育让学生成为两面人。学生是不敢说真实、自由的话语的。这也导致了语文教育的最大问题，即人文价值和人文底蕴的流失。我想到一位孩子写的作文："爷爷老了，眼睛花了，头发白了，牙齿掉了，老真可怕呀！"老师看了很不满意："这是什么话，老怎么可怕呢？"学生将作文改为："爷爷年纪大了，但是眼不花，头不昏，牙齿一颗也没有掉，吃豆子'嘎嘣嘎嘣'响。老一点也不可怕。"老师看完后很满意。如果我们不能让学生直抒胸臆，而鼓励学生说虚伪的话，那么语文教育就是培养说谎者。

技术主义在语文教育中是普遍存在的。课堂教学自始至终都重视分析和理解，语文经常是几课型、几步法、几段式的操作。在教师中流传着这样的说法：你是教高中的就是高中的水平，你是教初中的就是初中的水平，你就是教小学的，那自然就是小学的水平。这样的判断不无道理。因为技术主义让教师不敢越雷池一步，考教材、考教参，有标准答案，有考试范围。即使教师有拓展，可能也是徒劳无益。应试教育成为考察教师价值的唯一砝码。又有多少老师愿意抱有理想呢？我始终在想一个问题，教师中的师徒关系真的能成立吗？在我看来，语文教育的艺术是不能当成技术传授的。因为真正影响学生一生的语文教育是老师的心性涵养，它注重学生的感性内化，注重学生的心灵感悟。然而这一切都跟技术主义相背。语文教育的技术含量越高，生命情感、人文内涵、价值意义就被抽走越多。当学生被狂轰滥炸的题目弄得头脑发热时，当学生被标准答案弄得不知所措时，语文教育的技术化就走进了死胡同。

语文教育的本质什么？学习语文就是为了应用祖国的语言。语文就是一种工具。学习语文就是培养语文能力、应用语言，但是韩军却认为语文教育的本质是培养学生的精神。"语言之于人，首先是一种精神意义的存在，是人的精神本体赖以存在的凭依；其次，才是一种语言运用的技能。或者说，人一旦脱离语言，精神就没有了存在的处所和凭依，就失去了精神自我。"语言、精神、人是一个整体，语言的成长就是精神的成长，精神的成长就是人的成长。语言和精神是不可分开的。韩军强调精神和思想是两回事，因为思想是理论、共性、他者的，而精神是革新、个性、自我的。我由此想到了语文教学中的文道结合。道就是思想教育，可是这种拔高的思想教育反而抹杀了学生的个性，升华的思想教育让语文教育丧失了教育的真。

韩军在他的书中也为中国的语文教育描绘了一个蓝图："重视语言学，更强调文学""重视白话，更强调文言""重视'举一'，更强调'举三'""重视分析，更强调吟悟""重视理解，更强调背诵""重视散文，更强调诗歌""重视神圣和崇高，更强调平实和真实""重视写实，更强调写虚""重视统一，更强调多元""重视技术，更强调精神"。韩军的语文教育可以看成是中国文化的语文教育。这样一来，语文教育的背景就丰厚深邃了。在语文教育课程观上，他说："没有文言文，我们就找不到回家的路。"他呼吁重新把古代的文化精华纳入语文的教育中。语文教育用什么样的教学方法呢？韩军有三个具体的方法，其实就是三个原则："举三反一"的原则，"着力于语言"的原则，"吟咏和讨究"的原则。这三个方法应该是在复归传统，因为积累、吟咏、自悟自得是我们的教育传统，其中语文教育的最好的方法是"举三反一"。这是一个值得争议的问题。因为我们有"伤十指不如断一指"的观点。想读小说就把《红楼梦》读好，想学历史就把《史记》读好，想写诗就去读《唐诗三百首》。韩军指出了"举一反三"的弊端：一是重分析、轻语感；二是重理解、轻积累。语文教育的探索者，总想圆一个梦，即走出一条所谓的"科学化""理科化""高效率"的捷径，但最终还是走向了技术主义的歧途。我们的语文教学课时很多，学的篇目却很少，学生的母语过不了关，源头可能就是我们对语言学习的规律存在认识误区。增大阅读量，走出教室，走向生活，走向社会，好读书不求甚解才能学好语文。不求甚解的最终目的是为了求甚解，只要积累丰厚了，自然水到渠成。

韩军的新语文似乎并不新，也正如他所说的，他是在回归。他的这种回归是不是合时宜呢？有的评论者说他是一位语文教育理论的"叛徒"，但我们多么需要这样的"叛徒"！

一位工作在一线的教师能够构建自己的教育理论，这非常难得。

# 本色教育

语文是个黑白世界，白纸黑字，然而不同的人读出不同的世界，因为他们本身就处在不同的世界。在如今浮躁的世风下，能够坚持本色教育，潜心研究教育，实属难能可贵。

钱梦龙老师教了一辈子语文，赢得了"南钱北魏"的美誉，他的导读法影响深远，他的成长经历也给人很多启发。从小学到初中，他的成绩一直很差，被人认为是笨孩子。一位老师的一次谈话改变了他。教语文的武老师一次把钱梦龙叫到跟前对他说："人家都说你笨，如果你学会查字典我就认为你不笨。"说着便递给他一本字典。那一学期，他不但学会了查字典，各科成绩也扶摇直上。老师的学期末评语是"该生天资聪慧"。从此钱梦龙迷上了语文。他认为教育归根结底是为了人的发展，让粗心的变得细心；让懒惰的变得勤奋；让怯懦的变得勇敢。过去有"三言二拍"这一套古代经典小说，有人把"三言二拍"用在钱梦龙身上，那就是钱老师在课堂上说的三句话中其中有两句话是拍学生的"马屁"的，这话很经典。教学的艺术在钱梦龙看来就是鼓励的艺术。我想钱老师的教学理念的形成无不带着明显的个人成长痕迹，因为他就是在鼓励中找到感觉的。

钱梦龙的导读法强调以学生为主体，以教师为主导。在他看来，教师的一讲到底和一问到底没有本质的区别，都是以教师为主体。钱老师提倡教师应该成为导演，学会导游的艺术。他强调教师要学会把学生带进美好的世界里，至于他们怎么欣赏，有什么感触，那是教师不能代替的。钱梦龙老师是自学成才，他更能体会如何在学习中少走弯路。他的导读法中有"立标""定线""达成"的说法，尤其是"定线"这一环节体现了他自学的心得。走哪条路最快捷、效益最高也是他在自学中悟出的。他能根据学生在读的过程中所表现的情态找到一个执一而御万的问题，把学生导入一个活泼、生动、思维活跃的学习情境中，这就是因势利导。有人说钱老师的课堂教学才是真正体现启发式教育思想的，他的"导"完全依据学生的"势"。我相信老师自己怎么学习，他就会怎么教自己的学生，会带着浓厚的个人色彩。

在《现代教育报》上看到钱老师在人们的再三邀请下上了生平的最后一节课，名字叫《睡美人》。课堂比较平实，也少了些激情。课是在人们的稀疏的掌声中结束的，"质疑声"比掌声更多，人们觉得他的课不能体现课改的精神了。他的讲座也是在一片稀疏的掌声中开始的，多少让人觉得遗憾，最后一课并不完美，他本人也说以后再也不上课了。据说当他说这话时，下面不少老师流下了眼泪，给他了热烈真诚的掌声，毕竟已是76岁高龄的老人了，应给他更多的鼓励，就像当初他鼓励他的学生一样。任何一座高峰都会在历史长河里慢慢被淡化。任何黑白世界也会渐渐模糊了的，但他们在实践中形成的理念却永远有自己的价值。

前不久，李镇西老师被评为当代教育家。这位正值壮年的语文老师的事业如日中天。对于自己的成长，李老师认为是书籍和实践培养了他。他念念不忘的是苏霍姆林斯基，因为他从这位伟大的教育家的著作中学到了太多的东西。另一个给他重大影响的是陶行知，李镇西说他是从陶行知手里接过了民主教育的火炬。李镇西的《爱心与教育》这本书是由一个个真实感人的教育叙事组成。对学生真挚的感情是他事业成功的基础。这本书中有他成功扭转满身毛病的"后进生"的成功事例；有他引导心浮气躁的优生的策略；有他对自己不够人性教育的忏悔；有他对学生毕业后的人生的持久关注。李镇西试图真正走进学生的心灵，把教育当作事业来做，在他身上，人们看到了苏霍姆林斯基的影子。他的另外一本书叫《走进心灵》，也是一本班主任手记，这本书忠实地记录了班级的成长、学生的成长、自己的成长，是一部成长的心灵史。李镇西推崇苏霍姆林斯基、陶行知，因为他们的教育著作朴实无华，闪着人性、民主的思想光辉。读李镇西的随笔《教育随想》，能感受到他正是受这些人的影响，视野里出现的是对平常教育现象的思考，因此，书中的文字自然、流畅。李镇西说他有文学梦，他正是用教育来圆自己的文学梦。的确如此，难怪人们说他是个散文家。

　　除了是个成功的班主任，他的语文教学探索也引人注目。他的《从批判走向建设：语文教育手记》是他语文素质教育的经验总结。他认为凡是成功的素质教育无不体现民主、科学、个性的教育精神。民主就是"让每个人都抬起头来走路"；科学就是"教是为了不教"；个性就是"每个人的自由发展是一切人自由发展的条件"。在他的语文教育思想中，他提出语文生活化、生活语文化，这与陶行知的教育思想如出一辙。在他的语文课堂，语文成了学生思想的自由王国，而非教师思想的橱窗。他把教师教的过程变成了学生学的过程。学生的感受、质疑、钻研、讨论、联想、感动与老师的引导、求疑、交流、争鸣、释疑、归纳交融在一起。这两条线通过教师引导学生进行思维的训练、情感的体验交织在一起。他的语文阅读教学的理念可以简单概括为读出自己、读出疑问。他说阅读应是点燃学生思维的火花，使阅读成为学生思考的王国。他用平等的心态把语文欣赏引向作品的深处，也引向学生的心灵深处，用语文课为学生打开一扇文化之门。他的学生敢于挑战权威，能冲破思想的牢笼，我想语文的本色正体现在这里。所以他的公开课少了许多花架子，多的是真实、朴实、语文味。

　　钱梦龙老师和李镇西老师是质朴真人，是默默的耕耘者，他们的教育实践也带着浓厚的本真色彩。他以自身为基础，又在不断消化吸收别人的先进经验，也不知不觉给我们留下了厚重的"批判与建设"经验。真实、本色的教育最美！

# 做反思性的实践家

　　读完了佐藤学的《课程与教师》，我越来越发现，佐藤学是一位教育的关怀者。他虽然没有像陶行知等大教育家那样投身教育实践，但是他始终站在教师的身边关注教育。中国有句古话："当局者迷，旁观者清。"这话用在佐藤学的身上是非常恰当的，因为他用他的教育智慧为教师指点迷津。

　　今天看了《教师的反思和学识》，发现教师的职业状态真的如佐藤学描述的那样。老师是被誉为灵魂的工程师的，公共使命是塑造人，这的确是份有价值的事业。刚刚走上工作岗位的教师有几个不是雄心勃勃、志在千里呢？但是可悲的是这份豪情能维持多久呢？结束了自己职业生涯的教师有几个愿意下辈子还做教师呢？

　　为何会出现这样的局面呢？佐藤学很深刻地揭示了教师职业文化的特点，那就是"回归性""不确定性"和"无边界性"。

　　很多人先是把做教师当成事业，渐渐地又把它当成了职业。烦琐的事情日复一日，教师最终发现把教书当事业是件虚无缥缈的事情。理想和现实的鸿沟让许多教师对职业产生了迷茫和无奈。

　　教师的职业文化有其自身的特点，这些特点深刻地影响了教师的职业生涯。沃勒说："教这一工作就是势必复归掷者手中的飞镖。"教师的工作是教书育人，这使得教师成为一个道德教育的权威者，学生对这种道德的伪教育只能顺从和屈服，然而一旦这种教育在教育实践中出现了问题，教师就只能抱怨，抱怨学生、抱怨家长、抱怨社会、抱怨政治，学校、社会最终会把责任归结到教师的头上。这正像自己投出的那飞镖，又飞回来刺到了自己。我们社会对教师的不宽容是因为教师的责任无所不包、无所不在导致的。同时，教育价值的多元性也让教师陷入一种困惑。比如，老师用填鸭的办法满足了家长的愿望，得到了同行的赏识，但是内心深处却充满了对学生的愧疚。这种教育牺牲了学生的前程，换来了暂时的成功。因此，教育职业文化的"回归性"让教师的内心充满孤独和焦虑。

教师的职业文化充满"不确定性"。教育学、心理学、教学论和具体的课堂有时毫不相干，教育技术也经常是让教师失望的。同样一节课、同样一个教材、同样一个提问，效果是无法复制的。专家的指导、同行的经验在复杂的教学情景面前也是充满"不确定性"的。同时，对教师的教育结果的评价也是无法确定的。我们现在崇尚课例研究、典型的学生案例研究，也有许多优质的教学资源，但即使我们能倒背如流，也未必能解决现实的教育问题。这也就是教师的职业特点。正如洛蒂所言："教师的职业受职业病的不确定性所支配，这给教师在专业发展上带来无力感和无助感。"

所谓教育无小事，这话毋庸置疑，但"无边界性"的教师职业无限制地扩大了教师的职域，提升了教师的责任境界。因为任何一个教育环节出现了问题，教师都是难辞其咎的。学生的卫生、安全、出行、饮食、成绩、品德等都和教师的工作息息相关。下班回家了，但是工作很多时候却在继续延续。事无巨细，纷繁复杂，教师只能疲于奔命。在这个时候，教师会渐渐褪去理想主义的色彩，变成一个明哲保身、但求无过的现实主义者。

的确，教师最终会在俗务中变得碌碌无为，因为自己教育的初衷最终在实践中丧失了。在空幻杂务中的哪一条道路能改变教师的生命状态呢？教师的实践智慧从哪里衍生呢？成为一位"反思性的实践家"吧。在自己的教育实践中，让理论与教育实践水乳交融，通过反思、省察、自律、对话，以学生的成长与自身实践的案例故事来呈现自己职业生涯的行走方式。

"教育的原点"隐含在历来的经典"教育名著"中。经典性的教育名著总是呈现"人之为教"与"自然之教""学与思""知与行"的争执。教育的原点可以称为教育理论。一个教师在工作之初，其实是带着他的教育理论走上工作岗位的。一个教师拥有丰厚的教育底蕴是一件好事。

教师拥有教育理论，但是并不能在工作中游刃有余。佐藤学说教育实践有两种样式，技术性实践样式和反思性实践样式。我想，许多教师包括我自己在内，总想让自己学习的教育理论能在实践中所向披靡、无往不胜，但事实上，正如范梅南说的那样，事实和价值对于教育很有价值，方法和哲学对于教育很有价值，但是在教育实践中，它们都无法告诉我们该怎样做。教育理论能回答"是什么"，但是无法告诉教师"该怎样做"。教育实践的特点是"复杂性""不确定性"和"特异性"，这就决定了教育的技术性实践在教育实践中注定流产。在教育的实践中，我们看到了一种优质的教学，如"情智语文""诗意语文""情景教学"等，这些教学流派如雨后春笋般地出现是不是教育的幸事呢？当然是！但是他们都带着自己鲜明的研究风格。不能指望这些成果像产品一样可以开发和推广应用，因为教育实践不能作为技术来应用。这些成果作为实践的典型化可抽象概括出教育的原理和技术，却不能放之四海而皆准，因为教师的教育实践有丰富性和独特性。所谓的优质教学，该抱着吸取教育原点的姿态来研究，不能把它整个搬过来解决教育实践问题。

教育理论在实践中不能被当成技术来应用，教育实践应该走向"反思性实践"的道路，教师本来就是一个反思性实践家，教师的工作是解决教育的问题。在教育实践中，大部分日常性工作是没有问题的，但总会遇到难题。有了难题，自己解决不了，这时就需要审查和反思，就需要自下而上地寻求教育理论依据，就要借助他人的经验来解决。这是教师工作的特点。佐藤学提到了教师在教育实践中的工作状态。他认为程序和教育技术不过是一种知识库，选择、运用这些程序与教育技术的实践性智慧才是教育实践的核心问题。研究一个案例，出发点不是依葫芦画瓢，目的是综合跨领域、多样的理论，阐明这个独特的实践经验的含义和关系，开发教师的实践的见解、观点与实践问题的解决策略，开发教师的实践性智慧，而案例本身无法复制。教育实践探究中的理论有别于一般意义的理论，因为它来自于教育情境的内部。这种理论可以理解为实践者在问题的构成和解决中运用的见解和观点的"框架"。教育实践的过程就是洞察情境、构成问题、设计问题、解决问题这样一个逻辑。教育实践的过程就是反省性思维的过程，洞察复合、重叠的问题的复杂关系的网结，构成问题解决的实践性课题，设计并在实践中解决问题的过程。教育的实践过程就是教师的反思过程。

教育理论和实践并不矛盾，因为教育理论自始至终影响着教师的教育实践。教育实践正如范梅南描述得那样："张力和矛盾属于教育学体验，无数的矛盾、冲突、两极性和对立物构成我们教育的体验。"因此，教师应该成为一个反思性的实践家，用教育实践的智慧为学生提供良好的教育。与拥有教育理论相比，拥有教育智慧去解决教育问题才是教师教育实践的终极目标。

# 读《学习的快乐——走向对话》

　　这学期读了几本教育理论书籍,《学习的快乐——走向对话》是我喜欢的一本。我读这本书的时候是冲着这个书的名字来的,因为学习的快乐是学生渴望的,读它的初衷就是希望能找到些灵感。读完之后,我发现我并未找到答案。但是我还是被这本书吸引住了,被它宏观的叙事、开阔的眼界、富有真知灼见的精彩论述所吸引。这本书对"教育""学习""老师""学生""课程""学校""教室"的概念有重新的构建,赋予它们新的内涵。这本书探讨了教育理论和教育实践的关系,教育心理学和教育实践的关系,依此我了解了一批教育理论家和心理学家的基本主张。我觉得一本好书就是一个有许多扇窗户的房子,进了这座房子,你就会看到更多、更美的风景。在这本书里,我们看到了对于"学习""教师""学校""课堂""教育"的不同理解。

　　"学习就是'构筑世界''构筑伙伴''构筑自身'的三位一体的实践。对话学习的三位一体论就是'重建世界''重建自身''重建伙伴'的过程。学习的活动就是构建客观世界意义的活动,是探索与塑造自我的活动,是编织与他人关系的活动。学习的实践就是三种对话实践的领域,同客体的对话,跟自己的对话,同他人的对话。"

　　"我想孤学无友是完全错误的。学习本身就是一种交流、一种对话的实践。听、说、读、写、算曾经被称为学生身上必备的'五把刀',但是学习基本功扎实不再是我们的唯一学习目的,还有良好的沟通的能力、创新能力、电脑能力、发现能力、提示能力,这些能力能让学生更好地参与职业生活和社会生活。它们比'学力基础'重要得多。学习的过程就是一个对话的过程,在对话中不断修炼、不断模仿、不断创新、不断重塑。"

"介于儿童的探究活动和对话性活动之间的教师的作用，可以用'对话性他者'来作为一个概念。……教师不仅仅是个脚手架的角色。教师要能诱发儿童的自我内对话，能够走在儿童前面，补充性地代理儿童的'内部语言'。教师本身就是一个文化领域的优秀学习者，对学习者起着掌管作用，是熟悉尊重学习的意义、方法和价值的优秀学习者。'对话性他者'的作用全在于作为学习者的教师的素质和能力。教师还有一个重要的作用，那就是把课堂和儿童的学习跟课外广泛的共同体的知性活动关联起来。教师是课堂里生成文化和文化社会的媒介者，能够在学习者中间进行对话性的实践，这是把课堂学习和社会息息相通的对话性实践。"

对于教师的角色，佐藤学把教师界定为精神的导师，能洞察学生的内心世界，也能像维果茨基那样能把握学生的最近发展区；是学习上的榜样，不但是在传道授业，而且本身就是个不懈的学习者；是文化的导游，能够架起学生学习课堂文化和社会文化的桥梁。教师这个角色非常不容易，如果教师自己不学习，不关注社会，不重视实践，那也就很难胜任工作了。

"从失落学习的意义、失落相互学习、失落学习的伙伴、失落学习的指导者、也失落自身的学校，变革成发现学习的意义、发现相互学习的伙伴、发现学习的指导者、也发现自身的学校。基于学习共同体的原理，学校构想为社区文化和教育中心，作为儿童相互学习的共同体，教师作为专家来共同培育的共同体，社区人相互交流异质文化的共同体。这就是学校作为'学习共同体'的构想。学校就是文化的'媒体'。"

"我想对于学校，几百年前夸美纽斯曾说过学校是学生心灵的屠宰场，现在仍然有现实意义。精英教育的一个最大的后果是用少数学生的成功感换来了大多数学生的失败感和无助感。学校应该成为教师和学生可以共同休息、共同学习、共同交流的精神家园。一个孩子如果发现父母抛弃了他，他会觉得家是个陌生冷酷的空间，他不再有希望。如果学生觉得他们不能在学校那个空间找到安全感，那也就意味着他们充满恐惧，失去希望。"

"从课堂教学的对话中，我们可以看到三种不同的纬度的意义和关系，认知纬度的意义和关系，课堂教学中人际关系的社会纬度的意义和关系。每个人的存在价值得以证明和态度得以表现的伦理纬度的意义和关系。"

"我们的课堂教学，比较看重的是认知纬度的意义，因为那是需要考核的。人际关系的社会纬度，证明价值、发出自己声音的伦理纬度被淡化了。然而人性的课堂更应该考虑到后面的两者。学生沉默的意义就是他们以后可能终将成为沉默的大多数。"

"教育就是为儿童而操心的活动，为自身而操心的活动，为不熟悉的人而操心的活动，为社会的学术、文化、艺术、伦理而操心的活动，为地球的未来而操心的活动。儿童也是这样，在履行为同伴而操心的活动，为自己而操心的活动，为家庭而操心的活动，为自己身边的社会的学术、文化、艺术、伦理而操心的活动。所有这些人和客体之间的关系、人与人之间的关系，丰富了教育的功能和教育的世界。"

最近的两件事一直让我耿耿于怀，一件是职业学校的学生侮辱教师的事件，另一件是一位女子在光天化日之下在银行里被人杀死，抢走钱财，无人伸出援助之手。我看到了彻底的冷漠。如果学生在学校不能学会操心和关心，那是件不幸的事。美国教育家诺丁斯的教育就是"学会关心"，和佐藤学的"操心"是一个概念。教育中应该有挂念、惦记、关照、喜欢、费心、无微不至、珍惜、希望、慎重……如果学生的口头禅是"关我什么事"，那是因为我们的教育还没有让他们明白"皮之不存，毛将焉附"的道理。

# 读《校本教学研究》

教师的生活是繁杂的，日常教学是件单调乏味的事。当日复一日的教学生活失去鲜艳、热情，变得麻木、疲惫时，教师职业的枯竭也就随之而来。教育生活中的一个现实是，曾经的教学骨干随着年龄的增加就变得越来越不适应教学工作，有时甚至连课堂也驾驭不了了。被学生抛弃的感觉是让人无法承受的，因为谁不怕灵魂的孤独呢？教师如何成为教育行业的常青树呢？刘良华老师的《校本教学研究》给了我们很好的启示。校本教学研究是指教师为了改进教学，在自己的课堂中发现教学问题，并在教学中以"追踪"和吸取"他人经验"来解决问题。它的特点是研究为了教学，研究的问题在教学中，教师又通过教学自己解决这些问题。

教师在教学中会遇到许多的问题，如何来面对这些问题呢？是顺其自然，得过且过，还是想办法解决呢？"教师一旦追踪某个教学问题或者借鉴他人的经验来解决某个教学问题，那么，教师的日常性教学就有了研究状态，这可以称为'研究性教学'。""在研究性教学中，教师遇到的教学问题就转化为教学研究的课题，可以称为'问题课题化'。""所谓校本教学研究，就是教师为了改进自己的教学，在自己的教室里发现某个教学的问题，并在自己的教学过程中以追踪或吸取他人的经验的方式来解决问题。"校本教学研究用来解决教师自己的课堂教学问题，研究教师自己的课堂教学问题，是教师本人在教学的过程中亲自解决问题的过程。它是一个自下而上的过程，是在实践的困惑中寻找理论，再在理论和实践中来解决实际问题的过程。这是一种务实的教学研究。因此，教师在日常的教学中要让自己的工作状态成为研究的状态。遇到的问题就是需要研究的课题，而研究了这个课题，其实就是解决了我们的真实教学困惑。真实的课堂教学不必太热衷于"宏大课题"和教育热点问题，重视身边的大量问题，发现关键问题才是最重要的。

其实，在课堂教学中，我们归根到底是为了创造效益。那么何为有效的课堂教学呢？我想，教学是一个流程，而流程中的每一个环节都应该有效果。其中核心的环节是课堂，无论怎样，只有有了充分的设计，才能有精彩的生成。"校本教学研究中的设计，不只限于备课或集体备课。或者说，当教师期望借鉴他人的经验、他人的智慧来设计自己的教学方案以便解决某个教学难题时，教师还可以从另外的地方获得他人的经验或他人的智慧。"在我看来，这个设计不仅是备教案、写教案那样简单，它是一个借鉴和反思的过程。他人的经验和智慧保存在专家的讲座里、专著里，保存在同行的课堂里，校本教学研究设计的过程就是教师反思自己的课堂教学经验及学习他人的经验智慧的过程。一个好的教师就是将自己的经验和他人的经验反复比较，想方设法让自己的课堂变得有效。如果没有这个过程，教师教学行为就是在重复。

一节课如何体现出有效呢？"就教师的上课而言，行动不仅意味着观察事项所设计的方案是否能够解决问题，而且意味着在教学对话中创造性地执行事先设计的方案。"有效的课堂意味着有效的叙述、有效的倾听、有效的对话生成、学生的主动学习意识。我们的教学行动其实都是我们的教学设计作品，如果没有想法，就意味着没有改变，就谈不上教学行动。有想法，才会有行动后的反思，才会在课堂中调整自己的教学行动。

刘老师主张用钢笔来记录课堂教学故事，但是他一再强调那是基于教学事件的教学反思。我认为，"教学事件"一定是有价值的问题，这才值得推敲和反思，否则，那就是日常性的教学工作，那种反思对于解决教学问题毫无意义。这本书为教师提供了一个很好的教育科研思想，那就是叙事。生活淹没了冲突，叙事揭示冲突，我们的课堂教学生活虽然是纷繁复杂的，但是矛盾无时不在，无处不有。那么多的教育现场是我们一线教师的教育研究优势所在。冲突就能揭示教育的道理，而这道理又蕴含在事件之中，只可意会，不可言传。"教师叙述自己的研究过程中发生了哪些教学事件，叙述自己在研究过程中发生了哪些转变，这本身就是'问题——设计——行动——反思'的一个部分。这种叙述本身就是一种思考，一种静思。"课堂教学叙事这种视角不但是为我们一线教师提供了开阔的视野，也为所有爱教育的人的提供了一个很好的体验教育生活和反思教育生活的素材。

# 教育前辈们为何没有职业枯竭

上"教育研究方法"这门课时，老师们谈到了自己想研究的专题。上这门课的老师就给我们一串题目让我们来选，我看到了一个非常有趣的题目，那就是关于教师职业枯竭的研究。"枯竭"这个词容易让人想起干涸的河流、荒废的枯井。教师这个职业难道在这些事物上找到了类比的灵感了吗？

我现在的感觉是教师教得时间越长，似乎越显得有点力不从心。老教师呢？他们显然开始惧怕课堂和自己的学生了，逐渐成为教育的边缘人。成功的教师的自我认同感和自我完整感源于课堂。其实很多时候，真正站在教育的腹地的教师有多少呢？有许多教师说不想让自己的孩子再当教师了。这就让我想到"哀莫大于心死"这句话，枯竭就是这样来的。然而枯竭毕竟可以避免。

我只是粗糙地读完了苏霍姆林斯基的作品，无疑这是我读到的最震撼心灵的书籍，毋庸置疑，他是位伟大的教育家。这样一位没有进过大学的乡村教师却能享誉世界，用他的实践鼓舞了几代一线的教育工作者。

在他的作品中能找到一些他思考的影子。苏霍姆林斯基立足实践，在乡村一待就是30年。他描述的教育生活是连成人也向往的诗意生活，带孩子跋山涉水，郊游野营。融融春日，在香樟下游戏；夏天在瓜田棚子里过夜，看满天繁星，第二天看东方的第一缕早霞；秋天在原始大森林中烧肥肉稀饭，进行森林探险；白雪纷飞的寒冬，在火炉边听民间故事，自己编故事。他每天早晨五点钟起来，用两小时来写教育日记；清晨他会在学校门口微笑着迎接来上学的孩子；上午他不但会亲自上课，还会不间歇地听同事的课。在他的作品中有丰富翔实的教育故事，正是这些朴实无华的故事支撑起他的理论大厦。他的观点就是源于他的教育实践。他说"没有信任就没有教育","休怕有慈爱之心","唯有依靠你们"……这样的观点很朴素,却动人心弦。

　　看他的作品,你会觉得他不太多引用别人的理论,但是每处引用却反映出他的阅读广泛而又精深。他说过一个人终其一生也只能读 4000 本书,我相信他说的读就不是一般意义上的读,而是熟读深思。他一直关注着后进生的记忆力的培养,于是他用了古老的方法来增强学生的记忆力;同时他一直关注着当时世界上最新的研究成果,他用最新的研究成果来解释记忆的现象,一只眼看着过去,一只眼关注着现在,而这一切都是在为自己的实践寻求帮助。这是一种胸襟和气魄。

　　他的作品中还出现了许多非常有学问的同事。如只用 15 分钟来备一节课,却是用一生时间来准备的历史老师;让所有见到他的人都脱帽行礼、精通几个国家语言、通读上千本历史书籍的历史老师;用数学故事来教数学的女教师,她让所有在她班里学习过的孩子都爱上数学;用实验来让学生迷上物理课的年轻老师,他培养了物理天才……苏霍姆林斯基基本上什么学科都教,什么课都听,在那位"古怪"的医生去世后,他接着记录孩子的身高、体重变化数据,研究学生的身体变化,他有自己的学问概念。

　　最近看完了于永正的《教海漫记》,说真的,在理论和实践上他还不能和苏霍姆林斯基相提并论,但是他对教育的热爱、对孩子的热爱是动人心弦的。于老师不属于少年得志,而是大器晚成。如果于老师不热爱自己的职业,我想他也该是职业枯竭队伍的一分子了。读他的文字的时候,我的感觉是他是一位站在教育腹地的教师,他懂得学生的心理,懂得教育的规律,爱琢磨,善于创造。"他山之石,可以攻玉"是句很普通的话,但我在他的文字里读到新的含义。教师热衷于读教育经典,然而读教育的经典的目的是什么。读的书越多,就越能得心应手地成为一名出色的教师吗?好像未必。教育的原点在教育的名著中,但这些理论是不是能放之四海而皆准呢?这里有一个消化理解创造的过程。于老师的很多方法是跟马卡连柯学来的,但是他用得很得法。只有把学习的思想和方法活用到教育实践中去,教育经典才能活,否则就是一堆概念。"站在巨人的肩膀上"也是很熟悉的一句话,于老师同样赋予了它新的内涵。巨人当然是指那些有影响力的名教师，也指教育理论家，也指同事，因为同事的失误也提供了一种资源。要想站在教育的腹地，必须站在"巨人的肩膀上"。于老师说课堂中要预防"一鸟入林，百鸟压声"。这的确是难得的教育发现，它道出了一个教育的真理，课堂中沉默的大多数真的是因为这种现象造成的。在课堂上，因为教师对那些出色的学生关注太多，给的机会太多，所以更多的其他学生就慢慢变成了不爱说话、不爱思考的人了。为了一只鸟，而忽视了百只鸟，的确是太不划算了。对于教学机智，范梅南的理论论述比较完整。于老师对于教学机智的阐述让人觉得更亲切。他说："教学中最能给人留下深刻印象的，往往不是整体的构思和设计，而是对细节的处理，一句机敏的话、一个得体的动作。"课程可以学习，智慧却需要磨砺。我认为教师之间的区别，不在于水平的高低，而在于教育智慧的深浅。

苏霍姆林斯基和于永正给我们的启示是什么？我觉得他们用实践告诉我们该如何研究教育。立足实践，再实践，向身边有经验的同事学习，关注当代最前沿的学术研究成果，关注历史上成功的教育经验，博古通今。他们是充满智慧的人，恰恰可以说明教育的成功正是源于不懈的学习。这些前辈们的确找到做老师的感觉了，我想，职业枯竭是和他们沾不上边的！

# 谁的教育目的

农民种庄稼和教师教育学生有相似之处。农民要做许多事，比如要考虑到庄稼的种植环境以及植物本身的特点，但是这些因素和农民的目的毫无关系。农民所要做的就是使自己的活动和周围的环境共同协作，而不是对抗。如果农民不顾土壤、天气的因素而自己制订一个宏大的目标，那就是荒谬的。那么教师呢？家长呢？我们成人喜欢为孩子制订一个教育目标，事实上那只是成人的目标，而不是孩子自己的。我们很早就开始对孩子进行理想教育，成人也把自己未能实现的东西放到孩子身上去实现。成人的这种教育目的可能是成功的，但更是盲目的。

杜威有一段精彩的论述："所谓目的，就是对自己行使的职责，无论是农业还是教育，都包括对进行的观察、预测和工作安排承担责任。任何目的只要时时刻刻帮助我们观察、选择和计划，使我们的活动得以正常展开，就是有价值的目的；如果妨碍了个人的常识，那就是有害的。"孩子不愿意练钢琴，成人一定要他去做，这和农民不顾庄稼的生长规律是一样的，对孩子是有害的。面对受教育者，美丽文字写出来的教育目的是经不起实践考验的，千篇一律的教育目的也不适合所有的儿童。好的教育目的是怎样的呢？杜威接着说道："一个教育目的必须根据受教育者的固有活动和需要。一个教育目的必须能转化为受教育者活动进行合作的方法。"成人是有观察能力的，他们能够洞察孩子的能力和缺陷，可以因势利导地让孩子做他们喜欢的事并获得发展。正如柏拉图所言："如果每个人都从事具有天赋的活动，个人就觉得愉快。教育的首要功能就是发现人的天赋并训练他利用这种天赋。"这是理想国的教育，现实的教育是教育部门给教师规定了教育目的，教师给学生规定了教育目的，我们的家长也给孩子规定了教育目的，学生在多种压力下变得思想混乱。

　　教育的结果是教育目的的一个因素，因为它是能够被预见的。只是我们可能太想得到那样的结果而忽视了孩子自身的兴趣和需要。与一位甘肃的中学教师闲谈，谈到某著名中学的学生就连吃饭都需要送到教室，这样的教育目的和教育结果是可想而知的。

# 教学机智是什么

听来一个故事。一位教师看了陶行知的四颗糖的故事很感动，觉得这是一个好的教育方法。正凑巧，他班里的小陈同学打人了。这位老师心想，露一手的时候到了。那天，他办公室的抽屉里还正有同事结婚送的糖。他就如法炮制地把现代版的《四颗糖的故事》表演了一遍，小陈同学还真的被感动了。学生走出办公室后，这位教师想，教育经典就是经典。不过他很想知道小陈同学到班级里会怎样表现，于是就默默地跟着小陈同学，结果一切都出乎意料。小陈同学到教室后得意忘形，他说："你们看呀！老师给我糖了，还表扬我了呢。"接着他就拿出一颗糖剥开放到自己嘴里，却又立即吐出来，嚷道："这是什么糖？这么软！谁稀罕这些糖？"随手就把剩下的几颗糖全扔了。教室里哄堂大笑，只留下这位教师愣在教室后面说不出话。

说起马卡连柯，人们恐怕不会忘记他的《教育诗》。学生札陀罗夫不听话，在马卡连柯的面前表现得桀骜不驯。马卡连柯走上前去，左一个耳光，右一个耳光，札陀罗夫没有料到老师会打他，吓得连连道歉，口口声声要求原谅。从此以后，札陀罗夫把马卡连柯视为英雄。

又想起写《傅雷家书》的傅雷，虽然傅雷在这本家书中是位爱子心切的父亲，但是仍然能让人感受到他心怀内疚，他为自己过去对儿子的粗暴而忏悔。傅聪是成才了，成为著名的音乐家，只是童年的家庭教育在他的心灵中留下什么样的创伤也是不得而知的。

如果我们因为陶行知、马卡连柯、傅雷所用的方法是成功的，就视为法宝，生搬硬套，我想一定事与愿违。

我们从教育经典案例那里获得的应该是思想而非具体的方法，更不能依葫芦画瓢，否则，经典将会是个讽刺。齐白石说的"学我者生，像我者死"不正是这个理吗？在教育实践中，我们无时无刻不面临一个问题，那就是教育机智。

断断续续地读完了《教学机智——教育智慧的意蕴》。文中通篇不乏精彩的论述和动人的思想，这本书颠覆了我的教育学观念。教育学告诉我们理论，然后我们在教育中实践。在现实的教育实践中，矛盾和冲突是无时无刻不在，经验和理论往往也无法解决现实的日常教育问题。即使读再多的教育经典，即使有再多的教育经验也不能说可以高枕无忧。"事实和价值对于理解如何进行教育性的行动是很重要的，但是在教育的时机中事实和价值都无法告诉我们怎样去做。""方法和哲学思考对于了解如何进行教育行动很重要，但是在教育的时机，方法和哲学都无法告诉我们怎样做。"所谓科学的方法、所谓教育的规律和原则，自然对于教育实践是举足轻重的，但是学生在变，时代在变，人们的观念在变，理论和经验在复杂的教育情景面前未必就能灵验。在理论和实践的中间需要一个层面，那就是机智。机智意味着指向他人的实践，机智就是"打动"他人，机智不可以事先计划，机智受见解支配的同时又依赖情感，机智支配着实践。机智的老师善于发现教育的困难，同时也善于发现学生的兴趣并且对之感兴趣。一位教师在对学生有教育的行动时，已经对学生有了自己的教育性的理解。"这种感知力部分来自于某种无言的直觉知识，教师可以从个人经历或者通过见习某个更有经验的教师获得这种知识。许多依赖于知识和技能的人类活动都包含默契和直觉的综合因素。"这种教育的机智是通过对过去的经验的反思得出的。

反思对于教育机智的获得是非常重要的，敏感性和感知力源于反思。文学、电影、孩子讲述的故事、童年的回忆都是我们反思的对象。智慧的反思会对过去的经验所赋予的意义留下生动的记忆。

机智表现为克制、对孩子体验的理解、对孩子主体性的尊重、对情景的自信，表现为临场的发挥，表现为"润物细无声"。教师要机智地保留孩子的空间，保护那些脆弱的东西，防止伤害，将破碎的东西变为整体，使好的品质得到巩固和加强，加强孩子的独特之处，促进孩子的学习和个性成长。机智通过言语、沉默、眼睛、动作、气氛、榜样来调和。看完这部分后，我正好看到了于永正老师的《教海漫记》，他用他的实践解释了教育机智，他喜欢幽默化的语言，喜欢加入京剧的丑角成分，喜欢换一种方式和学生交流……在我看来，那就是教育机智。

对于一线教师而言，我们更应该学会在具体的教育情景中获得教育的感知力。我们需要教育机智和教育智慧，而智慧和机智是通过在教育的实践中对生活的反思得来的。我们需要对学生进行独特的观察、聆听，运用多种视角获得对学生的开放性的教育理解。在教育行动的过程中，教师要不断体验和反思自己的教育行动是不是对学生是最合适的。充满张力和矛盾的教育现象的固定的教育经典案例并不是万能的钥匙，培养学生、调和教育矛盾的还应该是教师的教育机智。

范梅南说教育学就是有关"优秀"的教学。教育学的条件是关心孩子、对孩子充满希望、对孩子有责任感。如果心不向着学生，不关心学生自身的发展，教育机智是不会来的。我想，一个好教师的教育智慧就是这样来的，心向着学生，又在不断反思自己的教育生活。

# 培养一个健康平凡的孩子

　　一口气读完《父母改变，孩子改变》，据说张文质老师的这个讲座让在场的家长流泪，我想如果身临其境，我也会是流泪的一位。我们那样爱自己的孩子，自己的希望、梦想、幸福都维系在孩子的身上，在孩子的身上倾注了自己全部的生命，为孩子活着，痛苦着，快乐着。

　　书中许多文字让我感同身受。我的儿子从小就体质很弱，一出生就在医院住了半个月。来到这个世界还没有一天，就被莫名其妙地扎针、验血、做透视，听到他尖锐的哭声，真的有种心肺撕裂的感觉。在六岁之前，他是医院里的常客，打点滴的时候脚总是不停地动，有时要重新扎针，我们气得打他、骂他，他哭，我们也跟着流泪。有一次，他妈妈夜里突然醒来，一摸他的头，发高烧了。他妈妈平时睡得很沉，但那次不知道为何会突然醒来。还有一次，他打点滴的时候，做青霉素皮试。以前他从未有过过敏现象，但是那天我却突然觉得很不对劲，下意识地翻开他的裤角，发现他的腿上有些许红疹，竟然是青霉素过敏。我真的不能解释为何会这样。张老师在书中说，发生了其他你意想不到的情况，你总是会像定时闹钟一样，在那一瞬间就醒过来。可以说人的身体里都有一种感应器，内在的一个警报系统，它是由孩子控制的，它是由爱和责任所控制的。与其说我们是被孩子吵醒的，不如说我们是被"唤醒"的，我们身上所有的父爱、母爱都是被唤醒的。读到这句，我很震撼。父母和孩子血脉相连，父母是孩子天生的守护神。

　　孩子在他们的小学阶段如果能遇到一位慈母般的老师，那将是孩子一生的幸运。我的孩子遇到了这样的好班主任。他的低年级和中年级的班主任是位外表和内心都很美的老师。即使她撕了孩子的作业本，也仍旧是笑盈盈的；即使她动手拍了孩子一下，也仍然让孩子觉得那是真心的呵护。这种师生信任感情的建立很不容易，那里面有对孩子的怜悯之心。孩子的心是亮的，他们能看清老师的心思。学生怎会拒绝真正怜爱自己的老师？张老师说："因为疼爱，所以慈悲，从孩子身上你就可以看到，生而为人，从来都是一件不容易的事。"我相信无论如何难，家长和老师也要休怕有怜爱之心。

张老师在这本书中多次强调了一个观点，那就是孩子生命的神秘性。"说起来，任何发展不平衡、任何的迟钝之处，在今天非常整齐划一的学校教育和评价体系中，落在任何一个人身上，都是一种痛苦。我们总是太急了，我们太不愿意给孩子等待的时间了。我们总是把自己的焦虑转化成孩子的焦虑。"我们不能容忍孩子的暂时落后。铁一定要成钢，可是铁本来就是铁，为何一定要成钢？本来就是鸭蛋，怎能变成天鹅蛋？孩子的"这一个"现象是独特的，也是神秘的。生命的潜能奇迹蕴含在其中，如果去毁坏而不是尊重，就会酿造许多悲剧。《给教师的建议》中的第一条就是"没有也不可能有抽象的学生"。我想家长也应该坚信"没有也不可能有抽象的孩子"，应该为自己创造的生命骄傲。我的孩子从一年级开始就注意力不集中，一直到四年级都是如此，但是到五年级之后他的老师就再也没有说过他注意力不集中了。另外，他写的错别字特别多。我就想到我自己，一直到当了老师还是会在黑板上经常把字写错，上公开课的时候还会写错字。我为何就不能容忍孩子写错字呢？我的儿子还有一个特点是做事慢，慢得出奇，老师几乎把他作为考试时候的速度参考，说只要他做完了，全班就全做完了。我也曾经苦恼过，但是我想这就是自己的孩子，不能改变的就不去要求，能改变的，就去慢慢等待。

张老师谈到，对任何一个儿童而言，对他伤害最深的莫过于两件事，一个是他在 0 到 6 岁成长的关键期缺少爱，另一个是他在 7 到 13 岁的少年时期受到人格的严重挫伤，这种挫伤往往是一生都难走出来的。我的一位亲戚的孩子小时候曾遭遇过一件事。一天晚上，太阳刚落，他刚要进自己的小房间，邻居家的大孩子戴着一个魔鬼面具从里面跑出来。从此，他一到晚上就怕，不敢出来。现在他都已经成为中学生了，他都要每晚跟妈妈睡在一起，而且要紧紧地抱着妈妈。这是多么可怕的一件事，对于孩子和父母几乎成了一种灾难。一位家长、一位教师如果想找到具有立竿见影的办法来对待孩子，那就会让孩子的心灵锈迹斑斑。家长或者教师如果是为了自己的名利来主宰孩子的心灵，那就是在做反教育的事。我不喜欢有"魄力"的老师和家长，让孩子怕的人不是好师长，而是差师长！

对于孩子的成长，张老师的看法是，天赋是重要的，但不具有决定性，家长的投入是孩子成长的关键。无论如何投入，孩子的生命、健康是第一位的。这也是我的教育心愿和信念。我想让孩子成为健康的人，他可能是个很平凡的人、普通的人，这没有什么不好，因为他的父母本身就很平凡。

# 马燕为什么一定要读书

　　读完《马燕日记》，说真的，我没有被感动，我感受到更多的是寒心。我不知道这个法国记者韩石发现马燕的日记并且在法国出版《马燕日记》有何动机，似乎读者的反馈已经有了注脚。一个法国中学老师说："好几个学生哭了。"一个学生举手问道："老师，我们应该怎样帮助她？"十四岁的法国中学生科拉利丝说："我觉得她为自己的权利斗争很对。她很勇敢。现在很多年轻人没有认识到，他们能上学有多么幸运。"法国巴黎的一位读者说："马燕强烈的求学欲望令人肃然起敬和钦佩。当我们的年轻人为玩乐而放弃学习时，马燕的故事怎能不令人感动呢？"这样看来，法国读者感动的是马燕的求学精神。

　　《现代时报》这样评价《马燕日记》："一个让人遐想的美丽童话故事。"对于这样的评价，我一点也不接受！马燕的童年与美丽和童话是无关的！

　　即使我的童年时期也不会差到马燕所描述的程度。马燕和她的弟弟在学校住校，每个星期会回家一次，带点米和馒头。她和她的弟弟经常吃"甜饭"，也就是没有菜。有时，马燕要向同学借菜，她的一个亲戚把半盒子菜倒进自己的饭里，也不愿意给她一点；有时，马燕会在宿舍里夹点同学的菜，但是同学发现后，就对她破口大骂。一次，她和弟弟两天都没有吃饭。一次，天气很冷，马燕和她的弟弟又没有馒头了，站在那里看别人吃饭，弟弟上牙磨下牙。还有一次，马燕和同学刚要吃饭，她的弟弟来问她是否有饭吃，马燕就说："我吃过了，这里还有。"她的弟弟说："你的嘴唇是枯的，没有吃。"这话说得马燕泪水涟涟！她在日记中写道："叔叔、阿姨，我的要求就是一小碗黄米饭，即使这样，也得不到满足！"

　　毫无疑问，马燕在学生时代，以泪洗面的时候太多。妈妈身体不好，但是必须要没日没夜地工作；爷爷、奶奶身体不好，都已经是古稀之年了，但是还是要为生活去奔波。父亲外出打工，虽然干了活，却是拿不到工钱。有时同学会欺负她的弟弟，也会欺负她。她和弟弟从学校回家，没有车坐，要走几个小时的路程，如果不在路上的田地里偷点吃的，就没有力气走回来。马燕有个温暖的家，她渴望，家人是能团聚的。每天能待在那个简陋的家中，全家人围在那个破旧的桌子上一起吃饭，其乐融融。可是这几乎是种奢望！她写道："一回家，家里是白的。"那意味着家里没人。马燕毕竟是个情感脆弱的孩子，她唯有流泪。

的确，除了饿的恐惧、涌动的泪水，马燕就剩下理想。她要好好读书，她读书就是为了自己将来的事业。那事业是什么呢？有份好工作，让身体不好的妈妈能不再那样辛苦；让爸爸不要那样到处奔波；让爷爷奶奶过悠闲的生活；让欺负过她的人能见识她的厉害。马燕的理想其实很简单，有好日子过，全家人有好日子过。

马燕为什么一定要读书，在我看来，不是她渴望知识，而是为生活所迫、命运所迫，如果是没有饥饿和家庭的贫苦生活，她会有如此强烈的读书愿望吗？

《马燕日记》中有个情节我始终忘不了。她和家人去草原上采"发菜"，夜晚，在潮湿寒冷的大草地上睡不着，她就坐起来数天上的星星：这是我觉得马燕最像孩子的一个表现。她数了半天，数不过来。她旁边也有个和她年龄相仿的小男孩在靠着奶奶数星星："一颗、二颗……"读到这里，我流泪了。其实如果让这个孩子来写他的日记，就不能感动世界了吗？

孩子都应该有个童话般的童年，穷人的孩子早当家，可是谁愿意自己的孩子被别人这样夸呢？

# 教育不能离开实践

　　现在的孩子很少做家务，他们也不爱劳动。确切地说，他们不会劳动。记得我小的时候，学校还安排我们捡稻穗、挖泥塘、种树，现在的孩子可能真的不辨菽麦，只读圣贤书了。我们的学生在学习的时候忽视了一个很重要的资源，那就是生机勃勃的大自然。"没有人与自然的相互作用，人的智力发展是不可思议的，犹如没有旋律就没有音乐、没有词就没有言语、没有书就没有科学一样。"① 一个学生如果乐于种树，他就会留心观察，新的现象、新的发现、新的惊喜会层出不穷，他需要用词来表达他的思想。词就会成为他运用的工具，他的思维和情感就会得到磨炼。一个着迷于有趣劳动的孩子，他的思维不会混乱，他的语言也不会迟钝，因为他不仅在劳动，也在思考。想想那个写出《昆虫记》的法布尔，正是他的着迷使他成为著名的昆虫学家。实践出真知。

　　孔子说："举一隅，不以三隅反，则不复也。"荀子说："以一知万。"这里的"一"就是扎根在经验里，没有这个"一"，就没有"三"反、知"万"。墨子将知识分为三类：闻知、亲知、说知。亲知是自己经验出来的，闻知、说知都是源于亲知。所以王明阳的"知是行之始，行是知之成"说反了。先有行，才有知。现在高中有了社会实践课，学生每个学期参加社会实践，去学会使用铁锹，学会采茶，考察环境，采访农民，这是非常有意义的事，只是我觉得社会实践课应该从小学开始，同时在课程表中应该非常有地位才。要想促进学生的智力、思维和语言的发展，就要把学生引入积极的活动中去。积极的活动会把学生的思维和语言连接起来，他们

---

① 约翰·杜威著，王承绪译．民主主义与教育［M］．北京：人民教育出版社，2001．

也会在活动中学会观察和思考。

我们经常把人分为劳力的人和劳心的人两种，我们还有著名的"劳心者治人，劳力者治于人"的警世名言，我们的孩子也为成为一个劳心者而不懈努力。但是现实会跟我们开玩笑，在我看来，现在的孩子还只能算是个劳力者，因为他们的学习的确跟苦力活很相近。这种教育的结果是有的孩子终于苦尽甘来，成为劳心者，但是对社会毫无用处。等他们在象牙塔里功德圆满地走出来的时候，发现这个社会根本就不需要他，因为他毫无一点解决实际问题的经验和能力。陶行知倡导"在劳力上劳心"的生活教育，强调教是做中的教，学是做中的学，这离我们比较远，但我们缺的正是这种教育。

杜威说："尽管灌输式的教学和被动的吸收式的学习普遍受到人们的谴责，但是为什么它们在实践中仍旧那样根深蒂固呢？教育并不是一件告诉和被告知的事情，而是一个主动和建设性的过程，这个原理在理论上几乎无人不晓，而在实践中无人不违反。"① 这句话似乎正是说给当代人听的。我们几乎是用语言这种工具来进行教学，通过它间接地参与过去人类的经验，使经验丰富起来，同时也运用符号和想象去体验彼时的情境，但是这毕竟是间接、无生气的。

现在的课程，尤其是美术、科学、音乐等技能学科，在学校的地位是众所周知的。虽然教育部门有时会兴师动众地去检查落实，但是这不能从根本上改变课程的现状。很显然，如果真正来贯彻落实课程，那学校就要有实行的环境，这需要大量的材料和工具。学校和老师还要改变管理方式，学生要能直接用到这些工具。科学教师可能就要为一节课做几节课的准备工作，有时要到户外上课，有时要带学生做烦琐的实验。这样的课堂就会让学生把语言和共同生活联系在一起，使语言富有生气，学生感兴趣，实践经验也会不断地在构建和改造，但同时管理上更难了，花的精力更多了。学校的教学要求中没有硬性规定，教师何苦呢？所以教师更愿意让学生死记硬背，囫囵吞枣。因此，我们的学生对于学习有时只是得到了孤立的知识，而没有产生兴趣或理解。这种教学的结果正如杜威说的："不考虑儿童

① 约翰·杜威著，王承绪译．民主主义与教育［M］．北京：人民教育出版社，2001.

的本能和先天能力；不发展儿童的应付新情境的首创精神；过分地强调训练和其他方法，牺牲了个人的理解力，以养成机械的技能。"①

一个皮球，老师学生都自由，这是体育课。一个录音机，一盘磁带，这是音乐课。一本书，一支粉笔，是许多课堂的特点。书籍和对话是课堂的常态，语言几乎是课堂的唯一媒介。长此以往，学生就已经适应了。思维、观察和反思的模式慢慢变成了习惯。一旦形成了习惯，就会成为这样的人。

学校教育的价值应该是给学生生活实践的机会，让他们在实践中学会使用工具和材料，形成能力，找到生活的意义。同时，老师还应该通过生活实践看学生创造的愿望到了什么程度，并且为学生实现这种愿望提供方法和帮助。这样，他们所受的教育才真正得到了社会的指导，而不是充满匠气的。

做 反 思 型 教 师

Shou Hu Jiao Yu De Ben Zhen

---

① 约翰·杜威著，王承绪译．民主主义与教育［M］．北京：人民教育出版社，2001.

# 远在课堂之外

无论哪位教师都渴望能遇到资质好、习惯好的学生，实在不行，习惯好、成绩差一点也没关系，就怕见到那些成绩差、智力又不好、还有一身坏习惯的学生。他们的存在的确成为教师教育教学的沉重负担。

在《教学的勇气》这本书中，帕克·帕尔默教授列举了一个非常有趣的案例。上课时，他发现有一位学生不听他上课，于是他变得烦躁不安，甚至有愤怒感。一个学生控制了他的情绪，左右了整个课堂，他甚至觉得整个课堂都是失败的。教师的心境很最重要。

不可否认的是，在课堂上，我们的眼睛会盯着哪些不听的、发呆的、做小动作的、说话的，似乎他们是课堂教学中的头号敌人。教师的坏脾气可能也正是这些学生培养的，教师"手起刀落"的习惯也是这些学生造就的，可是也许有时我们错了。我们忽视了一个事实。马克斯·范梅南说："我们没有看到学生背后更广阔的背景。教育者在孩子更广阔的生活历史背景中理解孩子的学习和发展，这是教学活动的一个关键的特点。确实，理解这些儿童生活的意义可能会引导我们在与儿童相处的关系中作出恰当的教育行动。"教师可能只看到了学生在课堂上的不和谐的表现，但是没有去反思一下这些孩子在课外是如何生活的。他们的表现差强人意与他们的生活有关系吗？我的小学同学唐，老师都不喜欢他，他正是人们常说的"砍一刀也不会流血"的人。他做了许多坏事，甚至一次偷过几只羊，成为"公害"，几乎没有同学和老师说他好，他也没有一个朋友。唐小学没有毕业就不读书了，后来我们得到一个惊人消息，他自杀了！据说他和一群不走正道的社会青年混杂在一起，做了坏事，别人都说是他干的……可是唐的真正身世很可怜，他是怎样来到这个世界的呢？他的母亲是位讨饭的，乞讨到一个村子，然后就和多病的唐的父亲成家了。唐出生后不久，母亲就悄无声息地跑掉了，唐的父亲也很快就离开了人世。唐和他老眼昏花的爷爷在一起相依为命。他来到这个世界不是他的错，错的是周围人的不负责任，仅仅是"野种"这个词就让他落进了绝望的深渊。无论这个世界怎样变化，孩子的天性不会变，他们需要安全、稳定、指导和支持。连安全和呵护都没有，还能奢谈其他的事吗？就像连一点尊严也都没有的唐，还能指望他坐在课堂里听课吗？我想假如唐在他短暂的有生之年遇到一位有怜悯之心的人，也许他的人生就会改变。

小区里有个孩子几乎每天都要来我家找我儿子玩，这个孩子读高中，现在该是披星戴月勤奋的时候，可他却如泄气的皮球，彻底不愿意学习。他的个头很高，我儿子和他差了一大截，但他们仍然在一起玩得不亦乐乎。在家长的意识中，有一种观点许多人非常认同：孩子的童年太幸福了，长大后就不会太幸福。这话很多家长更信：童年不好好学习，不打好基础，哪能为将来谋幸福呢？因此，我的邻居在孩子小学低年级时对他要求非常严格，辅导作业就是一场批斗会。经常能听到他妈妈的训斥声，有时就连他的爷爷奶奶也气呼呼地从楼上下来了，说实在看不惯儿媳这样教自己的孙子读书。孩子不愿意练书法，真不愿意去的时候，家长就让他饿着肚子去练习。小学快毕业的时候，孩子的成绩是前几名，可是老师发现他不论是上课还是做作业都心不在焉。班主任就接二连三地给家长打电话，说明孩子的诸多问题，如总是与老师对抗，还私自带手机。妈妈气得受不了，把他的书包从楼上扔下来，告诉他再不听话就不要上课了。他哭着跑下来，从此更加厌恶上学了。细细想想，是拙劣的教育害了一个健康的孩子。他也成了"孩子的童年太幸福了，长大后就不会太幸福"这句不负责任的话的牺牲品。

阿德勒说："学校必须把儿童视为一个具有整体人格的个体，一块有待琢磨和雕饰的璞玉。学校还必须学会运用心理学的知识和认识来对特定的行为进行评价和判断。学校不能把特定的行为视为一个孤立的音符，而是要把它视为整个乐章的组成部分。"一个学生的行为有变坏的迹象，我们要注意这种行为出现的时间，更需要分析出现这种状况的原因。学生出现令人不解的行为的原因大都远在课堂之外。我也见过混乱的班级，学生的表现令人瞠目结舌，好像什么样的教育方法对他们都无效。其实这些学生还没有遇到让他们信任的、真正懂他们的老师。任何人无法预知在生活中会遇到什么，面对命运，我们唯有想办法去改变。同样，在课堂上，我们也无法知道会遇到怎样的学生，但是无论遇到怎样的学生，都要接纳。教育总是面对无数的张力、矛盾、压力、对立，只有耐心地想办法才能改观，在改变学生命运的时候，才能慢慢发现教育的味道。

# 西南师范大学出版社
# 《名师工程》系列丛书目录

| 系列 | 序号 | 书　　　名 | 主编 | 定价 |
|---|---|---|---|---|
| 思想者系列 | 1 | 《守护教育的本真》 | 陈道龙 | 30.00 |
| | 2 | 《教育，倾听心灵的声音》 | 李荣灿 | 30.00 |
| | 3 | 《心根课堂——让教育随学生心灵起舞》 | 刘云生 | 30.00 |
| | 4 | 《做一个纯粹的教师》 | 许丽芬 | 26.00 |
| | 5 | 《率性教书》 | 夏　昆 | 26.00 |
| | 6 | 《为爱教书》 | 马一舜 | 26.00 |
| | 7 | 《课堂，诗意还在》 | 赵赵（赵克芳） | 26.00 |
| | 8 | 《今日教育之民间立场》 | 子虚（扈永进） | 30.00 |
| | 9 | 《教育，细节的深度反思》 | 许传利 | 30.00 |
| | 10 | 《追寻教育的真谛——许锡良教育思考录》 | 许锡良 | 30.00 |
| 高效课堂系列 | 11 | 《让作文教学更高效——王学东写作教学手记》 | 王学东 | 30.00 |
| | 12 | 《用什么提高课堂效率——有效数学课必须关注的 10 大要素》 | 赵红婷 | 30.00 |
| | 13 | 《让作文更轻松——小学作文高效教学 36 锦囊》 | 李素环 | 30.00 |
| | 14 | 《让研究性学习更高效——研究性学习施教指导策略》 | 欧阳仁宣 | 30.00 |
| | 15 | 《让母语融入学生心灵——提升学生语文素养的高效施教艺术》 | 黄桂林 | 30.00 |
| 创新班主任系列 | 16 | 《班主任专业化成长策略》 | 杨连山 | 30.00 |
| | 17 | 《班级活动创新与问题应对》 | 杨连山　杨　照　张国良 | 30.00 |
| | 18 | 《班集体建设与创新人才培养》 | 李国汉 | 30.00 |
| | 19 | 《神奇的教育场——打造特色班级文化创新艺术》 | 李德善 | 30.00 |
| 优化教学系列 | 20 | 《高效教学组织的优化策略》 | 赵雪霞 | 30.00 |
| | 21 | 《高效教学方法的优化策略》 | 任　辉 | 30.00 |
| | 22 | 《高效教学过程的优化策略》 | 韩　锋 | 30.00 |
| | 23 | 《让教学更生动——激发兴趣让学生快乐认知》 | 朱良才 | 30.00 |
| | 24 | 《让教学更高效——策略创新让教学事半功倍》 | 孙朝仁 | 30.00 |
| | 25 | 《让教学更开放——拓展延伸让学生触类旁通》 | 焦祖卿　吕　勤 | 30.00 |
| | 26 | 《让教学更生活——体验运用让学生内化知识》 | 强光峰 | 30.00 |
| | 27 | 《让知识更系统——整合与概括让学生建构体系》 | 杨向谊 | 30.00 |
| | 28 | 《让思维更创新——思辨与发散让学生思维活跃》 | 朱良才 | 30.00 |
| 教研提升系列 | 29 | 《校本教研的 7 个关键点》 | 孙瑞欣 | 30.00 |
| | 30 | 《教师怎样做小课题研究——高效助力教师专业化成长》 | 徐世贵　刘恒贺 | 30.00 |
| | 31 | 《今天我们应怎样评课》 | 张文质　陈海滨 | 30.00 |
| | 32 | 《今天我们应怎样进行教学反思》 | 张文质　刘永席 | 30.00 |
| | 33 | 《一节好课需要的教育智慧》 | 张文质　姚春杰 | 30.00 |
| 名校系列 | 34 | 《让每个生命都精彩——生命教育校本实践策略》 | 王鹏飞 | 30.00 |
| | 35 | 《好学校，从关注每个学生开始——石梅小学优质教育多元感悟》 | 顾　泳　张文质 | 30.00 |

| 系列 | 序号 | 书　　名 | 主编 | 定价 |
|---|---|---|---|---|
| 创新语文教学系列 | 36 | 《曹洪彪新概念快速作文》 | 曹洪彪 | 30.00 |
| | 37 | 《小学语文：享受对话教学》 | 孙建锋 | 30.00 |
| | 38 | 《小学语文：名师教学目标落实艺术》 | 刘海涛　王林发 | 30.00 |
| | 39 | 《小学语文：名师魅力教学设计艺术》 | 刘海涛　王林发 | 30.00 |
| | 40 | 《小学语文：名师魅力课堂激趣艺术》 | 刘海涛　豆海湛 | 30.00 |
| | 41 | 《小学语文：单元整体教学构建艺术》 | 李怀源 | 30.00 |
| | 42 | 《小学作文：名师情趣课堂创设艺术》 | 张化万 | 30.00 |
| 教师成长系列 | 43 | 《做会研究的教师》 | 姚小明 | 30.00 |
| | 44 | 《学学名师那些事》 | 孙志毅 | 30.00 |
| | 45 | 《给新教师的建议》 | 李镇西 | 30.00 |
| | 46 | 《教师心灵读本：成为有思想的教师》 | 肖　川 | 30.00 |
| | 47 | 《教师心灵读本：教师，做反思的实践者》 | 肖　川 | 30.00 |
| 创新课堂系列 | 48 | 《个性化课堂教学艺术：小学语文》 | 商德远 | 30.00 |
| | 49 | 《如何实现三维目标——让学生与文本共鸣的诵读教学》 | 张连元 | 30.00 |
| | 50 | 《想说　会说　有话可说——突破作文瓶颈的三维教学法》 | 杨和平 | 30.00 |
| | 51 | 《综合课的整合创新教学》 | 周辉兵 | 30.00 |
| | 52 | 《如何打造学生喜欢的音乐课堂》 | 张　娟 | 30.00 |
| | 53 | 《理想课堂的构建与实施——一个教研员眼中的理想课堂》 | 张玉彬 | 30.00 |
| | 54 | 《小学语文：决定教学质量的关键策略》 | 李　楠 | 30.00 |
| | 55 | 《用〈论语〉思想提升数学教育智慧》 | 胡爱民 | 30.00 |
| | 56 | 《童化作文——浸润儿童心灵的作文教学》 | 吴　勇 | 30.00 |
| 名校长核心思想系列 | 57 | 《做一个智慧的校长》 | 孙世杰 | 30.00 |
| | 58 | 《成为有思想的校长》 | 赵艳然 | 30.00 |
| 幼师提升系列 | 59 | 《全国优秀幼儿健康教育活动课例评析》 | 教育部教育管理信息中心 | 30.00 |
| | 60 | 《全国优秀幼儿艺术教育活动课例评析》 | 教育部教育管理信息中心 | 30.00 |
| | 61 | 《全国优秀幼儿社会教育活动课例评析》 | 教育部教育管理信息中心 | 30.00 |
| | 62 | 《全国优秀幼儿语言教育活动课例评析》 | 教育部教育管理信息中心 | 30.00 |
| | 63 | 《全国优秀幼儿科学教育活动课例评析》 | 教育部教育管理信息中心 | 30.00 |
| 名师名课系列 | 64 | 《名师如何炼就名课》（美术卷） | 李力加 | 35.00 |
| 教师修炼系列 | 65 | 《班主任工作行为八项修炼》 | 杨连山 | 30.00 |
| | 66 | 《教师心理健康六项修炼》 | 李慧生 | 30.00 |
| | 67 | 《教师专业化五项修炼》 | 杨连山　田福安 | 30.00 |
| | 68 | 《课堂教学素养五项修炼》 | 刘金生　霍克林 | 30.00 |
| | 69 | 《高效教学技能十项修炼》 | 欧阳芬　诸葛彪 | 30.00 |
| | 70 | 《教师新师德六项修炼》 | 王毓珣　王　颖 | 30.00 |
| 教育心理系列 | 71 | 《做最好的心理导师——中学生心理健康咨询手册》 | 杨东 | 30.00 |
| | 72 | 《每天学点教育心理学》 | 石国兴　白晋荣 | 30.00 |
| | 73 | 《学生心理拓展训练与指导》 | 徐岳敏 | 30.00 |
| | 74 | 《好心态成就好学生——学生心理问题剖析与对症教育》 | 李韦遄 | 30.00 |

| 系列 | 序号 | 书　　名 | 主编 | 定价 |
|---|---|---|---|---|
| 教学创新数学系列 | 75 | 《小学数学：名师教学目标落实艺术》 | 余文森 | 30.00 |
| | 76 | 《小学数学：名师高效教学设计艺术》 | 余文森 | 30.00 |
| | 77 | 《小学数学：名师易错问题针对教学》 | 余文森 | 30.00 |
| | 78 | 《小学数学：名师魅力课堂激趣艺术》 | 余文森 | 30.00 |
| | 79 | 《小学数学：名师同课异教》 | 林高明　陈燕香 | 30.00 |
| | 80 | 《小学数学：名师抽象问题艺术教学》 | 余文森 | 30.00 |
| 教育通识系列 | 81 | 《用心做教师——青年教师快速成长的十大定律》 | 王福强 | 30.00 |
| | 82 | 《做最受学生欢迎的老师》 | 赵馨　许俊仪 | 30.00 |
| | 83 | 《做有策略的校长——经典寓言与学校管理智慧》 | 宋运来 | 30.00 |
| | 84 | 《做有策略的教师——经典故事中的教育启示》 | 孙志毅 | 30.00 |
| | 85 | 《从学生那里学教书》 | 严育洪 | 30.00 |
| | 86 | 《突破平庸——提升教育质量的31个跳板》 | 严育洪 | 30.00 |
| | 87 | 《教育，诗意地栖居》 | 朱华忠 | 30.00 |
| | 88 | 《好班规打造好班级》 | 赵凯 | 30.00 |
| | 89 | 《做学生成长的引领者——学生终身成长的素质培养》 | 田祥珍 | 30.00 |
| | 90 | 《如何管出好班级——突破班级管理的四大瓶颈》 | 刘令军 | 30.00 |
| | 91 | 《青春期性教育教师实用手册》 | 闵乐夫 | 30.00 |
| 教育细节系列 | 92 | 《名师最具渲染力的口才细节》 | 高万祥 | 30.00 |
| | 93 | 《名师最有效的沟通细节》 | 李燕　徐波 | 30.00 |
| | 94 | 《名师最有效的激励细节》 | 张利　李波 | 30.00 |
| | 95 | 《名师培养学生好习惯的高效细节》 | 李文娟　郭香萍 | 30.00 |
| | 96 | 《名师人格教育的经典细节》 | 齐欣 | 30.00 |
| | 97 | 《名师营造课堂氛围的经典细节》 | 高帆　李秀华 | 30.00 |
| | 98 | 《名师最有效的赏识教育细节》 | 李慧军 | 30.00 |
| | 99 | 《名师最有效的批评细节》 | 沈旎 | 30.00 |
| 教育管理力系列 | 100 | 《名校激励管理促进力》 | 周兵 | 30.00 |
| | 101 | 《名校安全管理执行力》 | 袁先潋 | 30.00 |
| | 102 | 《名校师资团队建设力》 | 赵圣华 | 30.00 |
| | 103 | 《名校危机管理应对力》 | 李明汉 | 30.00 |
| | 104 | 《名校校本研究创新力》 | 李春华 | 30.00 |
| | 105 | 《学校文化力建设策略》 | 袁先潋 | 30.00 |
| | 106 | 《名校长核心教育力》 | 陶继新 | 30.00 |
| | 107 | 《名校长高绩效领导力》 | 周辉兵 | 30.00 |
| | 108 | 《名校行政管理细节力》 | 杨少春 | 30.00 |
| | 109 | 《名校教学管理提升力》 | 张韬　戴诗银 | 30.00 |
| | 110 | 《名校学生管理教导力》 | 田福安 | 30.00 |
| | 111 | 《名校校园文化构建力》 | 岳春峰 | 30.00 |
| 高中新课程系列 | 112 | 《高中新课程：教师角色转变细节》 | 缪水娟 | 30.00 |
| | 113 | 《高中新课程：班主任新兵法细节》 | 李国汉　杨连山 | 30.00 |
| | 114 | 《高中新课程：教学管理创新细节》 | 陈文 | 30.00 |
| | 115 | 《高中新课程：更有效的评价细节》 | 李淑华 | 30.00 |

| 系列 | 序号 | 书　　名 | 主编 | 定价 |
|---|---|---|---|---|
| 大师讲坛系列 | 116 | 《大师谈教育心理》 | 肖川 | 30.00 |
| | 117 | 《大师谈教育激励》 | 肖川 | 30.00 |
| | 118 | 《大师谈教育沟通》 | 王斌兴　吴杰明 | 30.00 |
| | 119 | 《大师谈启蒙教育》 | 周宏 | 30.00 |
| | 120 | 《大师谈教育管理》 | 樊雁 | 30.00 |
| | 121 | 《大师谈儿童人格塑造》 | 齐欣 | 30.00 |
| | 122 | 《大师谈儿童习惯培养》 | 唐西胜 | 30.00 |
| | 123 | 《大师谈儿童能力培养》 | 张启福 | 30.00 |
| | 124 | 《大师谈早恋与性教育》 | 闵乐夫 | 30.00 |
| | 125 | 《大师谈儿童情感教育》 | 张光林　张静 | 30.00 |
| 教学新突破系列 | 126 | 《把教学目标落实到位——名师优质课堂的效率管理》 | 冯增俊 | 30.00 |
| | 127 | 《拿什么调动学生——名师生态课堂的情绪管理》 | 胡涛 | 30.00 |
| | 128 | 《零距离施教——名师和谐师生关系的构建艺术》 | 贺斌 | 30.00 |
| | 129 | 《一个都不能落——名师提升学困生的针对教学》 | 侯一波 | 30.00 |
| | 130 | 《让学习变得更轻松——名师最能吸引学生的情境设计》 | 施建平 | 30.00 |
| | 131 | 《让知识变得更易学——名师改造难学知识的优化艺术》 | 周维强 | 30.00 |
| 教学提升系列 | 132 | 《方法总比问题多——名师转变棘手学生的施教艺术》 | 杨志军 | 30.00 |
| | 133 | 《用特色吸引学生——名师最受欢迎的特色教学艺术》 | 卞金祥 | 30.00 |
| | 134 | 《让学生爱上课堂——名师高效课堂的引导艺术》 | 邓涛 | 30.00 |
| | 135 | 《拿什么打开思路——名师最吸引学生的课堂切入点》 | 马友文 | 30.00 |
| | 136 | 《没有记不牢的知识——名师最能提升学生记忆效果的秘诀》 | 谢定兰 | 30.00 |
| | 137 | 《让学生的思维活起来——名师最激发潜能的课堂提问艺术》 | 严永金 | 30.00 |
| 名师讲述系列 | 138 | 《施教先施爱——名师讲述班主任的核心教导力》 | 杨连山　魏永田 | 30.00 |
| | 139 | 《在欢乐中成长——名师讲述最具活力的课堂愉快教学》 | 王斌兴 | 30.00 |
| | 140 | 《让学生做自己的老师——名师讲述如何提升学生自主学习能力》 | 徐学福　房慧 | 30.00 |
| | 141 | 《引领学生高效学习——名师讲述如何提高学生课堂学习效率》 | 刘世斌 | 30.00 |
| | 142 | 《教育从心灵开始——名师讲述最能感动学生的心灵教育》 | 张文质 | 30.00 |